ニーチェと女性たち

鞭を越えて　キャロル・ディース

眞田収一郎＝訳・解説

Nietzsche's Women. Beyond the Whip

Carol Diethe

風濤社

序文

本書は、歴史的、文化的な情勢を踏まえたニーチェと女性の関係を調べる試み、と考えてもらいたい。この問題は、ここ二十年間（本書一九九六年刊行）のフランスの脱構築批評の実践に呼応し、その後にアメリカとイギリスのアカデミックな研究が続いて、哲学とフェミニズムの両分野で多いに書かれた。なかでもデリダの『拍車』[*1]（一九七七）は、比喩としての「女性」を論じる道に大いに貢献した。この比喩的な用法はまったく新しい方法であり、女性の地位を論じるに有効な可能性だと、ある世代のフェミニストたちに熱狂的に歓迎された。しかしドグマに対する反発、現代社会の根底にある家父長的な制度を暴露する新たな手法と思われたものの、残念ながらこの興奮はかえって自分たちを正統派のドグマに陥らせた。

わたしの見方によれば、ニーチェが日々接触した女性たち、いわばニーチェの作品発表の生の素材を提供してきた現実の女性に、近年まであまりに注意を払わなすぎた。女性を家庭の領域に置き、その役割を妻と母親に限定するというニーチェの見方は、かれが若い頃、古代ギリシアを讃嘆する価値観を育んだ社会をその模範的典型としていたときに形成されたが、ここにわたしは、かれが二重の観点から活動していたことを示そうと思う。かれがこの過去の文化に取り組んだことが、かれの哲学全体に矛盾する外見を与えた。そして貴族的な価値と階級差別に賛同して当時の初期社会主義を非難するとき、かれの因習打破と保守の両面が浮き彫りになる。

女性問題に関してもニーチェの立場には同じような矛盾があった。つまり、かれは女性運動の発展に際してフェミニストたちを侮辱する一方で、女性の性は承認されるべきであり、若い良家の女性に対する淑女ぶりは一掃されるべきだ、と主張した。これは実際に、ニーチェ時代の狭量にして偽善的なヴィルヘルム二世時代の世論に対する挑戦的な考え方であった。

古代ギリシアの若い女性のあり方になれ親しんだ者なら、このニーチェの考えに驚くとともに調和しがたい矛盾があることを見て取るだろう。ギリシアの亭主たちにとって自分の妻が性欲に頭を悩ますことなど、奴隷がホームシックにかかるがごとく、まず問題にならない。このような心配ごとがギリシアの男たちの頭の中で抹消されていた事実こそが、かれらを冷静で、厳しくかつ自由にさせていた。まさにこれによって、かれらの文化にニーチェは引きつけられていた。偉大な行為は、感情生活が些末な心配ごとに煩わされないことでのみ遂行されると、ニーチェは考えた。「ホメロスの競争」（一八七二）という論文で、ニーチェは一つの見解を得て、そこから残酷という概念を肯定的な特性としてニーチェは定義する。「古代の最も人間的な人々であるギリシア人は、残酷性、虎狼のような殲滅欲の特性をその身にそなえている……」*2

そして十五年後、『道徳の系譜』[*3]において、同じ問題が繰り返された。ニーチェは、かれが生きていたきわめて反動的なヴィルヘルム二世の社会をただちに堕落した社会として攻撃したものの、ちがうテーマではあったにせよ、ギリシア国家と同じく当時のヴィルヘルム時代が女性を社会から追い出していることを自分が支持していることを見抜けなかった。言い換えれば、家庭内に飼いならされた中産階級《ブルジョワ》女性の役割の理想化を推し進めていたことを、かれは見抜けなかった。

かの女たちの活動は一九世紀の間に激変していた。多くの中産階級《ブルジョワ》女性は、大家族の運営に積極的に携わり、夫の物質的な成功を反映したレジャー生活をするよう奨励された。国の法律がかの女たちに第二の身分を制度化し、妻と母親の役割を理想化するイデオロギーを推進した。ニーチェは、女性たちに対して旧習打破者であると同時に、その保守の代表者であった。遭遇する女性たちに対するかれの態度に、われわれは次々と矛盾にゆきあたるが、本書を読んでもらえればわかるように驚くにはあたらない。

本書は二部構成になっている。

第一部では、ニーチェに近しい女性たちを扱う。当然ながら、家庭内の女性たちとニーチェの関係、わけても母親と妹との関係の第一章からはじめられるだろう。母フランチスカはそれとは別の行動をとれなかったのだろうか？　という問題点が、ニーチェの母親の宗教を非難する最近の批評家たちから吟味される。わたしの主張は、フランチスカはまさに世襲勢力の所産、いわばその犠牲者であったというものだ。敬虔主義派に傾く父親と夫と共にいながら、かの女がなにか別のあり方ができたとするならば、それは驚くべきことだろう。

ニーチェが愛し、憎しみもした妹エリーザベトに対しても、似たような立場が取られる。わたしの主張は、このような状況下では、きわめて理解しやすい。エリーザベトは反抗的な性格をもっていたが、かの女が直接関係する男性は、家庭内ではニーチェを除くと一人もいなかった（これはまたニーチェにとっても特殊事態であった）。そのため、かの女についてよく言われる、組織能力は高かったがそれを発揮する場をもたなかったためバランスの取れた育成ができなかった、ということだ。二〇世紀に入ってだいぶ経ってもなお、ニーチェが得た必要不可欠なアカデミックな知識教育を施すプフォルタ校に匹敵する女性教育施設が、ただドイツにはなかったに過ぎない（その嘆きは一致してあらゆる分派のドイツのフェミニストに引き継がれた）。それゆえ、ニーチェが妹を「愛した」とか「憎んだ」などというのは、あまりに単純すぎる。それゆえわたしはニーチェの家庭内の他の女性である祖母と二人のおばたち、アウグステとロザーリエに触れるが、アウグステはその写真すらないのではっきりしない。

それからわたしは他の何人かの女性たちに注意を向ける。すなわち、ニーチェにとって重要な女性たちであるゾフィー・リッチュルとコージマ・ヴァーグナー、マリー・バウムガルトナー、そしてニーチェが惹きつけられたルイーゼ・オトと、その他の女性たちである。

第一章の結論は、ニーチェが母性的なタイプの女性を好ましく思い、頭の空っぽな社交婦人の面々を軽蔑したことだ。社会環境がかの女たちの頭を空っぽにしていたのだ。例えば教育機会の欠如にニーチェは関心をもっていなかったように見える。

第二章では、ニーチェの女性の性に対する姿勢を概観し、これをルー・ザロメの理論と対照する。ここでニーチェとザロメの出会いは、詳細に検討される。

テオドール・アドルノがニーチェの「鞭を忘れないようにという底意のある忠告」[*4]と呼んだことに含まれる多義性は、ニーチェがダイナマイトという特殊な語句を自分の主張に持ち込むとき、ニーチェの現実の意図を見つけようとする試みで、検討される。そしてこの論点を超えようとするとき、ニーチェとルー・ザロメが、女性はみずからの性を楽しむ資格があると思っていることが明らかになる。これによってニーチェは、医学その他の保守的な男性の意見の圏外におかれる。そこでは良家の子女は性欲の充足を求めないという考えがゆきわたっていた。[*5]

ニーチェによる母性という女性の役割規定は、かれの養育論の主張を鑑みて検討される。むろんこれはかれの社会改革論の全体計画においてきわめて重要である。ニーチェは——主要潮流の意見に沿って、と付け加えなければならない——フェミニストはみなレズビアンだと思っていた。この問題は調査が難しく、論証は困難だ（リーダ・グスタファ・ハイマンとアニータ・アウクスブルクの関係は、レズビアンとして広く受け入れられた事実を除いて）。けれども当時の状況では、平等権獲得運動の女性たちは、みなレズビアンのレッテルを貼られた。[*6] それゆえニーチェは、自分が創造しようしている新人種の「超人」の健康をフェミニストたちは汚すだろうという結論を、正当なものと思っていた。

「永遠に女性なるもの」[※1]の言葉は、ニーチェによって使用されるとき、この言葉によって伝えた多数の概念をかれが支持した事実から、徹底的に議論される。この言葉のもっとも基本的なるものは、グレートヒェンがファウストに示すように、女性は男性の救済者であるというものである。

これはニーチェによって、ツァラトゥストラを介しおそらく皮肉に駄洒落から述べられていても、女性は男性の伴侶という見解にほぼ近い。しかし充分逆説的ではあっても、ヘレーネ・ランゲのような穏健派フェミニストも、当然ながらこのような見解を代表した。そしてスウェーデンのニーチェ信奉者であるエレン・ケイ[*7]が母親の役割に価値をおいたこと、これは言うまでもない。にもかかわらずニーチェは自分の著書のなかで、この言葉を代弁する事柄をたえず攻撃しつづけた。

ニーチェはルソーの公然たる敵であった。ゆえにルソーと比較したニーチェの女性問題に関する立場が検討される。けれどニーチェは、女は男とは異なった性質を持っているというルソーの理論を不滅にしようとしたし、さらにこの性質は生得的に二重の性質をもっているとした。ルソー自身の意見は、ニーチェの言うところと同じく問題がある。だが、思い出していただきたいのは両人ともに、あらゆる権力と勢力の領域から女性が組織的に排除されているギリシア文化に対して、深い崇拝者であったことだ。

第三章は、ニーチェの解放された女性たちとの友情を論じる。かの女たちは、「永遠に女性なるもの」の範疇へ女性を持ち込む、鳩の巣穴に生まれる落とし穴というニーチェの批判に同意した。だが結局、諸問題の欲求不満から何かをやろうと熱中する女性解放運動を、ニーチェは断固拒否した。この章では当時の女性教育の機会均等に関係する状況が記述される。

「新しい（めざめた）女性」という言葉は、平等権獲得の努力として大学教育を求める女性を指して使われた。最終的に保守的な分派に支配されることになる多くの女性運動家をニーチェは知っていたけれども――かれはインテリ女性が知性を伸ばそうとする場合、それはかの女本来の資質に反していると思っていた――、ニーチェが解放された女性たち（例えば、マルヴィーダ・フォン・マイゼンブーク、メータ・フォン・ザーリス、レーザ・フォン・シルンホーファー、ヘレーネ・フォン・ドゥルスコヴィッツ――後者の三人はチューリヒ大学で教育を受け、博士号を取得した）を取り扱う際、たいそう上品であったから、もしかの女らがニーチェの手紙の中で自分たちについて書かれているものを知ったならば、楽観的でいられなかったに違いない。教育ある女性に対するニーチェの意見をまったく度外視しながら、かの女たちがかれと友情を交わしていたことは、誠に驚くべきことであった。ただし、ヘレーネ・フォン・ドゥルスコヴィッツだけは、公然と反対意見を述べた。かの女の攻撃は、ニーチェの反フェミニズムよりむしろ道徳上の意見に集中していた。

続いて本書第二部では、ニーチェを個人的に知らなかった女性たちのニーチェの与えた影響を扱う。かの女たちは自分たちに与えたニーチェの影響を認めていた。

第四章は当時の女流作家たちに与えたニーチェの影響に触れる前に、世紀転換期の世界とボヘミヤン風の女性たちに与えたニーチェの影響を述べる。ニーチェが男性の表現主義の芸術家に与えた影響については多く書かれてきたが、ここでは表現主義世代のもっとも創造的な女流芸術家に与えたニーチェの影響を詳しく述べる。すなわち、パウラ・モーダーゾーン＝ベッカー、ガブリエレ・ミュンター、マリアンネ・ヴェレフキンである。

世紀転換期のアヴァンギャルド芸術にとって、その思想が重要であった数人の思想家がいる。例えば、ポール・ド・ラガルド、ユリウス・ラングベーンなどである。かれらの影響はニーチェの影響と溶け込む傾向があり、興味深い結果を生んだ。ニーチェ（不敬の言葉を吐こうとするとき、ドイツ国という言葉使用した）とはまったく関係のない民族的な傾向は、ニーチェの教えと完璧に一致すると解釈された。同じことが裸体主義と若者崇拝、同じくカール・ヴォルフスケールの取り巻き（宇宙論者たち）の異国風の神秘主義にも当てはまる。

女流芸術家と対照的に、表現主義の女流作家は確かにきわめて稀であるか、クレア・ゴルのように、あるいは後期に属するがフランチスカ・ツー・レーヴェントローやラウラ・マルホルムやガブリエレ・ロイターのように、少数のアヴァンギャルドの女流作家たちがいた。ニーチェが与えたこの女流作家たちの影響を第四章の結末で論じる。これに反してリカルダ・フーフは、はっきりとニーチェは自分と作品に影響を与えていないと表明しているので、このページでは触れないでおく。[*8]

最後の章（第五章）では、ドイツの女性運動と、自称穏健派のヘレーネ・ランゲのような女性の権利解放論者たちの間の、ニーチェ思想の受容を検討する。かの女はニーチェの影響を認めず、女性の品位のより大きな承認と女性の人格を求める。[*9] 人格 Persönlichkeit の観念は、育成 Bildung という古典的な文脈では、内面的な教養の追究を通して実現される個性という考えを含んでいた。これはフェミニズムにも適用され、この個性はヘレーネ・ランゲの場合のように、抑制と自己管理、つまりバランスと調和によって特徴づけられる理想の女性像にかなう発展の奨励を望んでいた。

その他にももっと急進的な代表者もいた。例えば、ヘートヴィヒ・ドーム、リリ・ブラウン、ヘレーネ・シュテッカーである。女性の権利獲得に積極的な女性たちは、ジャーナリズムにつきものの無慈悲な風刺の標的になりがちであった。この女性たちは、女性運動の急進派に属していようがいまいが、社会のさらし者にされた。本章で見るように、フェミニスト運動は分派の亀裂からかく乱されていたけれども、社会全体から見れば、さまざまな分派間の区別はなされていなかった。女性運動の歴史は、右派の多数派が一九〇八年に支配権を獲得したとされる。そのときより前にはさまざまな分脈が、分派内で共倒れの戦いをした。女性選挙権と「新しい倫理」運動の必要性、また女子の高等教育均等の必要性も熱心に論じられた。女子教育、それと一緒に、教師の教育訓練が改善されるべきだという一般的な一致があった。*10 伝統的な学科で大学教育の権利を要求すること、それは明らかに女性がキャリアの追究を願ってのことであった。そしてその女性は、男性の目から見れば女性権利解放論者のレッテルを貼り付けられ、女性の目から見れば、急進派フェミニストと見られた。

一九世紀の終わり頃には、ドイツでは穏健派フェミニストと同じに、「新しい（めざめた）女性」を憎むものは誰もいなくなったとだけ言っておこう。ただニーチェだけは例外である。その女性たちは、ニーチェの最悪の女性嫌いを許したのであった。それは、かの女たちがひじょうに感謝する自由への展望を、かれが与えたためである。女性著者であるわたしにとって奇妙に思う本書の側面の一つは、ニーチェがすでに「フェミニスト」という言葉じたいが誤用であることを見抜いていたけれども、急進派フェミニストたちの間で、ニーチェの著作が広まっていたことである。

本書のサブテキストとして発展したのは、ニーチェの世代の知的な領域において創造的で活動的であった女性たちは、実際にニーチェの著作に一つの立場をとり、それを進んで他の勢力や意見に適応したことだろう。要するに、ニーチェの世代の女性たちは——かの女たちのまわりの男性たちと同じように——自分たちの必要とするものを正確にニーチェから汲みとっていた。その圧倒的な総意は、感謝にあふれた高い評価であった。このことはどう説明されるべきか？　この女性たちは、間違っていたけれども、明らかにニーチェが決めた超人の規範のなかに自分たちが含まれていると思っていた。かの女らは、ニーチェが自分たちの自由への手助けをしてくれると思っていた。それは、たとえかれが実際に教えたことと矛盾していたにしろ、必ずしも間違ってはいないだろう。

ヘレーネ・シュテッカーのような急進派フェミニストに対してニーチェが与えた承認のアイロニーは、本書に適切にして逆説的な結論の文句を与えてくれる。

＊1　例えば、Jacques Derrida:『拍車　ニーチェのスタイル』*Spurs. Nietzsche's Styles, trs.by Barbara Harlow*, (Chicago, University of Chicago Press, 1978, [1977]); Luce Irigaray:『海の愛好者フリードリヒ・ニーチェ』*Marine Lover of Friedrich Nietzsche* (New York, Columbia University Press, 1991, [1980]); Ofelia Schutte:『ニヒリズムを超えて　素顔のニーチェ』*Beyond Nihilism. Without Masks* (Chicago, University of Chicago Press, 1984) とくにS.176-185.(「女性たちの優位」"The Domination of Women"); Helene Cixous and Catharine Clement:『新しく生まれた女性』*Newly Born Woman*, trs.Besty Wing (Minneapolis, University of Minneapolis Press, 1986); David Farrell Krell:『延期　ニーチェにおける女性、官能、死』*Postponements. Women, Sensuality and Death in Nietzsche* (Bloomington, indiana University Press, 1986); Elizabeth Berg:「第三の女」"Third Women"『ダイアクリティック』*Diacritics*, 12, 1982, 11-20; Debra B. Berghoffen:「ニーチェの女性に対する利点と不利について」"On the Advantage and Disadvantage of Nietzsche for Women"『他の問題　ヨーロッパ大陸の諸評論』*The Question of the Other. Essays in Continental Philosophy*, ed. by A. B. Dallery and C. E. Scott (New York, State University of New York Press, 1989), S.77-88; Paul Patten:『ニーチェ、フェミニズムと政治理論』*Nietzsche, Feminism and Political Theory* (London, Routledge, 1993); Peter J. Burgard:『ニーチェと女性らしさ』*Nietzsche and the Feminine* (Charlottesville and London, University of Virginia Press, 1994).

＊2　H序 KSA 1, S.783. ／筑摩版2、三一九頁。

＊3　GM II, 6. KSA 5, S.300-302. ／筑摩版11、四三四〜四三七頁。

＊4　Theodor Adorno:『ミニマ・モラリア　損なわれた生活』*Minima Moralia. Reflections from Damaged Life* (London, Verso, 1978 [1951]). また第二章原註99を参照のこと。

＊5　Erwin Haeberle:『性科学の初期　歴史的な文書』*Anfänge der Sexualwissenschaft. Historische Dokumente* (Berlin /New York, de Gruyter, 1983). 世紀転換期のドイツ語圏の、性科学者の活動と出版について有用な概観が述べられている。

＊6　わたし（著者）にとって大事なのは、「新しい（めざめた）女性」は知的な欲望をもっているという理由だけで、「女らしくない」と決めつけられたことである。Jeffrey Weeks:『性、政治、社会一八〇〇年以降の性規定』*Sex, Politics and Society. The Regulation of Sexualty since 1800* (London/New York, Longman, 1982), S.115ff, 164-167.

※1　Goeth:『ファウスト』*Faust* 第二部　12110.

＊7　エレン・ケイが Ellen Key:『女性運動』*The Woman Movement* (1912). で、しばしば支えとしてニーチェを引用する。「母親という天職の重要性は過少評価されている……穏健派フェミニストですらそうである」と、かの女は書いた、これは Sheila Jeffreys:『性の討議』*The Sexuality Debates* (New York/London, Routledge/Kegan Paul, 1987), S.588. からの引用である。しかしながら、それでもケイは、ニーチェの盲目的な支持者ではなかった。かの女はニーチェをストリンドベリに次いで女性嫌いの二番目においた。ケイ自身と緊密に協力し合うニーチェの母性論はすべてを許すというものだった。エッセイ『近代の愛』*Moderne Liebe* (1904) の中で、「母親としての女性が世界を救済するだろう」というニーチェの予言を、かの女は引用した。Richard Frank Krummel:『ニーチェとドイツ精神』*Nietzsche und Der Deutsche Geist* , 2 vols (Berlin/New York, de Gryuter, I: 1974, II: 1983), II, S.145-146.

＊8　Ricarda Huch（1864-1947）ドイツの女流作家、優れた歴史小説を書いた。かの女は一九〇九年九月二三日ヨーゼフ・ヴィクター・ヴィトマン宛の手紙に書いている。Bruno Hillebrand:『ニーチェとドイツ文学』*Nietzsche und die deutsche Literatur*, 2 vols (München, Deutsches Tacshenbuch, 1978), I, S.91.

＊9　R. Hinton Thomas:『ドイツ政治と社会におけるニーチェ　一八九〇～一九一八年』*Nietzsche in German Politics and Society 1890-1918* (Manchester, Manchester University Press, 1983), S.82.

＊10　ランゲはより良い教員養成を望んだが、ギムナジウムの生徒がアビトゥーア（大学入学資格試験）を通るために準備する三つの部門（古典語、自然科学、医学）のようなものではないことを認め

た。ランゲはイギリスの学校制度のより広い領域を讃え、男女にとってもっと総合的な、適合性のある教師訓練のための第四のコースを提案した。Helene Lange:『第四の大学の道』*Der vierte Weg zur Universität* (Berlin, Moeler, 1909), S.8-9.

ユルゲンとレッシェル、トムに捧ぐ

エリーザベトとふたりで

髭が伸びるにまかせて私はねぐらに坐り、
身に纏う服はベッドシーツで、
さざ波は足元にひた寄せ、
山影は見つめるほど揺れ動く。
私はエリーザベトの展示のひとつとなり、
そしてツァラトゥストラは——いない。

キャロル・ディース
ロンドン、一九九五年

謝辞

ヴァイマールのゲーテ＝シラー文書館《アルヒーフ》を訪ねることの研究奨励金で、英国アカデミーには感謝を申しあげたい。また、ロサンジェルスのロバート・ゴー・リーフキント財団から、ドイツ表現主義のことでロサンジェルス・カウンティ美術館を訪問するための客員奨学金を得、本書の第四章が実現した。さらにロンドンのドイツ研究所には有益な援助と助言に、なかでもいくつかの写真図版のことで御礼申しあげたい。

ニーチェと女性たち 鞭を越えて◎目次

第一部

第一章　家族と友人たち……28

第二部

ニーチェのテクスト出典　略語一覧

【全集】

KSA（グロイター学生版）Sämtliche Werke. Kritische Studienausgabe, hrsg. von G.Colli u. M.Montinari, 15 Bände. München : dtv, W. de Gruyter, Berlin/New York 1980.

【書簡集】

KSB（グロイター学生版）Kritische Studienausugabe Briefe, 8 Bände, hrsg, von G.Colli u. M.Montinari, W. de Gruyter, Berlin und dtv, München 1986.

【その他の二次文献】

N-S　Nietzsche-Studien. Internationales Jahrbuch für die Nietzsche-Forschunng

【ニーチェの著書】

AC（『反キリスト者』）*Der Antichrist. Fluch auf das Christentum*
EH（『この人を見よ』）*Ecce Homo. Wie man wird, was man ist*
FW（『喜ばしき知識』）*Die fröhliche Wissenschaft*
GD（『偶像の黄昏』）*Götzen-Dämmerung oder Wie man mit dem Hammer philosophiert*
GM（『道徳の系譜』）*Zur Geneaologie der Moral. Eine Streitschrift*
H（『ホメロスの競走』）*Homers Wettkampf*

JGB（『善悪の彼岸』） *Jenseits von Gut und Böse. Vorspiel einer Philosophie der Zukunft*
MAM（『人間的、あまりに人間的』） *Menschliches, Allzumenschliches*
　Ⅰ（「さまざまな意見と箴言」） *Vermischte Meinungen und Sprüche*, 1. Ab.
　Ⅱ（「漂泊者とその影」） *Der Wanderer und sein Schatten*, 2. Ab.
MR（『曙光』） *Morgenröte. Gedanken über die moralischen Vorurteile*
NL（『遺稿』） *Nachlass*
Z（『ツァラトゥストラはこう語った』） *Also sprach Zarathustra. Ein Buch für Alle und Keinen*
　ZⅠ（第一部）
　ZⅡ（第二部）
　ZⅢ（第三部）
　ZⅣ（第四部）

【邦訳ニーチェ全集】
ニーチェ全集　全一五巻、ニーチェ書簡集　別巻　Ⅰ・Ⅱ、『生成の無垢』上下、ちくま学芸文庫（「筑摩版1、二四頁」は、「ニーチェ全集1、二四頁」を示す）
ニーチェ全集　第一期一二巻、第二期一二巻、別巻1、白水社（「白水社版Ⅰ1、二四頁」は、「ニーチェ全集　第一期第一巻、二四頁」を示す）

＊原文で引用されているニーチェのドイツ文の該当する箇所を可能な限り後学のため既に訳出されている邦訳書と照合させてある。ただし、訳者の訳文は邦訳書とは好みから同一ではない。
＊その他の文献はその都度挙げることにする。

凡例

一、原著のニーチェの引用文はすべて「　」で括り、その引用文中の引用は『　』で括った。原文中のイタリック体、隔字体、傍点部分はすべて傍点で表記した。書名、雑誌名、新聞名、劇名、音楽作品の固有名詞は『　』で括った。

一、原文・原語を示す必要があるときは、本文中または訳註に付す。

一、本文中に付した註のうち、原著に付された註は＊で示し、訳註は※で示した。

ニーチェと女性たち

鞭を越えて

第一部

第一章　家族と友人たち

女性問題に関するニーチェのうつろいやすい態度は、きわめて複雑である。ニーチェの手紙からすると、現実の女性に対するかれの態度は、明らかに気分次第であった。にもかかわらず交際する段になると、その態度はつねに非の打ちどころなく紳士的なものになる。ゆえに多くの怜悧な女性たちと友情を結びえたのは、当然の結果でもあったろう。そのうちの何人かは大学教育を受けた、いわゆる「新しい（めざめた）女性」（一八九六年リリ・ブラウンがドイツに紹介した用語。第三章原註2を参照）たちである。

これらの女性たちはみな、ニーチェの著作の女嫌いの発言を無視することを選んだ。というのも、まずもってほかのどんな考慮すべき問題をも頓着せず、ニーチェの「超人」の考えが自分たちを包み込むと感じたからである。自分たちの教育の達成のために克服すべきいくつかの障害を考えれば、書物が女性に与える悪影響に関するニーチェの所見を、故意に無視しなければならなかった意味は、それ自体注目に値する。「超人」によってつくられるニーチェの理想社会では女性に家政と母親の役割が任される、これがもっとも重要な問題であると、かれは明らかにしているからである。

このような見解が形成され、議論された、その間の世紀がもたらしたものは、ごく早い時期から男女を問わず、かれらがニーチェから汲み取ろうとしたもの、ひと言で言うならば「自由」である。ところがこの自由が、ニーチェが考えていた女性についての家庭の、母親の役割と一致しないという矛盾は、ほとんど議論されることすらなかった。保守的な女性たちの間では、女の養育の役割に重きをおくニーチェの主張は、その保守的な考えと一致していたものの、ニーチェの自由の要求（性の自由を含む）は深い疑い目で見られていた。それはヴィルヘルム二世ドイツの、俗物根性の激烈な批判から来ていて、それをニーチェがひっくり返そうとすることを考えれば、それもまた矛盾であった。[*1]

ニーチェはこれから見るように多くの点で、ツァラトゥストラよりも「ヴィクトリア朝風」を思わせる女性への抑圧と偏見をもった、ヴィルヘルム時代の紳士であった。かれの両面価値《アンビヴァレンス》の感情を理解するためにこの章では、かれの子供時代と青年時代の初めの、家庭内の女性関係を検討しようと思う。

ニーチェの家族の母権的な構造からして、その後の女性との付き合い――少なくともルー・ザロメと出会うまで――はたいてい気楽なもので、実際に若い母親的な女性に惹きつけられ、性の恐れのない「世話をやく」母親のような女性に惹かれていた。だからかれは比較的年配の母親のような女性、例えばマルヴィーダ・フォン・マイゼンブークのような女性に惹かれていた。この女性はかれの誠実なる友であった。これについては第三章で詳細に検討しよう。

マルヴィーダを通して、かれは多数のすばらしい若い女性と知り合うことになった。例えばルー・ザロメであるが、逆にかの女はまったく母性的ではなかった。

ルー・ザロメとニーチェの関係は第二章で、ほかの若い独立心のある女性たちとの関係については第三章で検討しよう。

ニーチェの家庭の女性たち

まずもって、明らかに矛盾していながらも、ニーチェは実際に父親がそうであったように家庭では女性支配に慣れていた。ニーチェの母親フランチスカ・エーラー（旧姓 1826-97）はまだほんの一七歳のとき、ポーブレスの活気ある牧師館から、はるかに厳格なレッケンの牧師館に移った。夫は牧師で、かの女は裏の居間に追いやられ、二つの寝室をあてがわれた。一方かの女を支配する姑エルトムーテ（1778-1856）は一階の日当りのいい部屋で実権を握っていた。そして二人の独身のおばたち、アウグステ（1815-55）とロザーリエ（1811-67）が所帯を全うしていた。

フランチスカは、ニーチェの妹エリーザベト・フェルスター＝ニーチェの説明[*2]とは反対に、敬

フランチスカ・ニーチェ（ニーチェの母)、1845年

虔派の価値観を最重要視する家庭からやってきた。言っておかねばならないのは、そのような家庭ではイギリスのメソジスト派[*3]と同じように、聖書の教えと規則的な日曜礼拝が、ニーチェの父方の祖父の典型的な合理的なルター派より重要視された[*4]。

エリーザベトは敬虔派という言葉の意味を誤解し、ただ単にエーラー牧師館の子供たちはスポーツをすることを禁じられていたと思い込んでいた。ところがエーラー牧師が自分の一一人の荒々しい子供たちに教え込もうとしたのは、理論よりも単純明解な信仰であった。一九世紀ドイツの信仰復興運動（福音主義運動）の眼目は、合い言葉「敬神徳の実行」praxispietatis に特徴づけられる信仰を、日常の実践に移すことを強調していた。

フランチスカの夫（ニーチェの父）、カール・ルードヴィヒ・ニーチェは、神学部で敬虔主義の方向に引き寄せられていたが、かれはこれを冗談にも、エリーザベトから監督者エルトムーテ・ニーチェ博士夫人[*5]と呼ばれた剛胆な自分の母親に、あえて白状することはなかったろう。カール・ルードヴィヒの控えめで寡黙な理由は、信仰復興運動全体が、ニーチェの家庭の厳格に合理的なルター主義に反していたからである。

姑のニーチェ夫人はナウムブルク社会の高い階級の出であった。かの女は敬虔ではあったが、敬虔主義の教義に暗黙に含まれている平等主義の原理は受け入れられなかったし、また論理より感情の重視も受け入れることはできなかった。不幸なことにフランチスカにはこの原理がしみ込んでいたので、その行動は家庭内の年上の女性たちに無骨な印象を与えた。評論家の一般的な見方はかの女は単純素朴であるとしているのだが、フランチスカが母としてきわめて気難しかったことを強調したエリーザベトによって、無骨さのイメージが助長されている。子供の頃からニーチェの妹は、長じてからと同様に強情であったから、たびたび罰を受けていた。最近のヘルマン・ヨーゼフ・シュミットの著作（一九九一／九三）では、フランチスカが結婚後にこうむった抑圧が、ニーチェが成長していく過程でかれに及ぼした有害な結果と照らして吟味されている。[*6]このことは、のちにわれわれが戻る主題の一つとなろう。

フランチスカのこの敬虔主義は、レッケンでは、夫カール・ルードヴィヒや、当たり前にフランチスカから平等に扱われていただろう使用人を除いて、必ずしも歓迎されなかった。この機会に述べておくべきは、かの女の夫は確かに妻をひじょうに愛していたけれども――間接的には二人の子供たちにもそうであったが――、大変な間違いを犯していたということである。それは、かれの母がフランチスカを軽蔑的に扱うのを許していたことだ。フランチスカが新居に移ったときに、かの女を主婦として現役の妻にふさわしく、家屋の前方の部屋に住まわせるべきであった。牧師館ではなんといってもなにごとも夫に従うからである（だから夫の死後ただちに家族全員が移る義務があった）。

不幸なことに、エルトムーテはあまりに深く家に腰を下ろし、部屋の移動などとうてい考えられなかった。一七歳のフランチスカが抗議することなど思いもよらぬことだった。本来なら三〇歳の夫が、かの女にかわって努力すべきである。夫カール・ルードヴィヒのこの気の弱さは、かれがかかわるすべてのことに重大な影響を及ぼした。かの女の立場が客と使用人の間のようなへりくだったものでは、かの女が成熟することなど望むべくもなかった。これが、フランチスカが単純素朴で感じやすいとしばしば書かれるような未成熟な性格を説明していると、わたしは思う。

　ニーチェの父親が一八四九年に亡くなったとき、ニーチェはわずか五歳であった。ニーチェより二歳年下の妹エリーザベト、使用人のミーネ、もう一人三番目の男の子がいたが、かれは父親の死後数ヶ月して亡くなったので、ニーチェを除けばまったく女性たちばかりであった。この母系家族はひとまとめにしていた父親の死後、姑エルトムーテの生地であるナウムブルク市の昔の家に移った。フランチスカは若くて美人であったから、ナウムブルクでレッケンよりさらに立場が悪くなるだろう家庭から抜け出そうと思えば、再婚が予想されたであろう。ナウムブルクでは、かの女は狭くて暗いうしろの部屋に追いやられた。少なくともレッケンにいたときは、かの女は牧師の妻であり、名目上女主人であったのだが。

　かの女の甥アーダルベルト・エーラーは、若い未亡人フランチスカが孤独で環境に抑圧されていると感じたろう、という哀れを誘う描写をしている。だが、かの女は自分と子供たちを養うのに他にすべはないと思っていたように思える。あきらめてこの状況に身を任せ、弱音をけっしてはかなかった。[*7] ハインツ・ペータースは、この転居は経済上の必要性から決定されたと述べている。[*8] 義母（姑）がフランチスカや子供たちには落ち着くべき家庭が必要と思っていたのは、事実である。だからフランチスカに対する扱いは親切であった。単に義母はかの女を大人として扱わなかったということだ。息子の花嫁選びに対しての、かの女の最初の反応——かの女はほんの子供であった[*9]——は、まったく克服されないままであったように見える。

　フランチスカ自身の自伝の企ては一三ページほどのもので、甥エーラーが「フランチスカにつ

エルトムーテ・ニーチェ（ニーチェの祖母）

いて」をかれの本に入れている。それは、エリーザベトが『フリードリヒ・ニーチェの生涯』を出版したのち、一八九四年に甥の求めに応じて書いたものである。フランチスカは記録を正す気持ちでこの自伝の文章を書いた。エルトムーテが、若い息子（夫ルードヴィヒ）にもっとも重要な影響を与えたという娘エリーザベトによって作られた考えに、気持ちを傷つけられたからである。しかしながらこの意見の相違は、同じ年のフランチスカとエリーザベトのニーチェの著作権をめぐる争いに比べれば、些細なことであった。結局、エリーザベトはフランチスカから支配権を手に入れる。その後かの女が著作権の唯一の継承者となった。[*10]

このような背景のなかで、あのように無邪気に喜んで婚約や結婚についてふりかえり、細々した細部、それもレッケン近郊の教区民から二人に贈られたものまでも覚えていること――これは注目すべきことである。[*11] レッケンの牧師館での日常生活を描くこと――アウグステが食事を作り、嫁入り衣装を縫う――をのぞけば、フランチスカが家庭内の許可あるごく小さな仕事の話となると、その報告が突然に中断する。[*12] これは急な婚約のためで、カール・ルードヴィヒはなんとしても自分の誕生日に式を挙げたくて、嫁入り準備が整わず、結婚式が三ヶ月後におこなわれたためだ。この出来事は一見平凡なことのようだが、一九世紀にあっては花嫁の嫁入り道具は、結婚式の準備の重要な要素であった。ただ実際には、フランチスカの方がどちらかといえば結婚を急いでいたと、われわれは判断している。

かの女の報告から、当時としてこのカップルがきわめて普通でないことは明らかである。多くの教区民も姑エルトムーテも、フランチスカのあまりの若さに困惑して、未婚の三人の姉たちより先に結婚しなければならないことを、いささか不適切と見ていた。この姉たちは平静を装っていたものの、*13かなりの嫉妬を感じていたにちがいない。ただニーチェの父方のおばアウグステとロザーリエの両人はこのときすでに「婚期は過ぎていた」ので論外であった。実際に結婚式当日、フランチスカは興奮して浮き足だちながら、母親に「ママ、ただ一つの欠点はわたしがあまりに若すぎることね」と言った。*14

自分自身を子供とみる敬虔主義の習慣と、良しきにつけ悪しきにつけ、何事にも天上の父の力に関係づけることが、ポーブレスの家庭のフランチスカには染みついていた。かの女は従順であったから、姑から与えられたルールをそのまま受け入れた。すでに述べたように、フランチスカは五年間に三人の子供を産み、その世話をのぞけば、家事をすることは許されなかった。

かの女の人格上の成長がこのような環境により阻止されたのは、驚くにはあたらない。一八五八年（ニーチェ一四歳）になってナウムブルクで子供と自分だけの家をもつことができるまでに、かの女の人格はすでに固定されていた。いまやかの女の信仰心が、際立った特徴になっていた。このフランチスカの信仰心について、二人の子供たちにとってはきわめて有害であったと主張する最近の研究がある。実際にかの女は、ニーチェやエリーザベトが従順でないと、いつも神の怒りを使ってかれらを動かした。またお行儀が良ければ、それに報いた。神は、不在の父親の代わりにいつだって呼び出された。

ヨーウエン・ケアーの最近の『フリードリヒ・ニーチェ　母性愛による人間性の損傷』*15（一九九〇）は、フランチスカが息子に与えた悪影響についての研究で、精神分析学者アリス・ミラーの両親、特に母親の子供への感情的な恐喝の有害性に関する見解に基づいている。ニーチェの著作はすべて、フランチスカとかの女の巧みな操作術に触れようとするとき生じる内的な緊張と、解決できない葛藤の折り合いの試みであったと、ケアーは思っている。かれは自説を証明するために、『ツァラトゥストラはこう語った』を利用する[*16]。ケアーは、フランチスカが環境の犠牲者の一人であると述べるが、それ以上について顧慮していないように見える。

クラウス・ゴッホの『婦人に関するニーチェの意見』（一九九二）――この本はニーチェの女性をテーマにした引用から大部分が構成され、ところどころかれ自身の所見が散見する――でも、同じような方法で、フランチスカはニーチェに対し、愛情を無慈悲に差し控えた冷たい母親であったと主張される[*17]。

これらの著作から、一九世紀の時代に、女性がフランチスカのような深い信仰をもつことは普通でなかったことが結論されるだろう。しかし、少なくとも中産階級の女性にとっては、宗教上の信念は望ましい規範と見なされたことを、われわれは知っている。さらに、ジョージ・エリオット[※1]のような宗教的懐疑主義の見解に達するには、かなりの教育が必要であった[*18]。例えば、ニーチェの母親の教条的な信仰心によって、かれが不利益をこうむっていたと主張する批評家たちは、自分たちの人生の新しい模範を求めるジョージ・エリオットのような女性に、ニーチェはほとんど好感をもっていなかったと考えているであろう。ニーチェのエリオットに対する敵意ある反応は、女性教育の発展に対する反発的な態度の一例で、女性に対するニーチェの見解の矛盾を際立たせる。かれは無知な女性を好まず、教育によって無知から脱出しようとする女性たちへの援助も拒否した。これはドイツにおいてはじつに困難な仕事であった。

第三章で見るように、自力で考えることを養う教育は、ドイツの女子学校ではまったく望むべくもなかった。だから、フランチスカが教わったことを単に繰り返すあるいは、知らないのは教わらなかったからだといって、あまり厳しくはできない。ニーチェに近い女性たちの誰一人として、ニーチェが受けたような教育は受けられなかったのである。[*19] ここではむしろ、もしニーチェが成長するころに、かれの父親が生きていたら、はたして家庭の雰囲気はこれほどひどく宗教に染まっていたかどうかを、われわれは問題にしたい。[*20]

ニーチェの父方のおばロザーリエは教会の仕事に忙しく、フランチスカのように篤い信仰心をもっていた。そしてフランチスカのように、ロザーリエは宗教礼拝ではいまだ自分を子供と思っていて、一八五四年の四三歳の誕生日（アウグステが四〇歳で亡くなる前年）に書いた短い祈禱詩には、自分をいまだ「幼い子供」[*21]として物語る。ニーチェが成長する上の、ロザーリエおばがかれに与えた影響はこれまで不当に無視されてきた。かの女は早くからニーチェの音楽の関心を促し、一二歳の誕生日にハイドン交響楽の楽譜をかれに与えた、愛情豊かな寛大なおばであった。ニーチェがプフォルタ校の寮生であったときに、このおばに宛てた手紙には、かの女に対するかれの愛情と多くの優しさへの感謝が記されている。ロザーリエおばにとって、甥の体の健康と精神的な福利は、ともに重要であったのである。一八五九年一〇月三日付のかれのお礼の手紙（かれの一五歳の誕生日の後）に「ビスケットとナッツはぼくの大好物です、そしてフンボルトの伝記は相変わらず気に入ってます[*22]」とあるように、そのことを若いニーチェは気づいていた。ライナー・ボーライは、ニーチェに対する私心のないロザーリエの愛情について触れて、ニーチェが大学で神学の勉強を放棄して、父親の牧師職を継ぐという家族全体の熱望を覆してしまったときでさえ、第一にニーチェの幸せを考えたのが、かの女であったという。[*23]

ロザーリエ・ニーチェ自身はインテリでも、青鞜派の女性でもない。にもかかわらず新聞を読んでいて、カート・ポール・ヤンツが指摘する通り、当時の女性においてこれは普通ではなかった。[*24] またナウムブルクの女性慈善団体に参加していた。ゲーテ＝シラー文書館《アルヒーフ》に保管されているかの女の遺稿は、かの女の宗教上の証拠である。かの女はリュケルトのような詩人の説教や宗教的なテーマの詩を書き写していたし、誕生日の一覧表や、「神と共に」という見出しのある死者の記録も保管していた。その自筆ノートには繊細なスケッチもあって、[*25] 開花したかも知れない才能を暗示しているが、残念ながらそうはならなかった。というのはレッケンの家庭では、才能を伸ばすことより他に優先順位をおいていたからである。おそらくロザーリエの才能の挫折は、次に議論されるかの女の「不良神経」の説明の一つとなる。その残されている写真の何枚かには、あきらめきったメランコリックな女性として写っている。

ニーチェのもう一人のおばアウグステは、姉のロザーリエよりはるかに宗教心が少なかった。文書館《アルヒーフ》の記録資料には、トランプ占いやその他の世俗的な娯楽へのかの女の関心が示されている。「未来の見通し」という見出しで、美しい文字で書かれた花言葉とこれに結びついた迷信の一覧表が文書館《アルヒーフ》にはある。[*26] ロザーリエの敬虔な娯楽と比べると、母親エルトムーテ、姉ロザーリエ、義妹フランチスカのように宗教に沈潜する心構えはなかったことを暗示しよう。文書館《アルヒーフ》の記録か

ロザーリエ・ニーチェ（ニーチェのおば）

らは、家庭の料理人として中心的な役割を担っていたことは思いおこさせるけれども、自分の生活の核となるものをほとんど見つけ出せなかった人であった。一方でひじょうに繊細なペン画[*27]が発展途上の才能を示している。残念ながら、文書館にはかの女の写真が一枚も残されていないので、容姿を文字どおり見ることができない。

家庭内の女性に知的な刺激がないことを考えると、フランチスカが夫と分かち合った共通領域を守る方法は、かなりの品位が見受けられる。ジャック・ラカンが確信して説明するように[*28]、家父長的な社会の女性は、つねに家父長的な制度を支持する。言い換えると、かの女たちは家長が不在のときでさえ、父の名において行動する。ラカンが主張するように、人間経験のすべてに先行する言語構造ゆえに、言語そのものが家父長的であるからには、女性たちはほかに行動のしようがない。かの女たちは思考を決定する父性的な言語パターンから逃れられない。

これはニーチェが『道徳の系譜』で示したように、宗教上の偏狭さは家父長的な社会の一方の性（男性）の人たちによって単純に引き起こされた悪影響ではない。それはわれわれ文明の根底そのものに根ざし、われわれの善悪の観念に根付いているのである。フランチスカは、あとから考えればあらゆる点でかの女の利益に反しているにもかかわらず、かの女の話や手紙にちりばめられて繰り返す「主なる神」への一本調子の言及と、子供たちのために代理父である神に熱中する方法の両方で、父親の名を弁護している。これらのことからフランチスカの（エリーザベトから厳しいと受け取られる）行動がおおかた説明されるだろう。

弱冠二三歳にして、性衝動のあらゆる現れを抑制し昇華しなければならなかった、若く魅力的

ニーチェの堅信式、1861年

な母親によって育てられたニーチェとエリーザベトに与えただろうプレッシャーを理解するのに、精神分析の理論は必要なかろう。フランチスカがひどく冷たく計算づくの母親であるとするゴッホの主張[*29]に、わたしは賛成できない。わたしはヨーウエン・ケアーとともに、たくさんの心理学的な損傷が気がつかなかったうちにせよ実際にニーチェに与えた、という主張に同意する。

フランチスカの内部にある「良い」母と「悪い」母の存在についてのニーチェの主張は、あくまでうわべだけのもので、じつのところ本来の女性嫌いなのだ[*30]と、わたしは思う。というのは、ニーチェのもっとも身近な男たち（かれの父親と祖父）によって受け継がれた専門的な宗教上の教えに、わずかな批評すらもないからである。この父や祖父は、現実にはフランチスカが良い信仰（文字どおりに）のものと同じ教義を正確に利用して、かれらの糧を得ていたのである。これらの所見は、宗教上の信仰を攻撃する意図からでも、防御からでもなくて、なぜフランチスカがこのような行動しかできなかったのかを理解するための、わたし自身の企てなのである。わたしの考えでは、かの女の結婚はあまりに早すぎた。

ニーチェはいつでも母親を深く愛し、母親がたえずかれのために払ってくれる犠牲から尊敬していたが、じきに母親のあまりに単純すぎる信仰を拒否し、その結果もたらされる判断の誤りを非難するようになった。これがニーチェの内なる矛盾のたえまない源となった。例えば、ニーチェの幼友達であるヴィルヘルム・ピンダーやグスターフ・クルークのような敬虔主義の傾向のあるルター派の人たち若干を除いて、かれはキリスト教に容赦なく敵対するようになった。

一八六四年一〇月から六五年一〇月までのボン大学の学生であった頃の手紙は、六五年の復活

エリーザベト・フェルスター＝ニーチェ（ニーチェの妹）の堅信式、1863年？

祭までに文献学を選んで神学を放棄していたけれども（一八六五年にショーペンハウアーを読了後、初めて哲学への自分の傾向を発見して、文献学の選択は間違ったかもしれないと思いはじめたのであろう）、まだ最初の数ヶ月は教会に通っていたことを証明している。ライプツィヒ大学での四学期後、二五歳という驚くほどの若さで、かれは一八六九年バーゼル大学の文献学の講座を受け持った。バーゼル大学には、かれの友人仲間に、ヤーコプ・ブルクハルト[※2]やヨハン・ヤーコプ・バッハオーフェン[※3]のような敬虔主義運動のメンバーが数人いた。

　敬虔主義運動、とくに再生した信仰復興運動（それは信仰復興運動 Erweckungsbewegung を特徴づける）は、なんといってもバーゼルにおいて強力であった。バーゼルのそれはジュネーヴの復興運動を経由してイギリスの自由教会派（非国教派教会）の影響を吸収した。そのきっかけは、ロバート・ホールデン[*31]の刺激を通しイギリスを手本にした。ルードヴィヒ・フォン・ゲルラッハ[※4]はジュネーヴの復興運動とバーゼルの信仰復興運動を結ぶ、もっとも重要な仲介者として活動した。バーゼルは、一八一五年におけるプロテスタント伝道教会創設地であった。ニーチェがこの地に到着するまで、この伝道教会は自前の神学校を有し、そこでアフリカ、中国、東インドなどの部署に向けて宣教師を養成し、かれらの機関誌や出版物を作成した[*32]。実際にバーゼルの福音派の勢力は無視できないものだった。

　フランツ・オーヴァーベク[※5]は、ニーチェの変わらざる親友の一人であったが、かれにおいてもバーゼルで敬虔主義に出会ったとき、その魅力に抗しきることはできなかった。その後ニーチェと同じようにすぐに無神論にさまよい込むことになるが、むろんその無神論は、ニーチェが体験したような実存的な危機ではなかった。[*33] 肝心なことは、ニーチェが一八六五年の早い時期にキリスト教を疑問視しはじめたにもかかわらず、かれの母親に代表される福音主義的な敬虔主義の典型が支配している家庭内においては、かれは居心地がよかったことである。

次章で詳細に論じるように、ルー・フォン・ザロメとの破局の後に、ニーチェは母と妹と疎遠になった。いろいろな和解策が講ぜられたけれども、かれの決定的な懐疑主義が文字通りかれを故郷なき、神なき人にした。この点ではエリーザベトに充分な根拠がある。けれどもかの女の根拠づけについては、一八九七年の「孤独なるニーチェ」という表題の伝記の下巻ではおおかた間違っている。

ナウムブルクのような小さな町は、まもなくドイツの諸都市を席巻する（一八七〇年ドイツ統一後）新興の産業革命からは孤立していた。ニーチェはこのような発展からはたいして影響を受けなかった。かれは大きな産業都市に長く住むことを決してしなかったが、そのためにしばしば小さな町の狭量さにさらされた。ゴスラーの町の人々が、ワーズワース兄妹が一八〇〇年にその地に滞在したとき、かれらを拒んだ仕方が思いだされる。[*34] だれもがドロシー（ワーズワースの妹）を本当にウィリアムの愛人に違いないと思った。

ナウムブルクの町も同じようにゴシップに傾きやすかった。ジークフリート・マンデルは恐ろしいほどの市民的なしきたり尊重、順応主義、宗教的な保守主義に触れる。[*35] 信仰の雰囲気が変わることなくナウムブルクの新しい家庭にも続いている様子が、容易に想像される。この町には今日でさえ他の建築物を文字通り圧倒する大伽藍がある。プフォルタ校のロベルト・ブッテンズィークの福音派の教えの雰囲気は、一八五八年にニーチェが有名校プフォルタに入ったときに、親しみがあったに違いない。

プフォルタ校はスパルタ的な鍛錬をする教育機関であった。ニーチェの女性との関係がぎこちなかったことは驚くにあたらない。かれはいきなり女だけの家庭から男だけの世界に移ったのだから。ゴッホは、ニーチェが同性愛であったこと、そしてこれはかれが家庭で受けた抑圧の雰囲気によって強められたであろうと力説している。だからヨアヒム・ケーラーはニーチェの推定上の同性愛を仮定した（第二章の原註52を参照）。

ゴッホは、このニーチェの抑圧は、学校のカリキュラムにあった古典ギリシアの勉強によって多少軽減され、古典ギリシアは同性愛を普通のものとして見なす文化をつくり、世間と隔離されたギリシア女性たちの地位によって育成された文化であったと、強く主張する。*36 ニーチェがギリシア女性の保護された生活は望ましいと断定したのは確かである。かれは一八七一年の初めに「ギリシアの女性」という断章のエッセイ（これについての議論は次章の冒頭に再び触れるであろう）で、「これらの婦人たちはどういう息子たちを生んだのか、このような息子たちを生むためには、どういう婦人たちが存在せねばならなかったのか！」※6と書いた。次の世代（男たち）を育成すること、これが女性の役割に関するニーチェの主要な考えである。

しかしながら、このテーマに関するニーチェの問題点が、古代ギリシアの世間から隔離された女性たちの生活様式は、ギリシアの男たちがより質朴な厳しい感情的な心構えをもつためであったという事実を、見失ってはならない。それは、ニーチェが初期の『ホメロスの競争』の中で説明しているように、嫉妬は健康に有益であると見なすような価値体系に基づいていたからである。

「ギリシア人は嫉妬深い、そしてこの特質を欠点とは感じず、恵み深い神性の働きと感じる。われわれ近代人とギリシア人との間になんという亀裂があることか！」[*37]

ニーチェの古代ギリシア讃美にもかかわらず、そこには同性愛が普通のことであるだけでなく、望ましいと見なされていた。そこに「男性の裸体美への情熱がある」[*38]。わたしはここで、ニーチェの同性愛の傾向に関するゴッホの仮説には、はっきり懐疑を表明したい。ニーチェは女性に惹かれていたように見えるが、救いようがなく抑制され、かなりピューリタンであったように見える。

ヴァーグナーがニーチェの医師アイスナーと接触して、ニーチェがペーター・ガスト[※7]に宛てて次の手紙を書いたときに、かれは激怒した。

「ヴァーグナーは悪意のある思いつきには事欠かない。ところで、ぼくの変わった思考法が、自然に反する逸脱の行為の結果だというかれの確信を表明するために、同性愛をほのめかして、ぼくの医者に手紙を書いたことをどう考えるかな？」[*39]

フロイトは心理的な防御否認をよくあるノイローゼの現れと見なしていたが[*40]、この手紙にあるような防御否認（これは偶然の噂に基づいたもので、ヴァーグナーの干渉は、ニーチェが自慰者で、自慰行為は当時の医者でさえ盲目の原因となると信じられていることを前提にしていた）[41]に対して、われわれは用心しなければならない。ニーチェの語気には確かに怒りの響きがある。いずれの性についても、その性が健康な育成の助けとならないようなアブノーマルな人間に対するニーチェの敵意は首尾一貫している（例えば「道徳的な自慰者」と「自己満足者」に対するニーチェの嘲りを考えて欲しい）[42]。ニーチェが解放された女性に反感を持つ主な点は、次の第二章で詳しく述べるように、その想定された「性倒錯」にあったことが、わたしの主張の中心である。

ニーチェの女性嫌いを、一般に信じられているような偏った証明されない同性愛にたどろうとするよりは、むしろ女性の自己卑下が、それに対応するユダヤ人の自己侮蔑の形から影響されたと、わたしは思っている。これはこれから示すように、ヴィルヘルム二世時代に多かったことだ。この時代にはフェミニストを認めるような女性はほとんどいなかった。礼儀正しい社会の女性たちはその支持者であるとは表明できなかった。だからわたしは、ニーチェの反フェミニズムは、その起源がかれの家庭の女性たちにあったであろうと思っている。かの女たちはみな、女というものは世話を焼く男性と異なった性質をもち、知的な能力がより少ないことを受け入れていたのだ。

これから見るようにニーチェは、たやすく女性の母親の役割を支持していたが、求愛を決定する性の偽善の覆いを鋭く見抜いていた多くの証拠がある。女性たちはやむを得ず寄るべなき蝶として、自分たちをしばしば思い描いていた。夫を獲得することは、若くて有望な未婚女性の特権事項であった。未婚であれば、女性はニーチェのおばたちに与えられていたものを超える特権をほとんどもてなかった。ニーチェは、このような挫折した生活に対する救済に、家庭の外のさまざまなチャンスを女性たちに与えればよいとする見方を、断固拒否した。アウグステ、ロザーリエ、フランチスカは自分たちの立場を合理化し、「永遠に女性なるもの」[*43]のセリフに要約される価値を支持した。ゲーテのグレートヒェン像の眼目は、肉欲に取りつかれた男（ファウスト）はおのれの救済のために女性の純潔を必要としたことにある。典型的な堕落した女グレートヒェンは、ゲーテが見捨てられた子供殺しのグレートヒェンをかれの理想とすることによって、かれ自身の批判を社会に向けて浴びせたから、教養のあるドイツ人たちによってマドンナとして見られることになった点に、多少の皮肉があった。つまり、この皮肉は、女性を「エヴァ（娼婦）」と「マドンナ（聖母）」としてのカテゴリーに分ける社会に対しては効果がなかった。

　ニーチェは、自分たちの亭主が実際には道義的にも精神的にも破滅してしまっているとき、その亭主たちの「救済の恵み」を思いたいヴィルヘルム二世時代の自己正当化した女性たちを、愚弄しはじめる。にもかかわらず、ゲーテへの尊敬がこの考え（永遠に女性なるもの）をあからさまに拒否できなかった。加えて、かれの文献学者の耳がゲーテのセリフに引きつけられていた。おそらく、このセリフが「永劫回帰」の語句ときわめてよく似ているのは、偶然ではない。その上、永劫回帰という全概念は、一八八二年にローマのモンテ・ザクロで、ルー・フォン・ザロメと一緒に永劫回帰をニーチェが論じていたことから、かれにとってはきわめて高められた概念となっていた。

次章で見るように、ルーとニーチェの関係は、かの女を自分の哲学的なパートナーと見るニーチェの願望のために、大失敗した。おそらくそれは、詩の女神として「永遠に女性なるもの」の精神化されたしるしにしたい願望と、それほどかけ離れてはいないであろう。「永遠に女性なるもの」をヴィルヘルム二世時代の見解を攻撃することになったとき、この期待のはやりたつ気持ちからニーチェの語調は辛辣になっていった。しかし、この相反するさまざまな感情を超えて、性を享受する（次章で詳細に論じる）女性の権利に対するニーチェの真の擁護があった。それはマドンナ（聖母）の性の主張になった。このためニーチェともっとも身近かな女性たちにショックを与えた。フランチスカの早い六年間だけの結婚と、エリーザベトの晩婚の四年間（一八八五〜八九）を別にすれば、かの女たちの生活は性経験が奪われていたからである。

エリーザベト・フェルスター＝ニーチェ（1846-1935）

エリーザベトは、幼少期から兄とはきわめて親密であった。しかし最終的に、ニーチェは妹を辛辣に批判するにいたった。適切にも、かの女を嘲笑的に「ナウムブルクの美徳」とまで口にした。そしてオーヴァベク宛の一八八二年九月一五日と八三年三月六日付の手紙に、あいつの声に我慢がならない、と書いた。これは、一八八二年ニーチェとルー・アンドレアス＝ザロメとの友情をエリーザベトが爆破し、ニーチェを挑発したあとのことだった。このはげしい口喧嘩は、永久に両者の関係に傷として残った。

かれらの関係は、お互いに助け合う願望に拠っていた。この気持ちから、ニーチェの最初の優先事項となるヴァーグナーに自分が紹介されるや、ただちにヴァーグナー一家とヴァーグナー・サークルの仲間たちに（これにはマルヴィーダ・フォン・マイゼンブークも含まれる）妹が会えるよう手配したのだった。ほどなくエリーザベトはとても好かれるようになり、コージマとヴァーグナーが旅行中の間（一八七六年二〜三月）に、子供たちの面倒を見てくれるようエリーザベトは頼まれることになる。それ以来コージマは、ドイツではごく限られた親しい友人だけに使われる親称「Du（きみ）」を、エリーザベト宛の手紙に使うようになった。のちにヴァーグナーとニーチェの死後、両者は自薦の公文書管理者としてさまざま活動に専心するようになるが、結局両者の利害が衝突してしまったことは付け加えておくべきだろう。

エリーザベトは、たえず兄の健康を気づかって、恐ろしい病気を軽くしようと専心した。バーゼル滞在の一八六六〜七六年の間、かれは頭痛と胃病に悩まされた。その結果、十年間のバーゼル大学勤務ののち、ニーチェは最終的に年金をもらうことになった。ニーチェがたびたびのエリーザベトのバーゼル訪問を歓迎したことは至極当然のことであった。かの女は兄のために宿泊先を見つけ、ニーチェが快適に過ごせるよう手配した。一八七五年にはかれらは一緒の住居をもった。バーゼルとナウムブルクの自分の時間を分けることが、エリーザベトの目的であった。ニーチェはだれか自分の世話をしてくれる人がいてほっとしたが、ニーチェの結婚相手に関して、兄妹の手紙でも、実際の会話のなかでも、たえず結婚適齢期の若い女性が話題にのぼったものの、エリーザベトがいることは必ずしも都合のよいことではなかった。ケーカト嬢とベルタ・ローア嬢がこの時期の、ニーチェの婚約相手と目されていた。両人は友人を通してニーチェが会った若い女性であった。

ベルタ・ローアは、マルヴィーダ・サークルの一人で、格別に美しかった。ニーチェは一八七三年に友人たちとの休日で、かの女と出会った。エリーザベトは一八七七年にエルヴィン・ローデ[※8]とニーチェの結婚について話し、ナターリエ・ヘルツェン(＝ゲルツェン。オルガ・ヘルツェンの姉でマルヴィーダ・フォン・マイゼンブークの養女)がローデからの提案を、ナウムブルクから報告してきた。

一方でエリーザベトのお眼鏡にかなったのはケーカトだった。かの女はジュネーヴのニーチェの友人の娘であった。一週間後ローゼンラウィ温泉から、ニーチェは「小柄のケーカト」には反対、理由はかの女の親が好きではないこと、また資産が充分にあるか疑わしいから、と伝えた(一八七七年六月二九日付、エリーザベト宛のニーチェの手紙)。エリーザベトもニーチェもかの女の名前に触れず、なにもコメントすべきではなかったろう。

『フリードリヒ・ニーチェとかれの時代の婦人たち』(一九三五)というエリーザベトの本は、ニーチェにとって重要な女性たちのどこに、かの女が重きを置いていたかを知るのに、興味深い。例えば、ケーカトとベルタ・ローアの名は挙げられていないが、マティルデ・マイアーにエリーザベトは数ページをさいている。バイロイトの他の訪問者は、ニーチェの生活と利害関係においいて実際には重要ではない。かれは一八七四年、自分の写真を所望したマティルデに丁重に答え、一八七八年八月まで接触は続いた。その後ニーチェは、ヴァーグナーとバイロイトの文化的な場所に関するかの女の生真面目な長文の手紙に、だんだんうんざりしてきたのだろう。こういうことは疑いもなくエリーザトに深い印象を与え、かの女を刺激して、その本でそれらはおおげさに書きたてられた。マティルデ・マイアーにはニーチェに説教する癖と、同時にかれを不快にさせるやり方で自分の無知を言い張る癖があった。それでもニーチェはかの女に対して依然と完璧に礼儀正しかった。ニーチェは同じようにエマ・グエルリエーリにも丁重であった。

そうこうする間にも、ニーチェの友人たちはみな結婚していった。オーヴァーベクとエルヴィン・ローデの両人は一八七七年までに結婚し、家庭を築きはじめた。[*44] しかしながら、ニーチェは依然として独り身であった。しかしかれにはエリーザベトがいて、兄ニーチェを独占して、一八七五年にかれら両人の一緒に居を構える共同生活の熱心な記述は、[*45] ゴッホの、「ほとんど兄妹間の結婚といってもいい」という説明を正当化する。[*46]

ニーチェはエリーザベトがいないすきの一八七六年四月、ジュネーヴで会ったほとんど未知の女性に、最初の求婚をした。これはとても重要な点である。マティルデ・トランペダッハが自分のピアノの先生と一緒に旅行に来たのだった。皮肉なことにこの先生がニーチェの求婚書をもって来た、これにはマティルデはびっくりした。エリーザベトが軽々しく見ているように、かの女にはすでに決まった相手がいたからである。[*47] マティルデはこのかの女のピアノの先生と恋愛中だった。その後かれらは結婚した。

ニーチェはこの失敗からそれほど動揺することなく立ち直ったかに見えた。かれの性急さは、ふさわしい妻を見つけ出すまじめな気持ちを、実際に示してはいない。ニーチェのエリーザベト宛の手紙はいくぶん冗談まじりである。例えば、少女ケーカトに関しては、ニーチェが、なにか冗談として問題全体を取り扱っているようだ。結婚に関して、たびたび繰り返される主張、つまり友情が結婚において最重要であるというのが、かれの見解であるとすれば[*48]（おそらくかれはそれを信じていて、女性は家庭内の活動に限られているのであれば、それは促進されるであろう）、明らかにニーチェはこれらの少女たちとのいずれの結婚もまじめに考えていなかった。マティルデ・トランペダッハの音楽の才能はニーチェに感銘を与えたけれども、相手のマティルデにしてもまじめにニーチェとの結婚など考えていなかった。

エリーザベトとニーチェの兄妹は、ひじょうに親密であったがゆえに、それぞれの結婚相手を見つけ出す機会を互いに邪魔する結果となったのだろう。しかしこれは、かれら兄妹にしてみれば気づかないことであった。両人はそれ以上に心底相手のことに関心があった。すでに述べたが、ニーチェは後期の著作で妹と母親について辛辣なことを書くようになったが、特にルー・ザロメに接近しようと試みたひどい不幸の後に続く、一八八二〜八三年の冬の数ヶ月の期間は顕著であった。しかしながら、ニーチェはエリーザベトの独占欲をすでに見抜いていたのだから、もっと早い時期にかの女と距離をとっておくべきであったろう。

さきだつ一八六三年にニーチェは、妹の過度の独占欲と、それがかれに及ぼす破壊的な潜在力を予感していた。友人の妹アナ・レッテルに対してある短い間のぼせ上がったニーチェに大嫉妬

マティルデ・トランペダッハ

するエリーザベトに気づいていたので、ニーチェは妹宛に、かの女が聞きたがっていたすべては次の手紙の数行の様子であったと、皮肉な苦情を述べた。

「それじゃ、お前はほんとにぞっとしたのだね、いつものように汚れた靴下や、ぼくの食べ物に対するさまざまな好みや、お金や、同じようなきれいごとや、いつもお前にとってたいせつであるようなことなどを、ぼくは書かなかったからね……」[*49]

ニーチェの苦情はまったく正当であった。母親も妹も押し付けがましく家庭の整理整頓に干渉した。まもなくエリーザベトは、兄が交際する影響力ある人たちについて聞きたがるようになった。ニーチェが自分の私的な事柄についてこのようなうるさい口出しに甘んじる選択をした理由は、一つには、かれにとって都合がよく、雑用から自分を免除してくれたからで、もう一つには、かれの父親同様、家族の女性たちと事を構えることが上手ではなかったせいである。たしかに、祖母のエルトムーテの気性の強さを受け継いだエリーザベトに対しては特にそうだったろう。かれはまた自分のさまざまな要求をエリーザベトにおこなった。

われわれはエリーザベトの視点から事柄を見なければならない。かの女は父親のことをほとんど知らなかった。結婚するまでかの女は、ニーチェを自分が分かち合う家庭の頭と見ていた。ヴィルヘルム二世時代の社会では、女性は世間の攻撃にさらされていて、もし保護を申し出る男性がいなければ、攻撃を受けやすかった。ニーチェはこの保護を、少なくとも名目上、何年も申し出た。一方、エリーザベトはニーチェが狂気になったとき、ニーチェの名声と評判の下に、かれの死後、不気味なほど引き継いだものをかたくなに守ろうとした。

わたしはかの女のファシストに傾く傾向を、なんら弁護する気持ちはない。かの女が、自著『フリードリヒ・ニーチェとかれの時代の婦人たち』をヒトラーに送ったこと、それに対してヒトラーが一九三五年七月二六日にお礼（オリジナルの手紙はヴァイマールのゲーテ＝シラー文書館《アルヒーフ》にある）を書いたことは、わたしになんの喜びも与えないし、学者としての満足を超えるものではない。またかの女がヴァイマールのニーチェ文書館《アルヒーフ》に、数回ヒトラーを歓待したことも同様である。[*50] エリーザベトが死んだとき、ヒトラーは一九三五年一一月一一日、その追悼式に参列すらしていた。わたしはかの女がニーチェの著作出版に専心した純粋なエネルギーに対して賛嘆はするが、その宣伝は、すでにわれわれがしばしば触れたように、人を誤らせる不完全かつ不正確なものであった。

エリーザベトの精力の浪費にはどこかもの悲しいものがある。一つに、パラグアイの「新ドイツ植民地[*51]（新ゲルマニア・コロニー）」die deutsche Kolonie という夫の無思慮な計画、二つに、事実を歪曲し、ニーチェをナチスの道をつくったファシストの思想家として印象づけ、どんな犠牲を払ってでも、ニーチェの名を有名にしようとする盲目的な衝動である。[*52] エリーザベトが母親と同じように、短期間の結婚で未亡人になったことは悲劇だったと見ることもできよう、結婚は失敗であった。夫フェルスターはパラグアイで一八八九年に自殺した。

次章で見るように、一八八二年のルー・フォン・ザロメとの関係の崩壊後、ニーチェとエリー

エリーザベト・フェルスター＝ニーチェ、ニーチェ文書館前で
ヒトラー、エームケ、ロイトホイザーと共に、1934年

ザベトの仲違いは、翌年に種々の関係修復がなされたにしろ、両人にとって一つの転機であった。逆説的であるけれども、これは兄から離れるために、かの女が必要としていたショック療法そのものであった。

かの女の夫選びは、ニーチェに対する謀反という形すらとっている。かの女は兄ニーチェの、反ユダヤ主義、国家主義のフェルスターに対する敵意を充分に承知していた。フェルスターの考えは、『パラグアイを特別に考慮した上部ラプラタ地域におけるドイツ植民地』という煩瑣なタイトルの本の中で示されていた。このような考えに対してニーチェはたえず攻撃していた。[*53] かれは妹の結婚式に出席すらしなかった。けれどもお祝いをかれらに贈り、パラグアイのかれらの冒険を関心と懸念をもって見守ったのである。

オスカー・レーヴィは、ニーチェの『善悪の彼岸』の英訳（ヘレン・ツィンメルン訳）の版権交渉のためにエリーザベトを訪ねたときのことを、エリーザベトの見栄がありありの応対を鋭く風刺をこめて書いた。かの女は自分には指導してくれる男性がいないことが残念至極であると言って、話を終えた。[*54] 自分の選んだ夫がさらにかの女を迷わせた。かの女が本当に愛し信頼した人――かの女の兄――は、一八八九年以降、もはやかの女を助けることができなかった。

それでも現在、かの女にとって不利なことが数多く語られているにもかかわらず、われわれがかの女を正当と見なす点を挙げるとするならば、エリーザベト・フェルスター＝ニーチェが存命中にニーチェの著作を讃嘆する多数のグループの積極的な激励を受けたことだろう。例えばハリ・フォン・ケスラー伯爵や、アンリ・ヴァン・デ・ヴェルデのような人や、またこれから第三章と第五章で見るようなたくさんの女性たち——その中の幾人かは女性運動*55で活躍していた人たち——は思い出す価値がある。

文書館《アルヒーフ》の資料の、かの女の偽造はようやく発見され（カール・シュレヒタがエリーザベトとその資料で一九三五年に対決した）、やがてかの女のナチスへの申し出も見過ごすことのできないところまでになっていた。病人ニーチェが一九〇〇年に亡くなるまでのかの女の自己献身的な世話と、その後の文書館《アルヒーフ》のかの女の奮闘は、いたるところで絶大な尊敬を勝ち得た。しかし、かの女のごく身近にあった人、例えばメタ・フォン・ザーリスのような人は、エリーザベトの事務管理の仕方を知るや、交際を断ち切った。

ゾフィー・リッチュル（1820-?）

ニーチェは嫁さがしをしているようでいても、その素振りは見せなかった。ニーチェには既婚女性に惹かれる傾向があった。つまり手に入らない女性、むしろ子供のいる女性へその傾向があった。これはかれにある安心感を与えていたためであろう。家を出て、一八七九年にバーゼル大学の教授職を辞する年月の間の、これが繰り返された行動パターンであった。

かれは表向きは嫁さがしをしているように見えても、所帯をもつという現実性はまったく放棄していた。ニーチェととても親しく見えた最初の「母親のような女性」は、文献学の教授フリードリヒ・リッチュルの奥方ゾフィー・リッチュルだった。ニーチェは一八六四年にボン大学に行ったとき、リッチュル家の人たちに会った。それからリッチュルの後を追って一年後にライプツィヒに行ったのである。

　ヤンツによると、リッチュル夫人に対するニーチェの称讃は、次で論じるコージマ・ヴァーグナーに次ぐ第二番目のものであった。[*56]ヘレーネ・シュテッカー（第五章で詳述）によれば、ゾフィー・リッチュルはニーチェにとって「高貴な性格の人」であったという。またカール・プレッチは、ニーチェがかの女に触れる家族宛の手紙の中の、ドイツではかなりの親密さをしばしば含む自分の「友人[*57]」という言い方に注目している。だがこの言い方をあまり加重に評価してはならないであろう。リッチュル夫人はニーチェのおよそ二五歳も上であった。かの女はニーチェにとって母親を象徴した。またかの女のピアノ演奏が魅力の一つでもあったろう。

　かの女はユダヤ系で、ブレスラウのユダヤ人病院の内科医長ザームエル博士の娘であった。ただしかの女はキリスト教に改宗していた。かの女のある意味世俗的なところが、ニーチェには新鮮であったのだろう。事実、かの女は出世を志すところがあった。ついにニーチェは成熟した女性に出会ったと思った。この人は母親や独身のおばたちとは異なる手本を示す女性である、と。

　ジークフリート・マンデルが指摘するように、ゾフィー・リッチュルは、母親のような確固たる意志でニーチェの関心を支え、その成果は、この若い無名の文献学の学生が「当時の音楽の奇才」ヴァーグナーに会えるよう、ヴァーグナーの妹である友人オティリエ・ブロックハウスを通して、うまく招待を取りつけた。[58] ニーチェは一八七〇年に軍隊に徴兵されたときにもなお、ゾフィー・リッチュルと文通していた。しかし、一八七二年の『悲劇の誕生』出版後は、友情は冷えていった。むろんこのときまで、かれは三年間バーゼルの教授職にいた――それはもっぱらかれの前の指導教官リッチュルのおかげであった。

すでに指摘したように、ニーチェはリッチュル家の大事なお客として認められたことで、バーゼルにおける数多くの友情の手本を得た。ミヤスコフスキー家、ヤーコプとルイーゼ・バッハオーフェン夫妻（後者ルイーゼはニーチェより一歳若い、夫ヤーコプはかの女より二〇歳年上）、ラインハルトとイレーネ・フォン・ザイドリッツ夫妻などが、ヴァーグナー家の客になっていた。それらのなかでもっとも重要なのは、ニーチェとオーヴァーベク家との友情であった。ニーチェはよくイーダ・オーヴァーベクに信頼をこめた手紙を書いた。この友情は、特にルー・ザロメの「事件」の結果、半狂乱だった一八八二〜八三年の冬の間、ニーチェにとって特別に重要であった。

イーダ・オーヴァーベクは多くの点で保守的な女性で、ニーチェの女嫌いに率直に抗議をしたことで注目されるが、マルヴィーダ・フォン・マイゼンブークのように、イーダは、ニーチェが本当の自分に忠実ではないとして、かれの行き過ぎを熱心に説明した。イーダはエリーザベトと仲違いの後（エリーザベトは低級な意見しかもっていないので）、ニーチェが「自分から堕落したのだ」と思っていたのである。[59]

コージマ・ヴァーグナー（1837-1930）

コージマとニーチェの関係はしっかりと調べなければならない。R・J・ホリングデイルは、コージマ・ヴァーグナーは自分が崇拝したヴァーグナーに有用な人物としてニーチェに関心を持っていたに過ぎない、と主張する。[*60] 一方ヤンツは、ニーチェにとってコージマ・ヴァーグナーほど重要な女性は他にいなかったと強く主張する。[*61] H・W・ブランはゴッホと同じように偏向的な立場から論証して、ニーチェの性を性心理学的な幼稚症の一つと見なし、抑圧という言葉でニーチェのコージマに対する不可解な情熱の多くを説明する。[*62]

わたしはブランと同じく、コージマとニーチェの関係は、特にヴァーグナーとの亀裂がコージマを失うことになるので実に複雑ではあるけれども、あまりに多くのものが現実のニーチェとコージマの間から、そしてディオニュソスとアリアドネの、ニーチェの神話の表現から、つくられていると思う。そして最終的にはアルブレヒト・ベルヌーイ、ブラン、カール・ラインハルトによってわたしはさまざまに解釈するにいたったが、[*63] それを次に論じていこう。

たしかにラインハルトは、ニーチェの〈女の生命〉vita feminaという概念をめぐり純粋に哲学的な解釈を好んだ。そこからブランとベルヌーイは自分たちの議論を、コージマとの関係に集中する。一八六八年ニーチェがコージマ・ヴァーグナーと初めて会ったときに、なにが起こったかを描写するのが最善のやり方で、つまりニーチェは魅了されてしまったのだ。かの女はニーチェより七歳上で、四人の娘の母親であった。そのうちの二人がヴァーグナーの娘で、もう二人は最初の夫ハンス・フォン・ビューロー[※9]との間の娘だった。娘エヴァの父親についてときどき論争を呼んだが[*64]、一八六九年五月一七日にニーチェがコージマに会ったとき、コージマはジークフリートの身重の身体だった（ジークフリートは六月六日に誕生した）。

コージマ・ヴァーグナーは精神的にすばらしく、かつ知的で、音楽の才能があった。ニーチェはむろん巨匠の言うことに従ったけれども、かの女の激励が若いニーチェを陶酔させるほどの影響を与えた。ヴァーグナーはあまりに仕事に夢中になりすぎていて、ニーチェが達成しようとしていることを、充分に吟味できなかった。というのもニーチェの多量の著述は、みな将来にあったからである。ニーチェに対しコージマがどのような気持ちであったか、われわれは知ることはできないであろう。それはコージマが、ヴァーグナーの死後ただちにニーチェとの手紙を廃棄させ、発表したくないものすべて、ヴァーグナーの原稿についてもすべて一緒に廃棄させたからである。かの女がすべてに同意しなかったことについて（言い換えれば、いまやすべてがアーリア人ヴァーグナーというコージマのイメージに従わなければならなかった）、ゴットフリート・ヴァーグナーは、自分の祖母コージマが夫ヴァーグナーよりもさらに反ユダヤ的であり、ヴァーグナーの遺産処理には容赦しなかった、と指摘している[*65]。実際にコージマは、ニーチェの文書館員で死後出版の偽造者エリーザベトより、自分自身の能力をずっと強く確信していた。

バイロイト上演の際のコージマの干渉は、ついに一九〇一年にドイツ議会を説得して、『パルジファル』はバイロイトでのみ上演されるよう行政命令を下すところにまでなった。ニーチェが

リヒャルトとコージマ・ヴァーグナー夫妻

『パルジファル』を、偽りのキリスト教メッセージを伝えたヴァーグナーの最終的な裏切り行為と見なした、そのことをわれわれは思い出す。

一九世紀では送る手紙の写しを手許におく習慣があった。しかし、ニーチェの場合、下書きは清書草稿というより、かれが言いたかったことの記録だ。それはときにあまりに侮辱を含み、受取人に廃棄された。ニーチェが一八八八年に幾人かに対して自分の鬱憤をはらそうとしていたとき、かれはもはやそうする時間も多く残されていないだろうという多少の予感があって(一八八八年一一月中旬にエリーザベト宛のかれの手紙の草稿は、その適切な例である)、コージマがヴァーグナーに与えたと思う悪影響を、コージマ宛の草稿の手紙に書いた。その内容はヴァーグナーとの仲違い以来、自分の手紙で第三者に繰り返し述べていたものである。

「あなたがヴァーグナーに与えた影響をわたしがじつによく精通していることを、よくご承知ですね――あなたはこの影響をわたしがどんなに軽蔑しているかもよくご存知ですね……ごまかしのはじまったその瞬間にわたしはあなたとヴァーグナーに背を向けました……リストの娘がドイツ文化や、それどころか宗教問題に口をはさめば、そのときわたしはまったく同情しません……」[*66]

ベルヌーイは、ニーチェが『パルジファル』のコージマの偽の信仰心を非難する点を強調する。その結果、ニーチェのコージマに対する尊敬はかなり薄れていったという。

「懐疑心と、それどころかヴァーグナーの信仰心への傾斜とキリスト教神秘主義への転向は、かれの妻コージマが原因であったとする確信によって、きわめて深い敬虔な気持ちと畏敬の感情はかれの心のうちで砕かれ、崩壊していった[*67]」

この問題に関して批評家の間では、コージマに対するニーチェの判断に同意するのが一般的であるけれども、わたしはあえてしばらく反対意見を述べたい。わたしは、コージマの宗教とこの問題に対するヴァーグナーの宗教は公な領域に属し、弾劾されるべきヴァーグナー夫妻の反ユダヤ主義や国家主義とは異なる、私的な出来事であったと考えたい。そうならば『パルジファル』と全面的な対決を避けることは、実際きわめて容易である。

ニーチェは趣味の問題を、より非難に値する問題と同等においていた、それはニーチェの評判を落とすことになる。例えば、ニーチェが、そのときレーはごく親しい友人であったのに、パウル・レーを目がけたヴァーグナー夫妻の反ユダヤ主義の中傷を、公に非難しないからである。フーベルト・トライバーが教えたように、レーはスイスの利他的な医師として、かれの残りの生涯を終える[*68]。かれは自身の哲学に多少の矛盾を抱きながら、『心理学的観察』（一八七五）、『道徳感情の起源』（一八七七）の中で、その利他主義はそっけなく説明される。確かに、かれは自身のユダヤ人の自己憎悪の烙印の犠牲者であった[*69]。できればそのことをわたしは論じたいのだが、ヴァーグナーは自分の妻の宗教に迎合した。これはヴァーグナーにとってきわめて些細ことであったろう。

コージマがリストの娘であるがゆえにニーチェに卑下されるというのは厄介なことで、ベルヌーイはこの点を挙げて、コージマは「非生産的な人」であるが、そのかの女のおかげでヴァーグナーは「生産的な人」という感じを与えている、かれはこれを遺憾であると言う。*70 これに関して、リストの娘は一九世紀の時代にかの女本来の資質において「生産的（独創的）な人」であった。言い換えれば作曲家（この点でかの女の母親役をわれわれは論じているのではない）であること――もっともかの女がその能力を可能性として持っていたかもしれないとあれこれ論じることは馬鹿ばかしいことではないけれども――がどんなに難しいことか。それにおいては、この時代の社会の女性の役割に関する諸前提を考える必要がある。オト・ヴァイニンガーのような著述家たちは、女性における芸術的な生産性の欠如を告発し、コージマ・ヴァーグナーのような女性が「非生産的」だと受け入れる社会的環境を、故意に無視している。*71

わたしが挙げておきたいもう一つの問題は、ニーチェがその最後の手紙で自分の鬱憤を吐露したとき、明らかにエリーザベトとコージマを傷つけたことだ。多くの解説者は、この晩年の書状が二人の女性の人格に最終的な言葉となったはずだと思っている。しかしながら、たとえニーチェの自分の言ったことであったにしても、そのことでかれの愛情が実際に終息したことを意味しない。ちょうど犯罪者の親族が、犯罪がなされたからといって、その愛情が消え去らないのと同じである。われわれが論じたニーチェの母親への愛情も、これと同種のものである。かれが自分の母親に言った「ぼくは母が好きではない」*72 という否定的な言葉に要約されるにしても、これにすべてを還元させてはならない。

さてわれわれは難しいテーマである神秘的な「アリアドネ」について論じ進めていかなければならない。アリアドネとコージマの同一化というきわめて複雑な手がかりは、ニーチェの精神崩壊後に与えられたものだからである。ブランは、ニーチェのコージマに対する抑圧された愛情がこの時点で浮上したと言う。そしてかれは、ベルヌーイのテーセウス－アリアドネ－ディオニュソスという三角関係の解釈を、あまりに俗悪なレベルのものとして異をとなえた[*73]。ベルヌーイは、ニーチェの否認のすべてから見て、実際にはかれはディオニュソスであるよりむしろソクラテスであるとした。そして、フリードリヒ・ニーチェではなく、リヒャルト・ヴァーグナーの方がより比喩的にディオニュソスとして要求できると言った。

「現実の出来事が明らかにされるときに、テーセウス＝ヴァーグナーはニーチェよりもっとディオニュソスであった[*74]」

このブランによる解釈（たいそう省略されている）は、次のごとくである。ギリシア神話によれば、テーセウスがナクソス島でアリアドネを捨て、そこでディオニュソスはアリアドネを自分自身のものにしたと言い伝えている。ブランは、ニーチェの病がますます募るにつれて、ヴァーグナーがコージマを見捨てたという証拠を探し、これによってニーチェは正当にヴァーグナーからアリアドネを略奪できたと空想することができ、それによって正当に自分のものと主張した[*75]。その時点に至って、妄想の中でイエーナの医師たちに、自分の妻コージマが自分をここにつれてきたのだと話した。[*76] それゆえ、ニーチェのディオニュソスとの同一化は精神崩壊に先立って次第に強くなっていった。

この説明はもっともらしい。だが、母フランチスカと妹エリーザベトのときと同様、ニーチェが讃嘆し、かつ嫌っていた現実のコージマと、この物神化されたコージマ＝アリアドネに折り合いをつけさせるのは難しい。さらに一八八三年ヴァーグナーが亡くなった際に現実に起こったことは、ニーチェがコージマ宛てに花模様のある手紙を書いたことである。そこには（一八八三年二月中旬の手紙の草稿から判断すれば）、いまだニーチェの愛の想いを示唆するものはなにもない。しかし仮にあったとしても、そう馬鹿げたことでもなかったろう。つまるところ、コージマは現実に今や少なくとも法律上は求めに応じられる。ただヴァーグナーの死後もコージマのかれへの崇拝は続いてはいたのだが。

コージマはニーチェより七歳も年齢が上であったが、これは実際に超えられないギャップではない。ニーチェはあきらかにルー・ザロメとの失敗後、いまだ傷ついていた。今ではほとんど永久の病人で、この晩年の歳月にヴァーグナーへのかれの敵意があっただけで、確実にニーチェを拒否するだろう人に求愛するよりは、むしろ自分の夢を保っていたかった。だから——わたしは思うに、これは「アリアドネの謎」を翳らす重要な要素である——ニーチェはその人の信念を嫌うことで保ったのである。コージマに対するニーチェの想いは、それゆえかれの母と妹に対するのと同じく、愛憎半ばする二重の想いであった。

マリー・バウムガルトナー（1831-97）

ニーチェに対しコージマがもっていた引力の部分——おそらく大部分——は、かの女が母親であったことだろう。ニーチェがかの女に多く惹きつけられていたとき、マリー・バウムガルトナーのような「母親像」にかれは注目していた、このことが強調されなければならない。

かの女は、ニーチェの教え子の学生の母親で、『反時代的考察』第三篇「教育者としてのショーペンハウアー」のフランス語翻訳の最中であった。ニーチェはエルヴィン・ローデ宛の一八七五年八月の手紙で、かの女はぼくが知っている最高の母親である、と書いている。一八七五〜七七年の間、ニーチェとバウムガルトナー夫人は文字どおり数ダースの手紙のやり取りをしていた。マリー宛の一八七八年一〇月二八日付の重要な手紙の中では、ニーチェはドイツ人に多い含みのある言葉で、ゾフィー・リッチュルの場合と同じく、自分自身をかの女の「友」と表現していた。

バウムガルトナー夫人は、同時にエリーザベトとも文通していた。ニーチェ文書館《アルヒーフ》にはエリーザベト宛のかの女の手紙一〇通が残っている。そこでは友情の極みに達して、マリーはわれを忘れて、一八七八年八月にエリーザベトに家族や親友など親しい間柄にしか使用されない「Du（きみ）」と親しげに呼びかけている。これはのちの一八九四年一一月とは大きなギャップがある（エリーザベトは、自分のニーチェの評伝の資料を手に入れるため、ニーチェの知人や友人をくまなく探していたところであった)。マリー・バウムガルトナーは一八九四年の返事の中で劇的に口調が変わり、「親愛なるエリーザベト」ではなく、はるかに距離をおいた「親愛なるフェルスター御令室様」と呼びかけた。

マリー・バウムガルトナーはニーチェより一三歳上の既婚者で、一八七九年九月一日に哲学博士の学位を取る息子がいるにもかかわらず、一八七八年八~九月にかけてニーチェに恋していた。ニーチェ宛の公表された手紙は、命がけでニーチェの友情を求める一人の女性の姿を見せている。だがその言外の意味は仮想ののぼせ上がりである。

例えば、マリーは一八七九年九月一日付の手紙で、バーゼルに旅行して、ニーチェの窓辺の下を敢えてノックせずに歩いたと明かしている。しかしのちにはニーチェがいないから、じつはバーゼルをまったく避けたと語っている。

「あなたが旅立った最初のころ、わざとわたしは手紙を出しませんでした。それはあなたをさらに悲しい気持ちにさせたくなかったためで、自分自身にだけ悲しい気持ちを聞かせるだけでしたから。あなたなしで生きていくことに慣れようと努めました。エリーザベトとオーヴァーベクさんとの手紙の交換で、きっとあなたに充分であろうとわたしは考えました……バーゼルにはもはや行きませんでした。もはやそこにあなたがいないのですから、むしろそこは遠ざかったままでいる方がよいのです*77」

マリー・バウムガルトナー

ニーチェの側からすれば、マリー・バウムガルトナーの愛情のしるしにいくぶん当惑したようだ。かれは終始礼儀正しさを保った。マリーが批評を乞うためにニーチェに送ったフランス語のかの女の詩に関するニーチェの所見から、ニーチェに対するマリーの気持ちがそこに込められていただろうとわれわれは推測できるのだが、とにかくニーチェは、マリーが自分の友情にあまりに多くのことを期待しすぎていると答えている。

「あなたの詩を、あなた自身とわたしに語る真実と見なせば、その通りです、わたしが満足すると同じ程度にあなたに申し訳なく思っています。と申しますのも、あなたが期待する以上に自分のことをあまりに少なくしか見ていませんから。わたしが値する以上に、はるかに多くを受け取り、所有しました、いまになってわたしはそのことを承知しています。――つまり信頼する誠実な魂はその上に、あらゆる懐疑的なそそのかしに反して、この世の誠実を自分に証拠だてる名誉心をもっています。

　このようにわたしは感じています、それはあなたを悲しませますか？――わたしはそう思いませんが。[*78]――」

　二日後にマリーはこう答えた。わたしはまったく傷ついていないと。「時とともにわたしたちの間のすべてが、よくなるでしょう[*79]」と。しかしながら時間がなかった。かの女は自分自身の孤独を予期していなかった。
先に見たように、三月末にニーチェがこれを最後にバーゼルを去ったとき、マリーはそれが分かると、マリーの一八七九年三月二〇日付の断固たる求めに応じて、かれらが論じた数々の詩を廃棄した。かれら二人が共同におこなっていた翻訳の仕事から考えれば、マリー・バウムガルトナーの接近をニーチェが断ったことはよく分かる。年齢のギャップは言うまでもなく――かの女は結婚していたのだ！――、かの女は病気で（息子を例外にして）家族ともうまくいっていなかったという事実は、一八八三年まで続いたかの女の手紙から明らかであった。
エリーザベトが、ニーチェにとってのマリー・バウムガルトナーの重要性を思うようになったとき、エリーザベトは解説のためマリーの助力をたのんだ。[*80] この点からヤンツは、ニーチェにとってマリー・バウムガルトナーがいかに有用であったかを強調する。[*81]
わたしが示したいのは、マリー・バウムガルトナーがニーチェにとって重要であったかよりも、マリーにとってニーチェがもっと重要であったことである。実際にニーチェを愛する女性は一人もいなかった、というホリングデイルの主張[*82]を、わたしは断固拒否したいと思う。

ルイーゼ・オト（生没年不明）

一八七六年七〜八月のバイロイト祝祭（ニーチェの尊敬と愛情は、コージマに対してはそうではなかったが、ヴァーグナーに対しては冷えつつあるときであった）のときに、ニーチェはとても魅力的な女性と出会った。パリから来た女流音楽家にして歌手、マルセルという名の少年の母親であった。

もしニーチェがそう望んだのであれば、ルイーゼ・オト夫人はニーチェのために夫を置き去りにしたであろうと、ヤンツは見る。しかしながら、かれら二人の手紙からは、ニーチェへの愛情が、夫への愛情に取って代わった証拠はほとんど見あたらない。かれが初めてオト夫人に会ったとき、ニーチェはかの女が結婚していることを知らなかった。明らかに二人はお互いにとても惹かれあった。しかし、かの女の立場を理解するや、ニーチェはやむなく自分の側からすみやかに撤退し、その関係を本来の状態におくことにした。

ニーチェの行動は、かれになにかまずいことでもあったのかと、エリーザベトを驚かせた。一八七六年七月二五日付のエリーザベト宛の手紙に、急いでバイロイトに来てくれるように、こちらでは「お前の存在がしきりに待たれている*[83]」とあったからである。しかし一週間が経つとかれは妹に再び宛て、自分が送った切符は不要で処分するよう頼んだ。

「ぼくはこの長い文化の夕べのすべてがいやになっている。でも立ち去れないままでいる……まったくもううんざりだ[*84]」

八月六日になるとニーチェは、エリーザベトに突然の出発に弁解の手紙を書いている。そこにはルイーゼへの言及は一つもない。しかし、ニーチェのルイーゼ宛の次の手紙から、ニーチェがそのように急いだ出立の、本当の理由をわれわれは知っている。

「あなた（ルイーゼ）がバイロイトからいなくなって、わたしの周囲は真っ暗になりました。誰かがわたしから光を奪ったかのような気持ちでした。まず心の落ち着きをわたしは取り戻さなければなりませんでしたが、それをわたしは取り戻しました。あなたは心配せずにこの手紙を受けとってくださってけっこうです[*85]」

ルイーゼはニーチェに二度（一八七六年九月二日、八日付）、手紙をくれるときには用心するよう言ってきた。その結果、かれは次からは、かの女宛の手紙に「兄妹のようにあなたのフリードリヒ・ニーチェ」と署名した[*86]。そしてかれの著作が出版される際に送られる長い献本者リストに、かの女をつけ加えた。

一八七七年八月二九日、およそ一年をあけて再び妊娠したルイーゼに宛ててかれは手紙をだして、かの女の存在を生き生きと感じ、「一度暗闇に突然あなたの目を見ました[*87]」と伝えた。実際にそれに折り返し大きな愛情を持って答えていたかの女もまた、かれらの「短い出会い」を想像で再度体験していたから、これは驚くにはあたらない。

「わたしはすべてを再度体験しましたので、たいそう豊かになっている自分を見つけました——たいそう豊かに——それはあなたがわたしにあなたの愛を送ってくれたからです[*88]」

ニーチェは女性の友人に失望させられると、別の女性の友に慰めをもとめる。これはニーチェらしい特徴である。かれはいまやマルヴィーダ・フォン・マイゼンブークに慰めを見つけた。マルヴィーダはパウル・レーやアルベルト・ブレンナーと一緒にソレントで冬を過ごすよう、かれを招待してくれた。また一八八二年八月ルー・フォン・ザロメとの大失敗の後、かの女宛の手紙で、ザロメの「生への祈り」に曲を付け、すばらしい歌唱力もったパリの友人ルイーゼ・オトがいつかそれを自分たちに歌ってくれるだろうと伝えて、ニーチェはルーからなにか良い意向を汲みとろうと努めた。それは希望的な観測に終わった。というのもニーチェはかれらのどちらにも二度と再会しない運命だったからだ。

マティルデ・トランペダッハを除くと、ニーチェが勤めを持ち（一八七九年かれの健康が完全に駄目になる前に）、それゆえ所帯を持てる状態にあったバーゼルの重要な時期に、ニーチェが惹きつけられた女性たちはみな、妻か母親であった。これに明らかなことは、ニーチェがドイツ社会で母親に与えられていた大きな尊敬を共有していたことである。だからかれは数人の若い母親たちに惹きつけられた。けれどももっと成熟した、例えばコージマ・ヴァーグナーのような女性との関係は、もっと複雑であった。フロイトがこの主題について理論化する以前に、オイディプスのタブーがよく影響していたという事実が考慮されなければならない。例えば、強烈な自叙伝的な痕跡もったフローベール『感情教育』(一八六九)の主人公フレデリック・モローは、中年の既婚者アルヌー夫人へ思慕を抱く。ついに小説の結末で、夫人はモローに言い寄ることになるが、それに対して主人公モローは、かの女の白髪を見て身を退く。そして夫人の性に対する嫌悪がわかった。

おそらくマリー・バウムガルトナーがあまりに近寄ってきたときニーチェが感じたであろうものを、これは反映している。母親のような人と恋に陥るときは、多くの点で一九世紀の若者の安全な性の考えがあった。あるいはヴァーグナーの場合のように、かれは自分自身のタブーを構築しなければならなかった。

第二章　ニーチェと永遠に女性なるもの

独立した女性を「男まさり」と見なすヴィルヘルム二世時代のゆがみの直接的な原因は、市民階級の既婚女性の、母親の役割の聖別化にあった。これはビーダーマイヤー時代を特徴づける家族生活の崇拝から発展してきた。そしてこれは社会の多大な経済的な諸変化の結果そのものであった。いまでは前期資本主義の特徴であった大所帯を支える夫の手助けの心配から女性は解放されたから、[*1] 中産階級の妻には自由な時間と大きな余暇があった。しかし一方で、女性はお金を稼ぐ方法を社会的に禁じられていた[*2]。

実際に、母性イデオロギーがドイツでは強力であったので、専門的な職業を求めて本来の女の使命を否定する気配があるような女性に対し、敵意はないにしろ、自動的に深い猜疑心をもってみられた。社会全体からのこのような不承認は、本に学ぶことは女性の性衝動に影響を与え、その自然な道徳的な長所と養育の質を弱体化させるだろうという強力な信念にあった。これはまちがいなくニーチェが持っていた見解であった。

「女性に学問への傾向があると、ふつうその性になにか異常なところがある。すでに不妊は、趣味のある種の男性化への素因である。なぜなら男性とは、こう言ってよければ、『不妊の動物』であるからだ[*3]」

このような急進的な傾向にニーチェが対処しようとしたものは、古代ギリシアのように、女性は世間から交渉を絶つべきであるとする見解であった。一八七一年に「悲劇の誕生」の研究領域からの断章で、ニーチェは次のものを提示した。

「ギリシアの女性は、母として暗闇に生きねばならなかった。それは政治的な本能がその最高の目的と相まってそのことを要求した。こっそり生きよ、というエピクロスの知恵の象徴として、女性は植物のように狭い生活圏のなかで生きなければならなかった[*4]……」

これの実際の眼目は、女性を傷つける意図ではなく、ある特定の文化発展の段階を述べることにあった。

「国家がいまだ胎児期の状況にある間は、母としての女性が優位を占め、文化の位階と諸現象を規定する」*5

「ギリシアの女性」は、ニーチェの、実際に「家族は廃止されるべきだ」というプラトンの『国家』の発言の文脈にある、古代ギリシア時代の女性たちに着目したかれの後期の著作集であるけれども、ヴィルヘルム二世時代のドイツについて結論を出さずに、たいへんなノスタルジーをもって古代ギリシア文化を回顧していた。「ギリシアの女性」はニーチェによって早くから書き留められ、初期の表題なしの遺稿として集められた著作に見つけられるが、英訳の印象があるにもかかわらず、単著では出版されなかった。わたしの主張は、ニーチェの、女性の望ましき家庭の役割に関する見解に、際だった変化はなかったというものである。

一五年後『善悪の彼岸』(一八八六)で、辛辣な口調が、本質的に同じ考えを歪めているので、女性により侮蔑的に響く。にもかかわらず、その問題は、ニーチェ最高の能力ある時期に書かれたものだから、ギリシア文化だけでなく、アジアの文化も、女性を厳しく取り扱う文化ゆえに繁栄したとニーチェが考えていたことを明らかにする。

「精神においても欲望においても深さを持ち、その上、厳格と非情をこなすことができて、容易にその厳格と非情が取り違えられるあの情の奥行きを持つ人は、常に女性をひたすら東洋的に考えることができる。そのような人は、女性を所有物として、鍵つきの財産として、奉仕に運命づけられそこにおのれを完成するものとして、理解しなければならない。この点にその人はアジアの巨大な理性に、アジアの本能の優越性に基礎をおかなければならない、つまり、アジアの最上の相続人にして生徒であったかつてギリシア人がしたのと同じように。かれらギリシア人は、周知のごとく、ホメロスからペリクレスの時代にいたるまで、増大する文化と力の範囲が広がるにつれ、一歩一歩女性に対してより強くなっていく、要するに東洋的になっていった。このことがいかに必然的に、いかに論理的に、いかに人間的に望ましいことであったか、そのことについてとくと銘々が考えて欲しい！」[*6]

ニーチェはこの問題を広く公に議論するに任せていたが、その口調は明らかにかれの同情がどこにあるかを示している。ニーチェの女性が社会参加の権利を男性同等にすることへの不承認は、一貫している。この旧弊打破の思想家のもっとも驚くべきことは、かれの女性における家庭の役割説が、当時の保守的な男性の女性嫌いの意見と継ぎ目なく混じりあう事実である。その意見とは解放運動の青いストッキング[※1]は女性らしくない、そのフェミニストはおそらくレズビアンである、と言うものである。さらに次に見られるように、保守的であれ非保守的であれ、それは多数の女性たちからも共有されていた見解であった。

自分たちの攻撃的な女性嫌いの地固めに、ニーチェを引き合いにする多くの男性たちがいた。かれらの中で特にオト・ヴァイニンガーは、一九〇三年に著書『性と性格』を出版後数ヶ月して自殺したから、なおさら悪名高い人物だった。この本を辛辣な、むしろ実際には女性に敵対する滑稽な論争の書と見なしたくもなるだろう。この本は、男は女性との性交渉を慎むべきであるという提唱で、最高点に達する。女性はその策略で男性の性を破壊することだけに意を尽くしていて、そこからおのれ自身の身を守らねばならないからである。これは、結婚市場の社会に対する悪影響を計算に入れた後の、かれの陰険な結論であったし、実際に大いに納得のできる説明でもあった。この本が多数のサークルでまじめに受け取られたのは、その主張に事実と虚構が巧みに入り混じっていたからであった。例えば、女性は男性より頭脳が小さい、そのため、女性は合理的な思考能力がより低いだろうという問題について、一九世紀の間、終わりなき議論がなされた。それがヴァイニンガーによって再び明るみに出され、かれの主張の柱になった。そこでかれは、女性の人格発展を認めるフェミニストの要求に悪乗りした。かれはうまくこれを女性向けの侮蔑に変えた。

次のものがヴァイニンガーの主張の見かけ倒しの一例である。

> 「女性が実際に人間と見なされるべきかどうか、あるいはわたしの理論は女性を植物や動物と結びつけるかどうかが問われるのはもっともである。なぜなら、わたしの理論によれば、女性は植物や動物とまったく同じで、知性全体との関係がほとんど希薄であるからだ。女性は他の生物と同じく永遠の命にほとんど関与していない。人間だけが小宇宙で、宇宙の鏡である……動物は単なる個体にすぎない。女性は、人格ではないけれども、人である」*7

ヴァイニンガーのこの引用からすると、「ギリシアの女性」と接点があったようには見えないが、ニーチェのテキストのごく近くから主張し、かれはニーチェと同じ考えに至っている。ニーチェは女性を「植物のように生きなければならなかった」と書いた。[*8] 確かにヴァイニンガーはニーチェの古代ギリシア讃美を共有し、女性は世間から隠されているべきだとするニーチェの考えを主張した。ヴァイニンガーはこれを女性の人格要求の否定と結びつけ、女性に対する侮辱の急所を突くことを狙った高度な戦術を練った。

さてわれわれは、ヴィルヘルム二世時代の女性の性に対する判断の文脈内で、ニーチェの女性の性についての声明を吟味しなければならない。そして、ルー・ザロメが持っていた女性の性理論と比較しよう。かの女の考えは、重要ないくつかの点でニーチェとうまくかみ合う。そして、一つの重大な相違を除けば、きわめて保守的に見える。ニーチェとザロメ両人は、性行為そのものを嫌う地位ある女性に一般的に受け入れられていた考え方を拒否した。[*9] ヴィルヘルム時代の社会の良家の女性は、夫と同じように性的に興奮することを期待されなかった。性交渉は快楽であるより義務と解釈されたのだ。女性の健康によい、「ヒステリー」にならないための学校医療の思想があった。だから未婚の女性は潜在的に不健康と見なされ、多くの社会的偏見の標的であった。

ここでバーゼルの精神病院のルードヴィヒ・ヴィレ博士によってさらりと「ヒステリー性のむしろ常軌を逸している」とされたニーチェのおばたちが思い出される――博士はまちがいなくロザーリエの「神経過敏」を示唆していた。[*10] 一方で、イエーナの病院の患者であったニーチェの医療メモには短く、「父親の姉妹は病弱で、非常に才能のある」人たちとある。これはバランスの取れた判断が欠けているので厄介な独断のように見える。神経が張りつめたロザーリエ・ニーチェは実際に病気か不安で苦しんでいたのであろうが、このことから未婚女性が自動的にヒステリーであるという見方が、いかに広まっていたかが想起させられる。

神経過敏は独身女性だけが経験するものではなくて、ピーター・ゲイが指摘するように、それは中産階級に見られるものだった。特にドイツではそうであった。[*11] 傷つきやすい女性はかの女たちの医者の意のままになった。そのうちのある医者たち（有名なウィアア・ミッチェル博士のような）は、ベット療養のようなきわめて安価で怪しげな治療で大金を稼いだ。ニーチェの軽蔑はきわめて妥当であった。[*12]

ヴィルヘルム皇帝の社会での既婚女性たちの母親の役割は明らかで、健康で、脅かされない安全な地にあって、広くセックスレスと見なされる、それは実際にはきわめて不合理な社会である。すでに議論したように、ドイツ帝国の男性支配の体制は、女性の役割は男性の補助者という理想を公に認可することを共謀していた。それは「永遠に女性なるもの」という言葉で理解されるものに近い。だが、これはゲーテの本来の言明を歪めた解釈である（第一章原註43を参照）。この文言の大望を知ることのない労働者階級の女性たちすら、家庭の外で雇われていても、これを望まれるべき理想だと思っていた。

ニーチェは、体制内に友人を一人ももっていなかったし、道徳基準の設定された規則に対し厳しい批判者であったから、「永遠に女性なるもの」を無視することが期待された。しかしながら、第一章で議論した理由のために、「永遠に女性なるもの」に対するニーチェ自身の言及は、ゲーテの考え自体を攻撃もしないし、ヴィルヘルム時代の父権社会が背後にある、巧妙な権力をも攻撃しなかった。ところが女性たちは、父権社会に隠されている価値を支持した。かの女たちは愛国的なモラルを殊勝にもふるまったし、その趣味と大望はうわべだけのものであった。こんな風に行動する女性たちが多数いたことは確かであった。この問題点から、女性解放に多大な貢献をしたメータ・フォン・ザーリスのごとき人が同時代の女性を辛辣に批判し、ニーチェの判定が正しいと主張できた理由を、われわれがいかに理解するか、それを考えなければならない。

現代の研究は、多数の女性がなぜこのような非難を招くのか、その理由を問おうとしている。ニーチェとメータの批判はつねに裕福な女性に関係する。好む好まざるにかかわらず、かの女らは社会のルールに則って行動しなければならず、そのことがしばしばやむを得ない裏表ある不自然な行動をとらせ、それが明るみにでることになった。さらにかの女らはお互いに結婚市場で直接に競争関係にある。適応が失敗すれば未婚のままの女性となり、必然的に社会的に不利になった。

ニーチェは、女性の女性自身に対する厳しい判定を、よく知っていた。

「全体として『女』は女自身から一番軽蔑された、決してわれわれ男性ではなかったというのは本当ではないのか？」[*13]

しかしながらニーチェは、女性相互の毛嫌いを、社会の周辺にかれらを不当に追いやる社会的要素——これ以上の夫はいないという原理に立って結婚の囲いに女性を入れ、多数の才能豊かな女性を抑圧した（これは、さらに多数のフェミニストの自己憎悪を生んだ）——のせいとはせずに、幾人かの女性たちによって現実にその状況を改革するという、よこしまな企てのせいにした。しかし、かの女たちが改革をなし得たのは、男性の世界に入ることによってだけであった。ある意味でニーチェは両天秤にかけた。つまりかれは女性たちの浅薄さを論じるとともに、これを正すことに反対した。すなわち「われわれの徳」[*14]の全領域は、女性の立場をまぬけな扶養家族として守ることであった。

かくしてニーチェは「永遠に女性なるもの」をけなしたけれども、かれの現実の立場はすでに指摘したように、もっとも頑迷なヴィルヘルム二世のブルジョワのそれと大差なかった。唯一の違いは、ニーチェが女性の性欲を認めたことであった。かれは、両性とも自分たちの本能の欲望の肯定に対し自由であるべきだと考え、かれの言う「できそこない」の人たちに対し痛烈に批判した。かれは解放された女性たちに一つのカテゴリーをあてた。

「『女性解放』——それはできそこない女の本能的な憎悪である、言い換えると、子供を産む能力がない女ができのよい女に対する憎悪である」[*15]

育成 Zucht という概念は、これらの主張から決して遠いものでない。フェミニズム（男女平等主義）は、育成の用語で、変質者と生否定の両方と見なされる。より高度な教育を求める多くの女性たちは、かの女たちが反対しないならば、社会が厚かましく要求するであろう「永遠に女性なるもの」を単に避けたかった、それをニーチェは理解できなかった。しかしながら、ニーチェにとってこのような解放を求めることは、女性の「男性化」をもたらすだけであった。「この運動には愚劣さがある」[16]。ニーチェの「永遠に女性なるもの」の所見は、分析的な批評であるよりむしろ、ユーモアのある軽蔑であった。例えば、「永遠に女性なるもの」が男性たちをより高く導くより、永遠に男性なるものがかの女らをより高く導くことを、より本当らしいと女性たちは認めるであろうと[17]、かれは明言した。かれは「永遠に女性なるもの」を女性の装飾品の好みである[18]、と定義した。そしてイレーネ・フォン・ザイドリッツ宛の手紙にふざけて書いた。

「わたしの見解によれば、永遠に女性なるものの第一条件は、ナンセンスだけでいっぱいの頭で笑えることです[19]」

ヴィルヘルム時代の家庭における、女性の役割の理想化に対するニーチェの否認に、相当程度の粗探しとごまかしが、「永遠に女性なるもの」の言葉に包み込まれた。それは、かれ自身が同じ姿勢のまさに支持者にとどまっていたからである。これはかれが母親の役割を強調したところに特に示されている。われわれは、ニーチェがいかに母親である若い女性に惹かれるか、つまり、ほとんどの場合ニーチェが女性に惹かれるのは、母親でなければならない。

ブランは、ニーチェが女性の内に魅力を見つけだす査定をさらに推し進めて、

「ニーチェにとって、女性はなによりもまず美的で性的な魅力と料理の技で、亭主を元気づけ、世話をするという役割を持っている[*20]」

ヴィルヘルム時代の社会における、母親の役割に対するニーチェの相反する思いにもかかわらず、すでに見てきたように、それは現実の女性との偶然の出会いにおいても、女性の社会的役割に関するニーチェの公式の考えにおいても、決定的な要素であった。ニーチェとルー・ザロメの両人が、女性の性衝動を讃美し、社会的地位の高い女性の性否定に反した点に考慮し、保守的な社会に投げたかかれら両人の挑戦を見失ってはならない。それはすでに見たように、ヴィルヘルム時代の「一般に受け入れられた女嫌い」の眼目であった。ニーチェはこのような場面に飛び込んで、女性は男性と同じように性を享受すべきであり、享受したと宣言した。かれは若い女性が性について無知のままにしておく沈黙の陰謀を罵った。

「上流階級の婦人たちの教育になにかまったくびっくりする異常なことがある。それどころかおそらくこれほど理屈に合わないこともなかろう。世間は誰もがかの女たちをエロティックなことにできるだけ無知に教育しておく、そしてかの女たちにそういうことに対し深い羞恥心を吹き込み、そのようなことがほのめかされるときには極端ないらだちと恐怖を吹き込むことで了解している……妻は容易に夫をかの女たちの名誉の疑問符として、また自分の子供を一種の弁明もしくは贖罪と感じる、――かの女たちは夫が子供をほしがるのとはまったく違った意味で、子供を必要とし、欲している。要するに妻に対してどんなに優しくしてもしすぎることはないのだ[21]！」

ここにニーチェの別の面白い影がある。女性たちが不当に取り扱われているのを見ると、かの女らのために仲介をする男の輪郭が浮かび上がる。本能的な衝動否定としてニーチェが執拗にキリスト教を攻撃したことは、これに属する。

「はじめてキリスト教が、その根底に生に反対するルサンチマンを抱いて、性欲を不潔なものにした。キリスト教はわれわれの生の最初のところに、その前提に汚物を投げた[22]……」

教会が女性の肉体に対する敵意を認可したという、この悲惨な示唆は、『反キリスト者』で詳しく述べられる。

「女性は今でもある誤りの前にひざまずいている、それは誰かがそのために十字架で死んだと、かの女たちに言われているからである。十字架はいったい論拠であるのか[23]？――」

何か間違っているのではないか？　と問うことは正当である。右記のごとく、ニーチェがこのような考えを抱くことができたとき、なにがかれに女性に敵意をいだかせたのか？

間違っていると見えるのは、ニーチェがショーペンハウアーのあらゆる徹底した批判にもかかわらず、生への意志の表明としてショーペンハウアーの性交渉の考えに、完全に自分を解放していなかったためである。

ニーチェは、子供の育成と結びついた女性の性を、解明できない不可抗力のものと見ていた。これは、間接的にルー・ザロメによって到達されていた結論であった。狭量なヴィルヘルム時代への新しい挑戦としてニーチェが設定したものは、女性はその性も生殖力も共に肯定されるべきであり、生殖力だけというのではない。

ルー・アンドレス＝ザロメ（1861-1937）

ルー・アンドレアス＝ザロメは一八六一年、サンクトペテルブルクのドイツ貴族の家系に生まれた。早くからすでに神への信仰を失っていたから、それがかの女に深刻な動揺を与えた。ルーはニーチェと親しくなるが、ニーチェが結婚を申し込んできたと思ったときから、その友情はただ後退するばかりであった。ニーチェが本当に求婚したかどうかについて疑義があるという事実は、かれが経験した最大の不幸の一つとして見られているものを包みこんで曖昧さを示している。

いずれにしてもこれは起こった事態に対する、かれ自身の評価である。

ルー・ザロメはその後、大学人のフリードリヒ・カール・アンドレアスと一八八七年に結婚した。その結婚は一九三〇年のかれの死まで続いた。さまざまな障害があったが、なかでも性交渉の拒否の結婚であった。批評家はそれを、ルーの父親に対する想像上の近親相姦のせいにしている。[*24] ルーの死後初めて一九五一年に出版された『生涯の回顧』では、かの女の恋愛事件と恋愛遊戯に関しては慎重に書かれている。[*25] 確かなものとしては、ルーが幾人もの恋人を持っていたことである。なかでも一八九七〜一九〇〇年は詩人リルケがかの女の親密な友人であり続けた。ルーはリルケを助けるために、本格的に精神分析学に取り組んだ。ルーは数年後、リルケ宛に自分をかれの妻と呼ぶ手紙を出した。「かの女は別の男にこういうことを決して言わない」とアンジェラ・リヴィングストンは指摘する。[*26]

この華やかな問題多き女性は生涯、優れた著述家たちの友人かつ親友であった。かの女が一九一一年にヴァイマールの精神分析の会議でフロイトに会ったとき、かれらの間に尊敬と友情の絆が生まれるのは、初めから分かっていたことであった。このときルーは五〇歳で、すでに一〇冊の小説、五〇冊のエッセイ、そして宗教、芸術、エロティシズムの精神分析のテーマを論評していた。一九三七年のその死までの二六年間、かの女はフロイトと連携して、精神分析家、友人、それからフロイトの娘アンナの相談役としてあった。しかしながらルーは、慎重にグループの論議（そこに女性はかの女だけであった）では寡黙さを演出して、フロイトが「純粋な女性の典型」と呼ぶ印象を作り出すよう、ひそかに工夫した。

ビディ・マーティンは、ルーはかの女自身に二つの基準を当てたように見えるという。男性向きの場所で男たちの拒否を避けるねらいと、「青いストッキング」のレッテルを避けるねらいである。

「男っぽい女性や、もしくは近代の労働生活の醜さと粗野に負けてしまう女性や、最も保守的な一九世紀後期の女性労働に反対する論拠と、女の自然なバランスを守ることに賛成の論拠に、あまり安易に結びつく女性に対するザロメの恐れである*27」

ルー・ザロメは早くから形式的な信仰を失っていたにもかかわらず、かの女がニーチェの著作を研究するなかで『その著作におけるフリードリヒ・ニーチェ』(一八九四)を書いたとき、じつは、ニーチェの世界観の宗教的な性格を繰り返し強調した(一九八八年にジークフリート・マンデルによって『ニーチェ』として英訳された)。

「ニーチェの哲学に、倫理学が目立たずに美学に溢れ入って——一種の宗教的な美学のなかへと溢れていく——そして善なる教えは美的なものの神性によって可能になる*28」

ニーチェはルーの本の広大な激しい批判を是認したけれども、その本が印刷される五年前にすでに狂気に陥っていた。そしてルーとかれの知的な論議は、その本の刊行をさかのぼる一二年前、すなわち一八八二年にかぎられている。それゆえ、ニーチェが右の分析に挑戦したかどうかは未解決のままである。

いずれにしても、ルー・ザロメ自身は宗教に対して相反する態度を継続していた。かの女は、男女が平等に「神」の前にひざまずくことからなる「内容のない神」を崇めた。その神はいかなる人間関係によっても実現されえない、かの女の要求の象徴である。*29

ニーチェとルー・ザロメ——かれらの「恋愛事件」

ニーチェは一八八二年四月にルー・ザロメと、マルヴィーダ・フォン・マイゼンブークのいるローマで会った。マルヴィーダは慎重に仲をとりもったものの、この若いロシアの客の独立心をいささか見くびっていた。ルーのプラトニックな交友関係の考え方について、これからわたしは論じようと思うが、これはかの女の社会的行動の問題面である。特にかの女は、二人の男性と一緒の三者間における、第三者でありたいとつねに思っていた。

かの女はそのとき、冬の間、パウル・レーとニーチェが共同アパートで自分と一緒に生活することを計画していた。しかしながらニーチェが知らなかったことは、この計画がレーがルーと知り合って間もなくの三月、不首尾に終わったレーのルー・ザロメへの求婚の後のものであったということだ。フーベルト・トライバーは、レーはそのときルーによってローマに留まるよう説得されて、実際にはこの計画の第三番目の人になるようニーチェを招待した使者であったから、レーの行動にはかなりの狡猾さがあったと、ことのあらましを述べている。[*30]この一件が展開していくにつれて、二人の男はめいめい、自分だけがルーと取り決めをしようとおのれ自身の策を弄した様子を、トライバーは描いている。[*31]

多くの批評家が、ルーに対するニーチェの望みは、ルーを自分の協力者にするという望み以上ではなかったとの意見で一致している。しかしながらE・プファイファーは、ルーにニーチェの肉体的な申し入れがあり、ルーが拒否した、と推測している。[*32]一説には、ニーチェはまだローマにいる間に、レーを介してルーに求婚したとも言われている。しかし、イーダ・オーヴァーベクによれば、ゴシップを抑えるために、ニーチェは単に礼儀正しいことを申し出たに過ぎないという。一八八二年五月にバーゼルのオーヴァーベクを訪問したとき、ニーチェはルーが自分の申し出を結婚の申し出と誤解したのではないかと、気に病んでいたという。[*33]

一八八二年の春の間、この三人の若者たちは、この三角関係の計画を練っていた。ルー・ザロメはレーと一緒にシュティベに滞在することになった。かの女がタウテンブルクでニーチェと一緒にいる間、レーがルーを説得して自分宛の日記を書くようにしたことは、レーの隠された動機（トライバーはこれをのぞき行為であるとしている[*34]）を示している。

遅ればせながら滞在は、一八八二年八月におこなわれた。レー宛のルーの書簡体形式の日記から、ニーチェの同類の精神を見つけ興奮した様子がうかがわれる。ルーは、自分かニーチェのどちらかが相手に向かってただ一語発するだけで、ただちに思想の繋がりを把握し、文章を完成した様子を描いている。[35] この競演は一八八二年一一月末に書かれた、ニーチェの往復書簡の「批判的全集」に見つけられる[36]一見任意に並べた言葉と文章の一覧表に、意味を与えるであろう。

このような親密な調和がニーチェを刺激して、ついに自分は弟子を見つけた、と思わせた。かれはちょうど永劫回帰の思想を構想していた。ルーの言葉によれば、「生への愛が永劫回帰と釣りあいさえすれば、永劫回帰思想に耐えられる[37]」。ニーチェは永劫回帰思想に耐えられる人を、別の言い方をすれば、おのれの生を愛せる人を、ルーの内に見つけたと思い込んだのであろう。しかし、ニーチェが見つけたルー・ザロメほどの若い元気な女性でも、これはあまりに過度の要求であった。このときのニーチェにこれを超えて性の意図はなかったように見える。実際にニーチェはレーに対し、まったくなにも疑っていなかった。自分を守るためにも、ルーが書いていた日記をまったく知らなかったと言える。日記の口調から、明らかにニーチェはそもそも部外者であった。[38] ニーチェがルーとの親密さに望んでいたものは、ルーとレーの間ですでに確立されていたものだった。つまり、二人の友情は永遠にプラトニックのままであった。[39]

一八八二年一一月、ニーチェはライプツィヒでレーとルーに会った。かれら二人が挨拶もなしに出ていったとき、ニーチェは見捨てられたと思い、二人の友人がかれを窮地に追い込んだまま立ち去ったと分かったときには、ますます苦しくなった。イーダ・オーヴァーベクによると、かの女宛の手紙（一八八三年七月二九日付）の中で、ニーチェはいくらかの欠語のあと、かれは迷っていたのだろうかと尋ね[40]、その後、かれは落ち着き、「自分の最もつらい病気の冬」と呼ぶものを堪え忍んだと書いた。翌一八八三年夏、ピークに達した感情的な嵐の後、ついにニーチェはルーに手紙を出せるほど快復したが、ついにレーにもルー・ザロメにも再会することはなかった。なぜにレーとルー・ザロメとが挨拶もなしにニーチェのもとを立ち去り、かれらのライプツィヒの出立時刻が謎のままであるのか、それはわからないままである。

実はかれら二人は一八八三年一一月一三日にはまだライプツィヒに滞在していた。一方ニーチェの方は、かれらがもう一週間まえに出発していたと思っていた（第三章原註8を参照）。そのためレーとルーがニーチェの手紙に返信してこない理由に気づくのは、しばらくしてからだった。ニーチェの状況はまったくの孤独だった。かれはすでにタウテンブルクで、ルーのことで妹エリーザベトと喧嘩をし、母親ともしていた。かれはいまや郵便でレーを侮辱し、とうとうルーはこれ以上侮辱しようのない魔女になる[*41]。

一八八三年四月ニーチェはエリーザベトとの仲違いの応急手当をしたが、ようやく七月に、ニーチェはルー・ザロメとエリーザベトの喧嘩の全容を知った。そこでルーは、ニーチェ自身の性の魅力に関したいへん侮蔑的な発言をしたという[*42]。ニーチェの毒舌は冬の間エリーザベトに向けられた。そのころにはかれらは話のできる間柄に戻っていた。ニーチェはルー・ザロメとレーの攻撃を強化した――ただそのことを悔いることになる。ニーチェはエリーザベト宛の手紙に、このような争いは卑しいことで、自分の人格的な道義に反すると語った。

「だめだ、敵意と憎しみはぼく向けにできていない。この問題は、あの二人との仲直りはもはや修復不可能なところまで来ているから、ぼくはどう生き続けていけばいいか見当がつかない、たえずそのことを考えている。ぼくの全哲学と思考法が耐えられなくなっているのだ……」[*43]

イーダ・オーヴァーベクはまず第一に、ニーチェがエリーザベトのような女性に打ち明けるべきではなかったと指摘してから、かの女と仲直りするようニーチェに勧めた。[*44] ニーチェはさまざまな連絡手段を復活させたけれども、そのとき以降たくさんの手紙に、ただ悪意と呼ばれるような口調が並んだ。それはエリーザベトへだけではない——イーダ・オーヴァーベクの忠告を求めたときでも、あとでかれはエリーザベトに、イーダ夫人の堅苦しいお説教のために「ぼくはオーヴァーベク夫人にここ数日少々腹を立てていた」[*45]と苦言を呈した。だからこれ以降、かれの著作にますます女嫌いの内容が多くなる。だが皮肉にも、次の章で見るように、女性の讃嘆者のたえざる流れがニーチェの友情を獲得しようと跡を絶たなかった。

ニーチェがエリーザベトに正当性を保持したのは、ルーが重要な役割を演じルー・ザロメがニーチェのもとを永久に立ち去ったと確かめたときであった。加えてエリーザベトは、ルーとニーチェの関係を、それが発展段階であったとはいえ、ニーチェはとても価値あるものと見なしていたのに、露骨な性の関係としか解釈していなかった。それはニーチェをいたく悲しませた。妹はぼくを傷つけたことをなにも分かっていない、とニーチェは手紙でオーヴァーベクに嘆いた。

エリーザベトは兄にとってのルー・ザロメの重要性をうすうす分かっていたであろう。しかし、無意識的であれ意識的であれ、ライバルとしてルーを退けた。ロナルド・ヘイマンは、兄ニーチェに対するエリーザベトの固執は、早い時期のいくつかの求婚をかの女が拒否した理由の一つであったと説明する。[*46] かの女は四〇歳近くになる一八八五年まで結婚しなかった。エーリヒ・ポーダッハは、かれの『フリードリヒ・ニーチェとルー・ザロメ　かれらの出会い一八八二年』[*47] で、エリーザベトに抗してルー・ザロメに味方する傾きがあった。この本は一九三八年刊行され、ルーがかなり私的な記録閲覧の許可を与えたからでもあるが、一部に公平性を欠いていた。この本が出た年に亡くなったルーは、エリーザベトの攻撃に対し、生涯決して反応することはなかった。そして仲直りをしたものの、母妹と、ニーチェの関係は以前のものではなかった。

ところで、ルー・ザロメをあらゆる非難から罷免する用意を、ニーチェがしていたかどうかが問われねばならない。ルーは若い頃からわがままで、地方都市という限られた環境で育ったエリーザベトからしてみれば、目を丸くするような自由を与えられていた。ルーには教養があり、教育もあって、かつ裕福であった。社会の結婚市場を侮蔑していたニーチェのような男にとって、ルーの慣習に対するあけっぴろげな誇示——当時たいていの少女が結婚しか考えないときに、自分は決して結婚しないということ——は、かえって立派に思えたに違いない。当然、ルーに対して、ニーチェが繰り返し述べていた助言、例えば一八八二年八月末[※2]の手紙にある「汝あるところのものとなれ！」（FW 270とピンダロスからの引用）と、かの女が実際に実行したニーチェのその後の驚きとの間には、一つの矛盾がある。

ニーチェは女性とのかけひきに鈍感であったから、うら若き女性の友の精神と心を独占したと、かれに思わせた。これはポーダッハが指摘するように、一つの悲劇的な誤算である。[*48] ルーの側はおそらくタウテンブルクで、「汝あるところのものとなれ！」を推進するためニーチェが干渉してくるだろうと感じた。そしてすでにタウテンブルクを立ち去るときに、かれに巻き込まれないよう脱出計画を（おぼろげにであっても）立てていたと、ポーダッハは推測した。それゆえわれわれは、ルーが一八八二年の冬の間、ニーチェから宛てられた狂気じみた手紙をかの女はなにも知らなかったという否認を、疑ってみなければならないであろう。かの女は自叙伝（回想録）の中で、レーが自分を狼狽させないためにその手紙を自分に渡さなかったと述べている。[*49]
だれもがかの女のささやかな努力さえあれば、ニーチェの友人にとどまれただろうと思う。また自伝の中でなにげなく、かれらの共通の友人だったハインリヒ・フォン・シュタインが和解の労をかって出たもののニーチェが断ったと、ルーは書いている。しかしこれにはきわめて説得力に欠ける響きがある。ニーチェは実際には一八八四年夏までフォン・シュタインに会っていないから、なおさらである。
とにかくルー・ザロメは、ニーチェに関する本を出版したことで名声を確立した。その本の中で、すでに指摘したが、ニーチェはその哲学で宗教的な接近を決して失っていない、と主張した。ルー・ザロメは分かりやすい、時宜を得たニーチェ思想を説明した。この本はニーチェに関しての最初の本の一つで、すでに論議した視点からみれば驚くようなものは含まれていないし、ニーチェ思想の心理学的な次元のものであるが、いまだ今日でも読むに値するだろう。
ルーの研究全体は、かの女の精神分析学への関心を示している。つまりルーは、ニーチェの主要著作の特徴となる思想と同じくらい、ニーチェというある典型的な人物を描くために、その量を割いている。オーヴァーベクはほかの点では好感を持ったが、このようなニーチェに対する個人的に知りえた知識に傾く主張に、不快感をあらわにした。

ローデに宛て、

「特に、アンドレアス夫人の本の友情の旗を振るやり方がぼくには不愉快だ。かの女が自分をニーチェの友人だと自称する権利はまったくないのにね。わけてもかれに対して判事として振る舞うのはやりすぎだよ[*50]」

ルー・ザロメは自信満々に人生を送っているように見えるが、かの女のニーチェに対しての取り扱いをわれわれは吟味しなければならない。特に一八八二年、長くとも八三年まで、ニーチェの感情生活に深刻な影響を与えたことは明らかで、ニーチェのひどい女嫌いの多くの部分は、この失望から発していると立証されるからである。

ルーの性交への嫌悪感は、かの女の人間関係に重大な障害をもたらした。かの女は近づく男性たちをひじょうに警戒し、二人の男性との三者間の友情を、自分が選択できるようにした。しかしその友情においては、一人の男性がつねに無視され傷つけられる。

ここにいくつかの三角関係がある。一八八二年のレーとニーチェとのパリ旅行の提案、八三年のレーとフェルディナンド・テンニースとのエンガディーン旅行、八六年のレーとアンドレアスとの三者による共同生活の提案、九九年のアンドレアスとリルケとのロシア旅行。これらの関係にあるパターンがある事実から、ルーは自分自身の生活の中で（フロイトとの共同研究を除いて）受け身の女性の役割を拒否したことを示している。フロイトはのちにそれを典型的にマゾヒズム的と定義したし、無意識であるとはいえ今日でもルーは実際にはサディスト的な傾向があったかもしれないし、マゾヒズム的傾向の男性を見つける手探りをしていたのかもしれない。[*51] ヨアヒム・ケーラーが、かれの著作『ツァラトゥストラの秘密　フリードリヒ・ニーチェとかれの暗号化されたメッセージ[*52]』の中で、この二人の男性に考えられる同性愛関係の観点から、ルー、レー、ニーチェの三角関係を説明することは――ゴッホ（第一章で論じられた）のように仮説に留まる推定であるが[※3]――この男女関係がいかに不透明であるかを示しているにすぎない。

　ルー・ザロメはいま挙げたそれぞれの場合の三者の一人を傷つけるだけでなく、その証人をも必要とした。この証人はどうしても覗き見トム《ピーピング》の役を迫られる。ルーはその役をかの女の短篇『フェニチュカ』*Fenitschka*（一八九六～九八）で描く。われわれが注意しなければならないのは、この覗き見トム《ピーピング》は、レーオポルト・ザッヘル＝マゾッホの『毛皮を着たヴィーナス』（一八七〇）で典型的なマゾヒストとして登場し、一九世紀末に『フェニチュカ』と同じく悪評高く広く読まれたことだ。

　ザッヘル＝マゾッホ自身に基づいたゼヴェリーンは、ほかの男に自身の妻を愛するようにさせ、妻と同衾しているのを密かに覗きみる劣情を、快楽として愛する。一方でこの本が生む衝撃は、ゼヴェリーン（他ならぬザッヘル＝マゾッホ自身）が自分の妾ヴァンダから打擲されるのを喜ぶという事実であった。マクスが寝室で隠れているように命ぜられる『フェニチュカ』のシーンは、ザッヘル＝マゾッホによって設定された一変形とみられるであろう。一方で、『フェニチュカ』では、かの女と愛人との恋愛関係を打ち切る（単純に恋人がかの女との結婚を望んだからだ！）。こちらはルー自身の態度といえる特徴を表している。マクス自身は一部分フランク・ヴェーデキント[※4]に基づいていた。かれは一八九四年パリで、明らかにルーを誘惑したが成功しなかった[*53]。この点では、ニーチェはこの小説のマクスほどに俗っぽくはないけれど、いくつかのニーチェ体験の響きがある。ニーチェはあまりにルーに興味を示しすぎたため、レーという証人の居合わせるところで、ひどい目に遭わせられ捨てられたと主張できるだろう。今度はレーが、プラトニックのまま長引いたルーとの恋愛関係の後、謙虚さを教えられた。レーがルーとの生活から抜け出たとき、この恋愛関係は終息した。かれもまた、かの女のアンドレアスとの結婚計画によって打ちのめされ、別れの挨拶もせずに立ち去った。だがルーは、手際よくこれに代わる次の三者計画を練っていた。『フェニチュカ』は、ルーとリルケ時代の直前とその最中に書かれた。短篇小説の題名ともなっている女主人公フェニチュカは、ニーチェとあったときのルー・ザロメと同じ年齢である。つまり小説は、若い処女の学生（ニーチェがかの女とあったときのルー）の性の窮地を表している。そして、フェニチュカが一年後に恋人と一緒にマクスに向かって、セックスは「日々のパンや新鮮な空気と同じように[*54]」自然な生活必需品と見なすべきだ、と語るとき、性の祝祭表明と考えられるルーの一八九七年にはじまっている。リルケとの充実した初体験の恋愛の喜びの反映となろう、それは、かの女が小説作成中の一八九七年にはじまっている。

しかしながら別のレベルでは、この著作は女性の不感症の問題を明らかにし、いくつかのサド＝マゾヒズムの提案を含んでいる。『フェニチュカ』は読者に、ルーの長い処女の貞潔を、また結婚後のかの女の貞潔さえ思い出させる。世紀転換期のインテリ階級の女性たちには夫婦間の貞潔の先例がいくつもあった——ウェッブ夫妻[※5]の場合のように——けれども、それはシャーロット・ショー（イギリスの劇作家ジョージ・バーナード・ショー（1856-1950）の妻）の場合のように妻の不感症によってしばしば決定され、おそらく夫にとっては歓迎されないものであった。フリードリヒ・カール・アンドレアスはショーと同じ状況に自分もいることが分かっていて、同じくそれを我慢していた。確かに医者たちは、神経衰弱かヒステリーというクラフト＝エビングの曖昧なコメント[*55]以上のことを、なにも提案しなかった。

とにかくルー・ザロメは、後に出産を拒否したように、性交という考えを禁制と思った[*56]。このことは、ニーチェがプロポーズしてきたとかの女が思ったとき、なぜニーチェから遠ざかったかを説明する助けになる。『フェニチュカ』と同じように、結婚という観念は単なる強姦であったのだ。

短篇『フェニチュカ』はザロメのほかの小説と同様に、ビディ・マーティンいわく女流作家が男の主人公の眼を通して女性を描くことから[*57]、女性の立場をユニークに描いたものとして歓迎された。だがわたしは鍵をかけられた象徴的な戸口、失敗した誘惑や覗き見《ピーピング》トムの必要性から、ルー・ザロメ自身の性的な抑圧とノイローゼを指摘したいし、表のメッセージとは逆のメッセージを伝えていると言いたい。

例えば、女性読者は本当に、フェニュチカの修道女のような純潔を表面上マクスが受け入れることを信じられるであろうか？　マクスが部屋の鍵を返し、企てられた誘惑の許しをフェニチュカに請うことを信じられるであろうか？　誘惑はこの場面の実際の結末になるのであろうか？——それでは誘惑を許すことはできない。わたしは女性の純潔のこのような理想化の背景にあるものを、ただ吟味したいにすぎない。『フェニチュカ』の覗き見トム《ピーピング》の場面は、計画された三者のルーの純潔を守るだけでなく、無意識にルーは男性同士の反目を引き起こす必要があったように思えるし、好きでない方の男を覗きの立場に追いやってしまうという混乱した印象を、われわれに残す。しかしながら困ったマクスは、自分の立場が嫌な盗み聞きであることがわかった。かれの沈黙の存在がフェニチュカを恋人に対する恩義の感謝へと駆り立てた。それは家具がひっくり返るほど教会の鐘がかの女の感情の噴出のように鳴り響く、恍惚とした騒音になった。鐘という鐘がすべて「ありがとう！　ありがとう！」と鳴り響いた。*58　この道徳的な突然の顕現に読者はびっくりする。讃美されているのは恋愛事件の結末であって、その完成ではない。盗み聞きのマクスはそれに関与することで、浄化されている。

ニーチェはあまりに不運であった。ルーが二人の男を同時に相手にする最初の企てに着手したとき、ニーチェがルーの生活に入ってきた。それはルーの最後の企てではなかった。トライバーが示しているように、フェルディナンド・テンニース※6はニーチェと同じく、レーとルーと一緒のとき、自分自身が余計者であることが分かって、ほとんど孤独であった（トライバーはジンメルから借用した社会学用語でルーの三人組の要求をしている）[*59]。一八九九年のロシア旅行は、寝取られたアンドレアスにとって不愉快であったから、かれは一九〇〇年のリルケとの次のルーのロシア旅行には参加しなかった。

ルー・ザロメは、女性は常に男性に従うべきだというラウラ・マルホルム（第四章で論じられる）のような超保守主義者が持っている立場を拒否していたが、ルーの小説に登場する女性たちの解放は孤独に終わる傾向があった。ルー・フォン・ザロメの全作品中でのその格好の見本は、短篇小説『マー』（一九〇一）に見つけられる。この小説は、子供たちも巣立ってしまった更年期の寡婦のジレンマを描いている。かの女には再婚のチャンスがあったが、それを拒否する決定をくだした。その決定は長い心理的な葛藤を経てようやく決められる（かの女の忘我状態の拒否はまたもや背景に教会の鐘の音によって象徴される）。ルー・ザロメもニーチェもその理論に、中年女性の性に関する準備はなにもしていなかった。「マー」（マリアンネ Marianne の短縮形、だがその名は同時に「ママ」mama の派生語を示唆している）は、かの女の娘たちギータとソフィーが巣立ったあとでさえ、いまだ自分を母親として理解している。

この小説は、母性に対するルー自身の見解に問題を提起している。この小説では少なくとも、それが女性の必須条件として提出される。「マー」は友人トマーゾフに向かって「そうです、あの子たちはわたしの命です」と言う。トマーゾフはかの女の娘たちはもはや子供ではないと指摘してみるが、失敗に終わる。[*60]これによって速やかに読者に明らかになるのは、この本のルーの戦略にこの若い二人姉妹はいまだ母親を必要としていることを示していることだ。特に姉のギータは破滅の危機に瀕している。言いかえれば、哲学博士獲得の勉強をしているからである。母になることの強調や、独立した若い女性の身分を微妙に傷つけることで、この小説は、女性の役割に関するニーチェの考えを援護しているように見える。

しかしトマーゾフが拒絶されるという事実は、ルーとニーチェの女性の役割についての相違を大きく示しているだろう。ルーもニーチェも、かれらの友情の絶頂期の一八八二年には、これに気づいていなかったであろう。それゆえ考慮しなければならない不誠実の問題がある。それはルー自身が避けた母性を他者にずうずうしくも勧めている点である。ルー自身の母性拒否は、「既に成就した（自己実現の）増大、強化と達成のために」おこなわれたと、アンジェラ・リヴィングストンは信じているけれども、[*61] 母性拒否は神経過敏の症状のひとつだと、わたしは主張したい。それは母性への道を封鎖された、性の抑圧を持つ女性から明らかに生じるからである。しかしながらルーは、なお女性の魂を「母なるもの」das Mütterliche による象徴として描くことを選択した。[*62]

ニーチェは新しい男性たちの育成を見つけ出したいと思い、そのためには多産な女性たちを必要とした。既に指摘したようにニーチェとルーの両人は、競争の激しい専門職の仕事を奨励して、女性の自然な母の性質を汚すあらゆる試みを、ばかげた有害なものと見なした。世紀転換期のドイツの多くの女性たちは、この見解を共有していた。[*63] ルー・ザロメや同じような人たちにとって、女性解放運動への献身を認めなくとも、解放されることになっていた。つまり、この二重の権利は裕福な環境の女性だけに開かれていたからである。

ヘートヴィヒ・ドーム（第五章で詳述）のようなフェミニストたちはルー・ザロメの立場に絶望

した。ドームは、ルーを愛し讃美していたにもかかわらず、かの女を「反フェミニスト」とさえ分類した。[*64] これが示すのは、女性の優しい性質についての議論がいかに広く浸透していたかである。

ルーの女性問題に対する姿勢は、かの女は教えていたことを実践していなかったという事実から、実際にさまざまな矛盾に満ちていた。かの女はまた生命力と性欲を混同したと言われた。エレン・ケイはルーの友人で、ケイの女性の神秘力信仰を共有し、女性の役割の理想化に共鳴していた（「序文」原註7を参照）。

ルーは確かにニーチェと共に、フェミニストは変人で不快であると主張した。ニーチェと同じくルーは、解放された女性たちが専門職への入場許可を得る企てを、激しく非難した。そこから家事を拒否し、家庭の外に仕事を探す女性たちに向かって、「びっくりする愚かさ[*65]」という低い評価が出てくる。ルーは、女性を生命の大海の一滴と心中に描き、顔もなく匿名で、生命の潮流によって死のなかへと押し流されていくとする。

「大海に落ちる一滴のように、確かにその形を失うが、だがしかし大海の要素へと帰るにすぎない。個々の個体の没落は死の中に含まれる。つまり、生命の圧倒的な諸力と絡み合わされた存在となる。男が感受するよりももっと女にとって意味深いのである[*66]」

ドームのような女性活動家がなぜに激怒したのか、それは容易に察しがつく。右に対するドームの反応は次のものである。

「ルー夫人は、女性の専門職志望を最も個人的な野心、利己的個人主義の最先端として拒否した。もしも女性が、一般的に女として自分自身の領域に満足を見出すかわりに、アンネかマリーとしてある段階の成長に達することを望むならば、母性の大海の一滴で幸せである」[*67]

ルーとドームの両人の論争は、女性の著述問題で衝突した。これについてニーチェは、むろん激しく反対した。右に引用した文章の中で、著述はドームの主張にとって重要であるとされる。同じ年（一八九九）の論説で、ルー・ザロメは、もし出版社が女性の著作を匿名での出版を許可してくれればもっといいだろうと述べた。見てのとおり、ドームは自分たちの著作に自分たちの名前を付ける女性の権利を激しく擁護した。ルーは――たまたまルーは自分の著作を匿名でなく出版していた――、女性の著作は女性の資質で判断されるべきであるから、男性の著作と比較されることに反対した。しかし、ルーの力ない賞讃は現実には女性の著作に対する拒否である。

「女性はもはや本を書くべきではないのであろうか？　そもそもかの女たちはそうしようとする気持ちになれば、そのたびになんでもそうするように、それをするがいい。それはだれの迷惑にもならないし、多数の人を喜ばせる。女らしさは喜ばしい花盛りの喜びなのだ。全女性がどんなに喜ばしいかを知ってもらいたいものだ！――指図された運動に伴う硬直した団体ではない」[68]

このような発言に対し、ヘートヴィヒ・ドームは予測通り例の激しさで応酬した[69]。女性の役割問題に関してのルーの立場は、ニーチェのそれとは決定的に違う。つまるところルーの理想の女性は、ある意味で孤立した神秘のベールで覆われて現れる。かれらの意見が分かれるもう一つの興味ある領域は、出産後の女性の性の問題についてである。ルーは出産の時点で、性の快楽の終末が達成されると思っていた。かの女の意見は、ヴィルヘルム時代の社会の基礎にある前提と一致していた。ルーは育ちのいい女性が性欲をほとんど持たないという性科学者の意見に同意しない。だがしかし、かの女はこの性科学者たちと、それどころか主流の世論と、出産は女性の性欲の終わりと説明する自分の仮定とを結びつける。ヴィルヘルム二世皇帝時代の社会にあって、子供がもはや望まれなくなると、性の喜び（しばしば性交自体も）は結婚生活の内にあって終息した。

一方ニーチェは出産の前と後の女性の性を区別しない。つまりかれの意見によれば、女性は永遠に性欲に動かされている、そして常に妊娠を目論んでいる。この点がニーチェを、保守的な性科学者に近づけるように見える。性科学者たちは例外なく、女性の性欲論議のかれらの出発点として、子供の運び手としての役割を女性の運命にした。しかしその大きな違いは、ニーチェは良家の女性の性の微弱な成長というきまり文句を肯んじえなかったことだ。かれはきっぱりと、女性は性欲の強い生き物として、永遠に妊娠するというただ一つの目標をもって、男性を魅了しようと努める、とする。
後述する「ニーチェとルー・ザロメと鞭」の節で、この考えの考察にわれわれは戻ることにしよう。

育成 Breeding

ニーチェは一種の「妊娠への意志」としての性を打ち立てた後に、続けてついにエリート育成のプログラムを書き続ける思想を明確にのべる。それは生きいきと育成に触れ、決して曖昧ではない。育成問題におけるこの育成概念の重要性を、イザベラ・フォン・ウンゲルン＝シュテルンベルクはイタリアへの途上列車で偶然ニーチェに会ったとき、かの女は痛感した。ニーチェは、『人間的、あまりに人間的』第一部第七章「女性と子供」の内容を、かの女に向かって一昼夜説明した。かの女が「思想の饗宴」[*70]と呼ぶ出会いである（かの女はニーチェとかれの理論に感銘を受けて、のちに『かれの著作に映ったニーチェ』という本を一九〇一年に出版した。その中でかの女は、ニーチェの人格をかれ自身とかれと親密な身内の手書き文章から推定しようとした）。

ニーチェが苦労して指摘しているように、育成の眼目は人種を強化すること、および「超人」のために育成を準備することである。このプログラムにおいては女性の肉体が優れていることが、もっとも重要であった。ニーチェ思想にとって、女性の運命は生物学的に根拠づけられている。これが重要なのである。

「超人」という新しい人種の、最大の健康についてのニーチェの思想から、かれは新興の優生学へと連れて行かれる。「ヤフー」[※7]のような愚か者と共に貧困を除去しようというショーの望みと、ニーチェの諸見解とを比較することによって、われわれはニーチェの考えに釣り合いを持たせることができる（ショーはこの点では、社会主義者、ダーウィン教徒、ニーチェ教徒であった[*71]）。世紀末にあって、優生学に関する思想が、社会ダーウィニズムのイデオロギーの一部としてどれほど興奮させるものであったか、たとえニーチェがダーウィニズムや実証主義に距離を置いていたとしても、そのことを思い出さなければならない。

ヴィルヘルム二世時代が意のままにしたいいいかげんな産児制限の方法から見れば[*72]、ニーチェが女性の幸福への道として、母性援護をやむをえずもいさぎよく発言した行為には、かなりの正当性がある。確かにニーチェは同世代の人たちよりずっと正直であるつもりだった。かれらは育ちの良い女性の性の熱意を、困った色情狂の可能性のしるしと見た。しかしながらニーチェは、売春問題に関してはヴィルヘルム時代の人たちと同じように混乱していた。医者の間ですら、売春婦は遺伝的に色情狂であるという共通の前提があった。ただ世紀が進むにつれて、売春の原因となる社会的な要因を明かし、より多くの関心は悪徳から売春婦を救済することに払われた[*73]。

ニーチェの売春に対する見解は、養育の役割を果たす妻はやるべきことが多いので、夫の性の要求に応ずることができないからというものだった（これは不真面目ではないように見える）。そこで妾の助けが示唆される。[*74] この文脈から、夫の性の要求を満足させる情熱的な妻は、「超人」という新しい人種を教育する人ではないであろう――これはニーチェが女性の性の自由に関してこれまで述べたさまざまな矛盾の一つである。育成という概念の重荷がどうしてもニーチェを後ろ向きに、妻ないし第二夫人（妾）としての女性そのものの分類へとスリップさせる。見てきたように、かれは絶えずどこかでそれに挑戦していた。

内縁関係について書くのは、ニーチェの得意とするところではない。要するに実際には、かれは女性の性の衝動を認める場合に、すべてに対して語っている。それは女性に関しかれが述べたもっとも重要なものの一つで、ヨーロッパのアヴァンギャルド芸術の著述家や画家によって認められた。いくらか名前を挙げれば、ヴェーデキント、ベン、[※8] キルヒナー[※9]が思い出される。ニーチェは女性たち、最上の育ちの女性たちにさえ、同じような性の喜びを白紙委任しているように見えた――その目標は妊娠であったのだ！

かれはむろん、組織的に悪口雑言を吐いたフェミニストたちから、遅ればせの数多の注目を浴びた。ヘレーネ・シュテッカーのような女性たちは、性交の健康増進の特性を主張する「新しい倫理」運動の先駆者を、ニーチェに見ていた。シュテッカーは女性がもし願えば専門職を持つこともできるし、持つべきであると思った。しかし、ニーチェとルー・ザロメの両人は、専門職を求めることは女性自身の本質を否定し、傷つけると思っていた。それゆえニーチェは、人種は汚され、退化するようになるだろうと思った。これにはニーチェの弾劾は明白だった。

「もちろん、男性の学識あるロバたちの間にまぬけた女性の友と、女性を堕落させる多数の者がいる。こういう輩《やから》が、上手に女に勧めて、女性らしさを失わせ、ヨーロッパの男、ヨーロッパ的な男らしさが病気になる馬鹿げたこと一切をまねさせるようにする。――この連中は一般教養のレベルにまで女を低下させ、それどころか新聞を読み、床屋政談にまで引き下ろそうとする。あちこちにかれらは女性を自由思想家や著述家に作ろうとする。敬虔さのない女性は深い無神論者にはまったく好ましくない、滑稽なものであるかのように見えるだろう。ほとんど至るところでかの女たちの神経は損なわれ……日々ヒステリックになって、かの女らの最初にして最後の使命、丈夫な子供を産む能力も日々失っていく[*75]」

おそらくニーチェは心の奥深くで、ロザーリエおばの静かな、新聞を読む独身女性の姿を思い描いていたにちがいない。そうであっても、多数の学問のある女性たち（新聞を読むだけでなく、新聞にものを書く女性たち！）が、人里離れたニーチェのところへ友情を求めてやってきていた。これは誠に驚きである。

ニーチェとルー・ザロメと鞭

一八八二年五月ルツェルンに短期滞在中、ニーチェは一葉の写真のポーズをとらせた。ルー・ザロメが鞭を持って荷馬車にすわり、レーとニーチェは馬のかわりに轅《ながえ》に立っている写真である。

この写真は『ツァラトゥストラはこう語った』第一部「老女と若い女について」にある老婆の台詞と、著しい対照をなしているように見える。それは、女を訪ねる男は鞭を忘れないようにという趣旨である。この初めて老女の口を借りてなされる、女嫌いの表明のように見える神秘的な不可解な発言は、ツァラトゥストラが技巧をこらして男の人生課題をのべ、女を奴隷的な地位に追いやる、ツァラトゥストラ説話のやり取りの続く箇所である。

それに対し老婆は、表面的に見れば不適当にも黙認の答えをする。『ツァラトゥストラ』では女性の発言はきわめて少ないから、この老婆の言葉には重みが加わる。ツァラトゥストラと老婆の会話の重大性に関しての最初の予告は、後半にその反応としてわれわれに伝達される――ツァラトゥストラは自分の信奉者たちに、たったいまもらった宝を愛育していると宣言する――ので、のちの回想の場面で、われわれは言われたことの詳細を知る。

アンネマリー・ピーパーは、戦闘的な超人男性の伴侶にふさわしい特質――男性の意志への服

左からルー・アンドレス＝ザロメ、パウル・レー、ニーチェ。
ルツェルンにて、1882 年

従、育成の技能、超人を楽しませる陽気さ——を挙げるときに、ツァラトゥストラの誇示された力は、ヴィルヘルム皇帝時代の男性の、女性に対する態度の月並みなきまり文句を意図的に曝け出す風刺漫画だと主張した。[*76] さらにピーパーは老婆の答えを猿芝居の皮肉と見て、老婆の辛辣なお礼と、答えもないのにツァラトゥストラに置いていった鞭の下品な台詞から、ツァラトゥストラがこの老婆から愚弄されたことを認めていたと主張する。老婆の側から、これはかなりの成果を表しているから、なぜにこの節全般の曖昧な見せかけに、このような底意が明らかにならないのだろうか？　なぜに鞭についての跡を絶たないさわぎがあるのか？　次の文章はホリングデイルの翻訳（英訳）である。

「この背の低い老婆はわたしに答えて、『ツァラトゥストラはたくさんのすばらしいことをいった。とくにこれを聞く若い女たちにとってはね……さあお礼として小さな宝を受け取って欲しいね！〔…〕女のところにいくのかね？　お前さんの鞭を忘れてはいけないね！』」[*77]

最後のセンテンス"Do not forget your whip!"「お前さんの鞭を忘れてはいけないね！」は、英語を話す読者たちに問題を引き起こした。[※10] ドイツ語の原文が充分に吟味されれば、ニーチェが実際に書いたものは"Vergiß die Peitsche nicht!"つまり"Do not forget *the* whip!"「その鞭を忘れてはいけないね！」であったことをわれわれは見つける。

こうしてピーパーが指摘するように言及されている鞭は、訪ねる男に信頼されるほどの、訪問される女性のものなのである。「超人」となるよう努力する定めを確実に男が実現するために、女性が監視役をするであろうことを示唆することで、ピーパーはさらなる可能性を探り出す。そのとき、鞭はおそらく「自己克服」の象徴として見られるであろう。[*78] この考えは数々の可能性に富む――結局、鞭は、聖職の何人かの男女によって実行される懲罰類としておのれ自身に使用される。当然ここに、サーカスの鞭も思い出される。

重大な点は、鞭は必ずしも男性に所属するものではなく、また必ずしも女性に対し使用されると決められているものでもないことだ。ホリングデイルの翻訳は、男性の手の鞭（your whip）と訳したことから、この文章の意味をはなはだしく変えてしまった。たとえ世間の人が詳しくニーチェ思想を知らないとしても、たまたまかれらが知っている『ツァラトゥストラはこう語った』からの一節であるという事実から、そのことが不運なのである。なぜ世間の人が、「老女と若い女について」の全節をニーチェの個人的な見解として考えてきたのか、そのことをわれわれは考える必要がある。ニーチェがもっとも信頼する女性の友人たち――例えばメータ・フォン・ザーリスやレーザ・フォン・シルンホーファーのごとき人たちで、ニーチェとかの女たちの友情は次章で論じるであろうが――は、この論題について一種の弁明の調子をとった。

一八九七年にフリッツ・ケーゲル[※11]と結婚したエミリ・ゲルツァーは、ニーチェの性の意見について、とくにこの鞭に関する議論の箇所を侮辱的であると述べた。エリーザベトは兄の哲学をどうとっても不完全にしか理解していなかったが、でもこのときに「あれは老婆が兄（ツァラトゥストラ）に与えた忠告であった」[*79] との指摘によって問題を明らかにしようとしたことは、たぶん正しい。ヘルマン・ヨーゼフ・シュミットは、この文章を解釈するさまざまな可能性に関し刺激的な解釈を書いているが、ニーチェの子供時代からの極めて深い種々の抑圧が表面に出てきて、ニーチェの最内奥の種々の不安が、無意識のレベルであれ現れたという。[*80]

ヒントン・トマスは、もっと実用的な取り組み方でもって、鞭の論及〈偶然にも誤訳〈your whip〉の言及〉を議論するために、自分の著作に補遺を加えた。「ニーチェが一字一句を変更しない意味を自分自身と同一視しようとしたとは、ほとんど想像できない[*81]」と、かれは結論した。

問題はツァラトゥストラの口から出た次の文章にあると、わたしは提案したい。

「女についてはすべてが謎である。女に関する謎のすべてに一つの答えがある。その答えは妊娠と言われる。女にとって男は手段の一つ。目的はつねに子供なのだ[*82]」

ツァラトゥストラは、老婆との口論の報いを受けようとしているが、それはこの文章が皮肉に言われていると、それとなく示しているからであろう。この言葉は『この人を見よ』で、ほとんど一語も変えずに繰り返される事実から、そこにニーチェが支持する反フェミニストの酷評の文脈内で語られる事実から、現実にニーチェ自身の見解であったことを示している。

「いかにして女を治療し、救済するかという問いに対し、わたしの答えが聞かれたことはあったろうか？　女には子供を産ませることだ。『女は子供を必要とする、女にとって男はつねに手段の一つにすぎない』こうツァラトゥストラは語った」[83]

全文をツァラトゥストラの文章として経過せることによって、「わたしの答え」をニーチェはカムフラージュしようとするが、これはニーチェが自分自身の声で語っていることをわれわれに推測させる。この時代のしきたりや慣習から、たいていの女性たちの運命は現実に結婚し、子供をもうけるよう義務づけられたものであったにしろ（例えばニーチェにとって鬼門たる独身か、または専門職を選ぶより）、これによってニーチェの発言からあざけりは拭いきれないし、女性は治療と救済が必要であるという提案から遠回しの侮辱も拭いきれない。とくに『この人を見よ』の引用文は、赤ん坊はどこから生まれるかという聞き覚えのあるしゃれをわれわれに問うようにして、バラエティショーのコメディアンのようにニーチェを登場させる――その調子は性差別論者の冗句のレベルになっている。

政治的な正当性は論外として、妊娠に関する性差別論者の冗句はじつに興ざめである。ニーチェの口調はこの文章では不適切で、前でみて既にわれわれが知っているように、ニーチェが女性の妊娠から出生の役割を実際高く評価しているだけになおさら、かれ自身のレベルを落としていると、わたしはどうしても思わざるを得ない。

その後の結婚についての趣旨（例えば、ZI「結婚と子供について」およびMAM I 第七章「女と子供について」）は、結婚相手同士の友情と敬愛（もちろん平等ではないが）に重きを置いていることが明らかに見て取れる。鞭についてはそれ以上何も触れていない。しかしながら、鞭の言及を理解する段になると、ユーモアの点から逆効果な女性の謎に対するツァラトゥストラ発言を考え、ニーチェが冗談を言っているのか言ないのか、かれ自身の声で話しているのかいないのか、男性の攻撃性と女性の受身性を弁護しているのかいないのかが、必ずしも明らかでないから、これをユーモアによって頑固に誤解してしまった『ツァラトゥストラ』の読者は、大目に見られてよかろう。

女性の本質問題におけるニーチェとルソー

ルソーは女性の役割に対して、きわめて重大な影響力ある発言をしたため、『女性の権利の擁護』（一七九二）のメアリ・ウルストンクラフトの返答と共に、フェミニズムの論戦がはじまった。その小冊子は今日に至るまで思慮あるフェミニストの規範の一部となっている。

「仮面を被ったプロレタリア」とペーター・ガスト宛の手紙（一八八七年一一月二四日付）の中で、ニーチェが呼んだルソーは、かれの自称の敵対者であった。とくにルソーを嘆賞し、かれを熱心に見習っている人々（先述の手紙でガストに与えたリストには、シラー、カント、ジョルジュ・サンド、サント゠ブーヴ、ジョージ・エリオットが挙げられている）をニーチェが酷評するときに、女性に関するかれらの意見がそれぞれ異なっていることを、われわれは予想したかもしれない。ニーチェは、とくにジョージ・エリオットに触れるとき、かの女のスタイルがルソーの影響力があらわなことを激しく非難した。それは、「まがいもので、人為的、文章が大げさで、誇張されている」[*84]と評した。

ニーチェの主な反対理由は、ルソーが安っぽい道徳説教の道の門扉を開けたことにあった。[*85]そしてルソーとニーチェの両者の、女性の性を巧みに描く判断が、それ自体巧みな戦術であることをわれわれは理解しよう。一般的に認めるところでは、女性の本質に関するルソーの見方は、理想の女性は「男のより良い自己」として構成され、ゲーテの「永遠に女性なるもの」という原型にある。一方ニーチェの見方は、「妊娠への意志」に駆り立てられる略奪する女性である。だがともに両者は社会的な要因によらない女性の本質から出発する。ジェヌヴィエーヴ・ロイドが指摘したように、遺伝的な相違という女性の本質に対する見方は、デカルト哲学の精神理論から発祥した。[*86]

ルソーの現実生活における矛盾した女性関係を詳細に述べる余地はないが、かれが自分の社会的地位を遥かにしのぐ上流階級の女性たちと恋に陥る傾向があったことを、われわれは記憶しておかなければならない。しかし、日常の関係では平凡なテレーズ・ル・ヴァスール（メアリ・ウルストンクラフトの用語によれば、「卑しい奴隷のような女」[※12]）に満足していた。[*87]この点ではゲーテの生活と類似点がある。つまり、クリスティアーネの卑しい出生[※13]は、ゲーテの高貴に対するニーチェの讃嘆にそぐわなかった。[*88]「エヴァ」か「マリア」のいずれかという、女性に対する昔からの二分法認識は、この問題の一部になっていたように見えるし、テレーズとクリスティアーネのような女性とルソーとゲーテとが、それぞれに妥協的な関係を提示しているかのようである。だが、この連携は両者の場合にも、歓迎できない社会的な跳ね返りがあった。

現在の研究からわれわれは、階級関係によって、もともと不明瞭な問題がさらに複雑になるケースに繰り返し遭遇する。例えば、『エミール』（一七六二）の女主人公ソフィーは、都会生活によってはよごされない。しかし、概して女性についてのルソーの多くの発言（かの女たちの美服の愛好や先天的な媚びなど）は上流社会の女性たちに関係するし、厳格にパリ市民の文脈でおいてのみ知的に理解できる。ルソーはパリを憎悪していた。それどころか、田園の自然へのルソーの愛はロマンティシズムの証明になった。

ニーチェの非常に過剰な女性嫌いの発言のいくつかは、それゆえ上流社会の女性たちに関係する。例えば、次のエピグラムである。

「幸運をだれに感謝したら良いのか？　神に！――またはわたしの仕立て屋に*89」

『ズィンプリツィスィムス』*Simplicissimus*（一八九六～四四、復刊一九五四～六七、ドイツの政治風刺雑誌）や『フリーゲンデ・ブレッター』*Fliegende Blätter* のような雑誌に、性差別論者は冗句を載せる。その冗句は、結婚市場の変遷をものともせず、窮屈なコルセットに不本意に肉体を押し込む中産階級の女性の虚栄を慰みものにする。それはおきまりのもので、ヴィルヘル皇帝時代の社会の辛辣な風刺批評による、これらの雑誌を舞台にする男性ジャーナリストの間の、性差別論者の姿勢をあらわに見せる。その冗句は比較的上流の娘たち（当然未婚の若い女性たち！）にしばしば向けられる。それは常に家庭的で、男性より理性的でない女性固有の本質が、前提となっている。

「婦人美食家」『ズィンプリツィスィムス』第 2 巻 14 号、1897 年、105 頁。
〈わたしは洗練された男性しか愛せないわ。美容師、もしくは将校〉

「女性解放論者」『ズィンプリツィスィムス』第 2 巻 52 号、1897 年、413 頁。
〈なぜあなたは結婚しないのですか？　わたしはあなたが素晴らしい主婦になるだろうと確信しますがね〉
〈いいえ、女性には妻や母より、より高い仕事があります。まだ誰もわたしにそのような仕事を勧めてくれませんが〉

「理想主義者」『ズィンプリツィスィムス』第 3 巻 28 号、1899 年、221 頁。
〈経済学教授「難しく危険な専門職を選びましたね、お嬢さん！」〉

次は上流階級のカップルの会話である。

若い女性　博士、あなたはショーペンハウアーを読まなければなりませんわ、かれはチャーミングですね！　お読みになりまして？

若い紳士　めったには読みませんよ、奥様。ごくたまにです、古い料理の本ですからね！

若い女性　ええ、いったいどうやってそのような読み物を手にするようになったのですか？

若い紳士　実に簡単です、今日では若い女性がショーペンハウアーを読むのですから、男たちに残っているのはかろうじてこのような料理の本を読むだけですね。[*90]

この冗句は、挑戦というよりも、若い女性のショーペンハウアーを「チャーミング」という愚かな引喩によって、女性の知力に対する男性の偏見を強めている。公平に言えば、読書界のエリート雑誌であるとはいえ――『ズィンプリツィスィムス』のような定期刊行物に載る激しい性差別論とは対照的に――、非常にリベラルな意見を主張しながらも、いくつか深刻な点があったことを付け加えなければならない。[*91]

このような解釈を、簡潔にひと言、「不公平」と要約すれば、それは時代の社会的な要因がもととなる。この不公平さから男女両性の行動が歪められる。ニーチェは保守的な社会への攻撃を意図した見解を展開したが、しかし、本書の最後で見るように、少なくとも性差別論の表現でそのようなことを述べることは少なかった。
　第一章で見たように、ニーチェは社会的に非常に高い上流階級出身の中年女性たちと心置きなく交際した。かれの控えめな家柄（エルトムーテの社会的な身分を考慮しても）を考えると、これは注目すべきことである。というのも、少なくもニーチェに与えられた援助、最初にゾフィー・リッチュル、それからコージマ・ヴァーグナー、そしてマルヴィーダ・フォン・マイゼンブークの援助がなければ、ヴァーグナーの弟子として受け入れられたかどうかわからない。これらの女性たちは皆、支援者の立場から、ニーチェにとって途轍もない宝物であった。ニーチェは結局、コージマの忍耐力の限界点、マルヴィーダの忍耐力の極限までいってしまった。しかしニーチェは、ルソーがやったような復讐を自分の頭上に引きずり下ろしたりはしなかった[*92]。

　結局、既に見たように、ニーチェの発言のいくつかは、女性の悪賢さを、特に上流階級のそれを示唆しているように見える。それは、ルソーが女性の先天的な性格の特徴として同一視した不正直な傾向と一致するし、男性の狂信的な愛国主義者がそれを利用するのは、確かに真実である。

　ニーチェから直接飛び出した発言は次のものである。

「真理ほど女性にとって疎遠で、厭わしく、敵意のあるものはない――女性の最大の技巧は嘘であり、その最高の関心は単なる外見と美しさである[*93]」

　これは一見、『エミール』第五篇でルソーによって提出された考えとたいそう類似していて、そこでは女性の「職業はコケット」と呼ばれる。[*94] ルソーは引き続き、女性は男を籠絡する能力によって、現実に支配するパートナーであったという見かけ倒しの論理を主張する。だがルソーによると、この支配は男性を無気力にさせないように隠しておかなければならない。ジョエル・シュワルツは、この主張を明らかにしようとして、メアリ・ウルストンクラフト以来、実際にはフェミニストたちは、ルソーの女性の考えを思っているほど苦情の原因にしていないと述べた。少なくとも、ルソーは女性の性と女性自身の領域を認めていると、かれは主張する。[*95] 運の悪いことに、シュワルツは女性の「異なる本質」という見解に、讃意を示しているように見える。

ニーチェとルソーの両人は、母親の育成の役割が文化全体の命脈であることを支持するために、引き合いに出したギリシアの文化に讃辞を呈した。だが、ダイアナ・ベーラーの、ニーチェにとって教育者としてまた連れ合いとしての女性の役割は、国が凋落してくるときにだけ顕著に現れるという指摘[*96]は、興味深い。ギリシアの女性は人目に立たないように生活した。監視者の女性が指導者の責務を引き受けるというプラトンの提案が曖昧であったので、『国家』内でもその提案はソクラテスの対話者によって見くびられ、笑いものになった。[*97] プラトンがすぐに、理想国『国家』の監督者の女性たちに自由を提供したかどうか、当然それが問題にされる。エリート社会層の育成計画は現実には危うくなっているからである。

しかしながら、ルソーが自分の身を守ろうとしてかれの五人の子供をパリの孤児院に送ったとき、それはどんなに滑稽に見えたことか。それは、かれはプラトンの原理に基づいて行動していると考えたからであった。[*98] 同じく、ルソーの女嫌いは単純に説明しきれない。ソフィーの教育は、子供が自由と刺激を必要としていることに関して、ルソーの説明には実際に矛盾がある。これらの所説は男子教育にのみ適用されるように見える。ソフィーはエミールの助手であり養成者、またかれを慰めるものである。メアリ・ウルストンクラフトが言うように、[*99]かれのガラガラの玩具なのである。

これは、「女性は玩具であるように」[*100]というツァラトゥストラの言葉の響きにも聞こえる。それは当然プラトンの女性監督者とまったくなんの関係もない。ツァラトゥストラの怒号を通して、ヴィルヘルム皇帝時代の偏見をさらけ出そうと目論んだニーチェの要求は、前の箇所で論じたが、ニーチェから（ニーチェは確かにある思想問題の主眼を、かれが望んだときに、叩き込むことができた）直接的な強制がなにもないために、その発言は皮肉を意図している。またそれ以上にツァラトゥストラによるこの言明をニーチェ自身の女嫌いの発言と結びつけることもできるし、それをニーチェ自身のあからさまな女嫌い、過去に遡る女性問題の全体的な立場とも評価できる。このことをまたわれわれは注意してよい。

男性は情熱によってコケットリーな女性の虜になる――シュワルツの言うように――、女性の叡智はかの女の力を誤用しないときにある[*101]というルソーの男性観は、フランス革命以前の多くの男性が女性を支配した現実の権力を無視していた。同じようにニーチェは、ヴィルヘルム皇帝時代のドイツ女性たちの、権力のない女性に起きる数々の現実の苦境を無視した。アドルノが指摘したように、ニーチェの「他の点では、かれはキリスト教文明を徹底的に信用しなかったにもかかわらず、キリスト教文明の平凡な裏付けのない女性の本質像を受け継いだ事実」が、かれの主張を歪めて、その主張はブルジョワ社会と一致していた。

「ニーチェは女性を語るときになると、女性を語る痙攣に陥る。そのために鞭を忘れるなという陰険な忠告をする。女性自身がすでに鞭の結果なのである[*102]」

「鞭を超えて」のジェンダー討論をおこなう社会的なさまざまな要素を考慮することを、ニーチェは断固拒否する。これは女性の生得的に異なる本質議論をはじめから一方的に偏らせるので、わたしは断固この考えを拒否する。ニーチェが女性が男性を支配したがっていたかどうか考えを巡らすとき、すでにわれわれはその複雑性と曖昧性を議論し、ルソー流の回顧的なものの原理に戻っていく。だがかれは一方で、女性が啓蒙と解放運動の要求を追究していけば将来起こるだろう、水準低下の恐れに触れる。この時代の共通の恐怖は、保守層圏内における民主化に対する一般的な懐疑心の真っただ中に現れていた[*103]。ニーチェの批評はだから予想どおり辛辣である。フェミニストたちが言うように、かれらの解放運動の鍵は女性の教育機会の均等にあった。しかしながら、ニーチェもルソーも、女性教育が男性と等しく平等であるべきだという考えに反対し、非妥協的であった。

少なくともニーチェは、自分の意見は「自分の真理[*104]」であるとの警告caveatをつけて強化する。ニーチェの主張には多数の変更があるにもかかわらず、少なくともこの領域では首尾一貫していた。かれは最初から最後まで、概して女性解放運動の確信的な反対者であり続けた。とくに女性教育の機会均等では、平等は凡庸に通じるであろうと、一貫した反対者であった。

第三章　ニーチェと「新しい（めざめた）女性」

のちの第五章で見るように、女子と女性のための教育拡大の要求は、さまざまな分派のただ一つ一致して同意する問題であった。ヴィルヘルム時代の少年教育は形骸化した古くさい原理のもと、批判もあったが、実際には他のヨーロッパ諸国では極めて高く評価され、プフォルタ校のような学校は少年教育の模範であった。それに対しドイツの女子教育はまったく整っていなかった。国の法律はもっとも基本的な市民権をも女性に認めなかったから（投票権はもちろん、労働組合加入、政治集会の出席も認めなかった）、女性が大学で勉強したいなどというのは非常識なことと見なされた。

ゴードン・クレイグは次のように書いている。

「ドイツの多くでは第一次世界大戦前夜まで、『ギムナジウム』に匹敵する女性のための高等教育の学校はなかった。プロイセンでは一八九六年まで『高等教育卒業試験』を受験する資格さえなかった……世紀転換期までに諸大学は、外国からの者たちを除いて、女子学生の入学を認めなかった。プロイセンでは女性たちにその障壁がなくなった後でさえ、大学は『国家試験』を受ける権利、もしくは高い学位の資格を得る権利を認めなかった」[*1]

ドイツ、とくにプロイセンでは、ようやく女性の高等教育を認めるようになったときには、多くのヨーロッパ諸国より遅れをとっていた。それゆえ女子教育の萌芽として、突如現れた解放された「新しい（めざめた）女性」が、ほかのどこよりも一般的であったわけではない。ニーチェの世代の「新しい（めざめた）女性」たちは、自分たちを因習にとらわれない女性もしくは女権論者を自称していた。しかしそれは英語の用語としてドイツでは理解されていた。リリー・ブラウン（第五章で詳述）は、かの女の短い論文「文学における新しい婦人」[*2]でそれを使用した。ヴィルヘルム時代のヴァイマール時代の「新しい女」neues Weib の侮蔑的な使用と、新しく自立して働く女性を描くためのの「新しい婦人」neue Frau という用語の間には、一つの区別が必要とされた。この章では、この用語は学位や専門職を求める女性を意味するために使用される。

一九世紀の後半に、イギリスやフランスやスイスなどのいくつかの大学は、女子学生のために門戸を開いた。とくにこれらの大学は医者の養成に関心を持った。なぜなら女性解放運動に対してもっとも頑迷な反対者も、女医の必要性を理解していたからである。

一八七〇年代初期に、オックスフォード大学とケンブリッジ大学が女子学生に講義の出席を許可し、続いて一八七六年に外科医の資格を与える権利を得た。フランスではソルボンヌ大学が一八八〇年代に女子学生の入学を許可し、一八七〇年のフランス第二帝政（一八五二～七〇）崩壊直前まで女子はバカロレア試験（大学入学資格試験で、ドイツのアビトゥーア Abitur にあたる）を受けることができなかったので、十年の遅れをとった。

チューリヒでは一八七〇年代初頭に、早々に女子学生の入学を許可した。それより以前の一八四〇年代には女子聴講生を許可した最初の大学の一つとして誇った。実際に医学部に最初に入学登録した学生は、一八六七年にロシアから来たナジェジュダ・スースロワであった。次いで一八六八年にイギリスからきたアナ・ペインが、哲学部に登録した。ある種このようなことは偶然の産物で、女性闘争を支持する大学評議会側の特別な要求ではなかった。

ヘレーネ・シュテッカーの半自伝的な小説『愛』（一九二二）の女主人公リリが言う。

「ヘルミーネと一緒に、わたしはチューリヒ大学に行きました。そこは女性に門戸が開かれていて、そのことで世間はだれも騒いではいなかった」[3]

二人の女子学生がニーチェについての講義を聴講したことは言うまでもない。[4] シュテッカー自身はベルン大学で勉強した。かの女については最終第五章の最後で詳しく論じたいとおもう。

右の文でシュテッカーが簡潔に述べるように、スイスはこの問題を苦もなく大胆に乗り越えていった。ただ一つチューリヒ大学評議会が問題にしたのは、州外からくる女子学生がどのような公的証明書を求めているかであった。ここには門戸が開かれている意識すらほとんどなかったように見える。[*5] チューリヒが早々に、高い知的レベルの新しい女性小集団の拠点になったことは驚くにあたらない。かの女らは互いに緊密な友情を培っていた。それどころかじきに、チューリヒは外国人女子学生たちの評判となり、ドイツからも多数やってきたが、オーストリアとロシアからもやって来た。それらの国々はドイツよりも女子教育の機会がいまだ未発達な地域だった。

一八七三年までにチューリヒには百人のロシア人女性がいて、ベルンにも三四名がいた。一八七四年にはバーゼル大学評議会が、チューリヒとベルンに続き入校を認可するかどうかの票決をし、決定を下した。ヤンツが言うように、ニーチェはこの動きに賛成票を投じた。[*6] これはかれののちの女性の学問教育に対する抜きさしならない敵意を考えると驚くべき事実であるし、この章で、とりわけ一八八〇年代のシルス＝マリーアで幾夏も過ごして、ニーチェが優れた友情を得た幾人もの学問好きの女性と出会うときに、さらに問題となる事実である。

イギリスと北アメリカで創設されはじめた女子大学、例えば、エガム（ロンドン近郊サリー州）のロイヤル・ホロウェイ大学のような大学は、一八八五年に最初の新入生を受け入れた。この動きにドイツの女子学生は羨望の眼差しであった。大学への道はスイスのようなところでも、外国の高価な滞在、大学資格試験アビトゥーアのための私的な授業に、さらに孤独が重くのしかかった。宮殿のようなロイヤル・ホロウェイ大学から提供されるようなスポーツ施設や共同談話・休憩室は、ヨーロッパ大陸においては、女子学生にとっては未知の贅沢であった。

イギリスの女子学生たちは、チューリヒでのコスモポリタン的な生活と比較すれば、ある種、俗世間からはなれた保護された生活を享受した。そこではわれわれが見たように、ロシア学生のすさまじい流入があって、ドイツ語を話す女子学生たちが追いやられる懸念があった。[*7] 聴講女子学生の増大が懸念を引き起こしていたのである。かの女らの中には受講レベルに達しないものたちもいて、大学のレベルを低下させることが懸念された。ルー・ザロメも聴講女子学生の一人であったが、学位を取る意志はなかったものの、レベルに満たないような学生ではなかった。

前章でニーチェとの友情を論じたルー・ザロメは、チューリヒ大学で学んだが、政治的な野心も専門職への野心もなかった。かの女はさまざまな種類の科目を聴講生として登録した。それらの科目のうちキム教授の三科目を聴講した。かれは、これから触れるメータ・フォン・ザーリスの生涯にわたる親密な友人となったヘートヴィヒ・キムの父親であった。

ルーはライプツィヒから一八八二年一一月一三日付のビーダーマン宛の手紙の中で、健康がすぐれないため聴講をあきらめると書き、本当は心理学と宗教関係の勉強を選択したい旨をはっきりと表明していた。これはかの女が、ニーチェ思想との関係で心理学と宗教の結びつきにかの女が絶えず戻っていく理由を説明する手助けになる。それゆえ同じ手紙で、条件つきではあるが、レーとニーチェと一緒にパリで冬を過ごすルーの心づもりが、きわめてはっきりと述べられている。

「……できれば――実際にはニーチェは南の方というのですが――わたしたち三人は一緒にパリで冬を過ごしたいと思います。そこではマルヴィーダを介して、わたしのためにたくさんのサークルが開かれています。かの女はローマに帰国する前に、かの女自身パリでわたしに会いたがっているのです[*8]」

この一一月一三日付の手紙は、ニーチェが、ルー・ザロメとレーたちは既にライプツィヒを去っていたと思っていた五日後に書かれたものであった。ニーチェは、一八八二年一一月一〇日付のライプツィヒからオーヴァーベク宛の手紙で、二人がもう立ち去ったと伝え、ルーがいつも体調が悪いことになにげなく触れ、「ルーの健康状態は痛ましい[※1]」と書いた。

明らかに、ニーチェが思っていたほどに、レーとルーはニーチェと親密な交際ではなかった。同じくかの女の手紙が示すように、ルーは明らかに、ニーチェとの快適さより、自分自身の社会的な便宜を優先していた。ルーにフェアであろうとして、マルヴィーダは、バイロイトからのルー宛の一八八二年八月二三日付の手紙で、パリが非常に魅力的なところである旨を書いていた。一方ルーは、このときニーチェと一緒にタウテンブルクにいた。むろんマルヴィーダは、ルーがパリでニーチェと会うであろうと予想していた。ルー宛のマルヴィーダの真心のこもった招待は、多少このような想像のおかげであった。

ルー・ザロメはこの点である種、「新しい（めざめた）女性」の間に含まれる。というのは、かの女の生活スタイルは「解放された」という用語を保証するけれども、ルー自身はわれわれが前章で見たように、平等という運動を大いに非難していたからである。

チューリヒでは、かの女は同職の仲間たち、ビーダーマン教授やゴットフリート・キンケルたちから助けられていた。キンケルは自由主義者で一八四八年の革命時に活動したものの、運良く残りの人生を監獄で過ごすことはなかった（ベッティーナ・フォン・アルニム〔1785-1859　クレメンス・ブレンターノの妹。「ロマン派の巫女」の名を持つドイツの才女〕の夫の義兄が法務大臣であったので、かの女の嘆願によって放免された）。

ロンドンに亡命したキンケルは同じ自由主義者の亡命者たちと親しくなり、マルヴィーダ・フォン・マイゼンブークとも友人となった。いまやマルヴィーダは、亡命者がうらやむ、金持ちゆえの移動自由な生活スタイルをもっていた。キンケルがチューリヒから、マルヴィーダをルーに接触させたとき、かの女はローマにいた。マルヴィーダの側から、一八八二年七月バイロイトのヴァーグナーのサークルにルーを紹介した（ビーダーマン宛の手紙が報告している）。そのサークルでルーはフォン・シュタイン男爵と会って、かれから深い感銘を受けた。この偶然の出会いから、ニーチェがシュタインに熱心に会いたがっている理由に納得した。バイロイト訪問後、ルーは直接タウテンブルクに行った。間違いなくニーチェはシュタインのことをくまなく語ったろう。

明らかに、マルヴィーダ・フォン・マイゼンブークは、ヨーロッパにおける教育ある貴族界の大物であった。ニーチェはこれによってヴァーグナー家に出入りができたのである。

それではマルヴィーダとニーチェの関係を見ていこう。

マルヴィーダ・フォン・マイゼンブーク（1816-1903）

マルヴィーダ・フォン・マイゼンブークは、ニーチェが好む中年女性の例外である。かの女は一八一六年カッセル（ドイツ中部の工業都市）で生まれ、七二年のバイロイトのヴァーグナーの祝祭劇場の礎石を据えるときニーチェと出会った。マルヴィーダ五六歳、ニーチェより二八歳年上であった。

一八八二年マルヴィーダがローマで、ニーチェをルー・ザロメと会うように呼び寄せたのは、ニーチェと知りあってから十年後のことで、ニーチェの妻にふさわしい女性を絶えず気にかけていながら、仲人は初めてであった。第一章で論じたように、少なくともニーチェの妹エリーザベトも建前上そうしていた。マルヴィーダはドイツの女性解放運動の最初期の運動家で、このことはエリーザベトも認めていた事実であった。[*9]

マルヴィーダの婚約者テオドア・アルトハウスが亡くなったとき、かの女は今後一切結婚をしない誓いを立てたが、それでも子供は欲しかった。一八五二～五九年のロンドンの亡命時代に、マルヴィーダは一八五三年一二月から五六年九月までアレキサンダー・ヘルツェン（ゲルツェン）の家に住んでいたが、そのときかれの子供たちの世話をした。かれの妻が亡くなって、ヘルツェンはマルヴィーダのかねてよりの子供への熱望を満たして、末っ子オルガをかの女の手にゆだねた。これはかの女の人生最大の事件であった。オルガへのかの女の献身は友人だれからも讃嘆され、姉のナターリエがガブリエル・モノーと結婚してパリに移るときまで、マルヴィーダはオルガの姉ナターリエ・ヘルツェンと密接に親交した。

このことに、エリーザベトの判断は正しい。マルヴィーダの母性は、ニーチェがかの女に惹きつけられる特性であった。[*10] マルヴィーダが母の役割に重きを置いていたことは、ニーチェが次の世代を育成する母親について重んじていたのと同じであった。ニーチェはかれが断固反対した運動にかの女がかかわった過去の政治的な実績にもかかわらず、寛大で愛情豊かな中年女性に母親のように接されるのを好んだ。

クリスティーネ・ラテックが指摘するように、実際にマルヴィーダ・フォン・マイゼンブークは徐々に自らの社会運動の差し迫った欲求を失っていった。むしろ逆にニーチェの指針と一致するエリート主義の考えを発展させていった。[*11] マルヴィーダがニーチェと会う以前から、長くヴァーグナー一家の親しい友人のひとりだったことを思いださなければならない。かの女の政治の右寄りのスタンス（ビスマルクに対するかの女の賞讃を考えて欲しい）は、それゆえに避けられないことだったろう。

マルヴィーダは作家であり知性の人だったし、たくさんの賞讃を享受しながら生活していた。この章の若い世代の女性にとって、かの女は模範とされる重要な人物となっていた。著書『個性ある人々』（一九〇二）の中で、マルヴィーダは、文化史上重要だった女性たちについて書いた。例えばド・スタール夫人のような人である。注目に値するのは、ニーチェが呵責なくド・スタール夫人と他の二人、ロラン夫人と、ジョルジュ・サンドを「滑稽な三人の女」[*12] と見なしたことだ。かの女が口をきわめて賞讃していたド・スタール夫人のような女流作家たちについて、かれがこ

マルヴィーダ・フォン・マイゼンブーク

う評しても、引き続きニーチェはマルヴィーダ家に歓迎され続けた。これは実に驚くべきことである。

マルヴィーダは、ニーチェの著述業の後半部分をかれの本当の自己ではなく、その軌道から逸れ、かれの「太陽の中心」[*13]から離れてしまったと見なす意見に、むしろ傾いた。『個性ある人々』の前半を構成する長いエッセイ「フリードリヒ・ニーチェ」の中で、かの女は、ニーチェから自分の生活の恐ろしい、ほとんど永遠の拷問と述べる一八八〇年一月一四日付の手紙を受け取り、大変なショックを受けたと書いている。このようなときには死ぬ方が幸せであったろうという、かの女の発言[*14]は、同じ手紙でニーチェが三年間もヴァーグナー家のことを耳にしていないと述べ、それがマルヴィーダを狼狽させる事実だったことから説明される。実際に、かの女は同じエッセイの中で深刻に傷つけられた『ヴァーグナーの場合』を除いて、ニーチェが書いた一切を許したと書いている。[*15]

マルヴィーダを有名にしたのは、かの女の初期の生活とロンドン亡命中のこれからの成長を見すえた報告である『ある女性理想主義者の思い出』（一八七六）であった。実際、メータ・フォン・ザーリスはこの本を読んで、女性解放運動の研究の仕事を決意した。かの女はマルヴィーダに手紙を出し、たった四通の手紙の交換から、長い友情がはじまった。メータは一八七八年ローマのマルヴィーダのところに六ヶ月間も滞在した。[*16] マルヴィーダは宗教的には懐疑主義者であったが、今日のフェミニズムの視点からは、かの女は特権的でますます保守的になっていく立場から書いたと言わなければならないが、このときに名士扱いされたというのは言い過ぎである。

マルヴィーダは一八八一年に『ある女性理想主義者の思い出』に序文を加えたとき、既に次の声明に見られる伝統尊重の方向に舵をきりはじめていた。

「そうです、心を込めて一切であること、すべてをなすことが、真の教養（教育と文化）の神髄です、実際には、全人間の調和、思想と実行の間の一致、本質と現象の確実性です。このような教養によって、女性の真の解放運動は起こるでしょう、それが人類の将来において女性に高い位置を保証するのです[*17]」

この文章はわれわれにとっては特段めずらしくもなく平凡な紋切り型に見えるが、ここで思い出す必要があるのは、ヴィルヘルム皇帝時代の社会の保守的な性質である。あとの第五章で見るように、ドイツの多数を構成していた穏健派のフェミニストたちは、このような成句をたいそう好んだ。これらを一言で言うならば、人格である。女性は社会的、政治的な地位の向上より、むしろ文化的、美的なものの達成に努めるべきである。むろんそのような風潮は、社会の富裕層だけに当てはまった。

同じようにニーチェの世代の「新しい（めざめた）女性」の大半は、金持ちの家庭の出身であった。大学で勉学することは、高価で贅沢なものだった。お金持ちの「新しい（めざめた）女性」の幾人か、メータ・フォン・ザーリスのような者でさえ、大学教育に対して両親が反対したので、勉強するために働かねばならなかった。

既に指摘したように、マルヴィーダは慣例やしきたりを守った。だから一八八二年の、ルー・ザロメ、パウル・レー、ニーチェの三人の所帯が冬を共に過ごすことが不首尾に終わることを分かっていたから、マルヴィーダは猛烈に反対した。マルヴィーダの年齢になれば、こういうことは可能であったのだが。

かの女はよく若い人たちを長期間の滞在に招待した。例えば、かの女は一八七七年の冬、レーやアルフレート・ブレナーやニーチェを、自分と一緒にソレントに滞在するよう招待した。かれらは滞在を散歩やヨーロッパの文学と思想を論じることに費やした。ニーチェは水をえた魚のように本領を発揮した。

そのことをマルヴィーダは一八七六年一一月一三日付オルガ宛の手紙で、ソレントの丘やオリーヴの林を歩きまわった後に、知らせている。

「たいそう美しかったので、わたしたちはそのことを夢中になって話していました。ニーチェですら自分の病を忘れて、我を忘れて喜んでいました。自分の生涯でこれほど体調の良かったことはない、と繰り返し言っていました[*18]」

ブレナーとレーが帰っても、ニーチェはマルヴィーダと共にそのまま滞在した。かれにはゆっくりとした休息であったろうが、むしろ実際には気晴らしであったろう。

マルヴィーダから「理想の集団」と呼ばれたこの四人組は、きわめて高い精神状態にいたので、取り残されて二人になると、とたんに静かになったように思えた。マルヴィーダは活発になれずにいたものの、これを尋常ならざる精神力で補った。かの女の若々しさは友人たちがかの女を描こうとすれば、かならず触れるものであった。

ヨハンナ・キンケルの讃美の描写は、それをよく表している。

「三十歳になれば永遠の若々しい詩心の魔力など持てないのに、マルヴィーダは、それを所有しているにちがいありません。もしあなたがその後もそのまま若々しいままでいるならば、その後のあなたの残りの人生はそのままでしょう[*19]」

この時代の女性たちにとって、一般的に老齢の境は三〇歳で、かの女たちは衰退のはじまりの重要な境界と見なした。これは第五章で、再度述べよう。

人生に対するマルヴィーダの若々しい態度は重要である。それは若い人たちが常に喜んで、かの女と共に過ごす招待に応じたからである。このようにして生まれた友情は、ドイツ文化にとって脈々と重要な結果をもたらした。ニーチェとルーの交友はそのもっとも顕著な例であった。

一八七八年五月に亡くなったブレナーにとって、マルヴィーダとの滞在（むろん、レーとニーチェもそうだが）は、かれの短い生涯の頂点であった[*20]。またマルヴィーダはシュタインをヴァーグナー家と接触させ、しばらくの間ヴァーグナーの息子ジークフリートの家庭教師にした。かの女はシュタインがニーチェに会うように腐心したが、これは一八八四年まで実現しなかった。

ニーチェは精神崩壊に至るまで、散発的であったけれども情愛のこもった文通を続けていた。崩壊のときにはほとんどの友人たちと、ニーチェは喧嘩をしてしまった。かれはマルヴィーダに宛て、一八八八年一二月八日に、個人を傷つける乱暴な手紙を草稿し、マルヴィーダのヴァーグナー家へのかわらぬ誠意ゆえ、それがかの女との破局となった。そしてニーチェは、自分が送付したまさに最後の覚え書きの一つに、「マルヴィーダはぼくをたいそう愛してくれたから、かの女を多く許してあげることができる[*21]」と書いた。この覚え書きの後半の部分は、少なくとも本当であった。

メータ・フォン・ザーリス（1855-1929）

メータ・フォン・ザーリスは、スイスの古いマルシュリン家の最後の人だったので、断髪《ショートヘア》をして大学で法学と哲学を専攻し、フェミニスト運動にとって有益であったかの女でさえ、その姿勢に多く保守的なところが残っていた。かの女の場合、例えば社会主義者リリ・ブラウンとはちがって、拒否する意図はなくともその貴族的な背景により大方説明される。

先に見たようにメータは、マルヴィーダによって表明された一八四八年の革命の伝統に勇気づけられた。かの女は感激して熱狂的にマルヴィーダの『ある女性理想主義者の思い出』を読み、その後かの女と親密な友情を結んだ。メータが次に議論する、ある法廷事件に巻き込まれたとき、マルヴィーダはかの女に断固たる支援をした[*22]。

メータ・フォン・ザーリスは、娘を家庭の鋳型に押し込めようとする厳格な家父長的な父親の、あらゆる企てに憤激した。かの女は八歳で家政を教える学校にやられ、父親は母親に本代に消えぬよう、こづかいを与えないよう命じた。これはかえって、メータをますます本の世界に近づかせることになった。威圧されて母親は真面目に父親の指示を守ったので、メータは、社会に受け入れがたい女性の生活の貧弱さを思うようになった。かの女は女性の結婚を、一八八七年に「女性存在の最も暗いページ」として不完全な英語で、「ヨーロッパ女性の地位」というタイトルのエッセイに書いた。

「女が独身のままであれば、哀れむべき軽蔑の対象である。もし夫を見つければ、かの女の運命が明るくなるか暗くなるかは、まったく夫の裁定しだいである[*23]」

ドーリス・シュトンプの『好ましくない女性らしさ』（一九八八）所収の抜粋を除いては未刊であるメータの自叙伝の中で、メータは、「子供の頃を思い出すと、自分の父親を振り返り続ける。かれは、めったにわれわれの近くに来ることはないにもかかわらず、家族を支配する絶対的な力があった[*24]」と書いた。メータはわずか四歳で七歳の兄が亡くなったときに、兄が父の寵児であることがわかった。かの女は、自分が犯した人生で最初の間違いは女として生まれたことだったと述べた。[*25]

いずれにしても、メータはいまや広大な家屋敷の女性相続人であった。かの女の父親にしてみれば、娘が大学で勉強したがっていることや、自活することなど、ばかばかしく思えた。メータは自活のために、ナウムブルクのマルヴィーダの友人ヴェールマン男爵夫人と一緒に、コンパニオン（病人や老婦人の話し相手に雇われる女性）として二年間生活した。偶然にもそこで、かの女はニーチェを知る前に、フランチスカとエリーザベト・ニーチェと知りあった。メータの短篇小説『ジェンマ』*Gemma*（一九一八）のヴェールマン男爵夫人像は、一八八一年に死去した男爵夫人に敬意を表して書かれたものだ。

いまやメータはマルヴィーダにならって、住み込みの家庭教師としてロンドンに向かった。ロンドンで最初かの女は運悪く、メータがねずみ取りと呼ぶ家族のために働いた。それからアイルランドに行き、一年間（一八八二〜八三）スチュアート家で働き、スチュアート夫人の親密な友となった。かの女は、学費に充分なぶんを稼ぐと帰国し、ただちにチューリヒ大学に入学した。一八八三〜八七年かの女は学業を続け、ポアトゥーのアグネス[※2]に関する哲学で哲学博士の学位をとり、チューリヒにやって来たグラウビュンデン州出身の女性初の博士号が授与された。

一八八六年の父親の死後、かの女はただちに膨大な富を相続するが、あわせてマルシュリン家の財産管理の責任をも負うこととなった。それをかの女は一九〇四年、甥に売却した。メータの甥は母方のザリス＝マイエンフェルトの家系であった。メータが死ぬと、フォン・ザーリスの名はかの女と共に消え去った。

メータ・フォン・ザーリスの高貴さと貴族の理想は、かの女の過激なフェミニズムとはじめは相反するものではなかった。一八九〇年代中頃まで、かの女自身は、ニーチェの超人論に達する教えと一致する自分の人格発展のエリート観と、女性解放運動の激しい活動家としてのおのれの行動の間に、なんの齟齬も見いださなかった。ラウラ・マルホルムの『婦人たちに関する本』（一八九五）の応答としてのメータの二巻本『われわれの時代の選ばれた婦人たち』（一九〇〇）の中で、貴族の質は必ずしも遺伝されるものでないと強調した。

「繰り返すと、人間の社会は水平ではなく、垂直にいくつかの階級にわかれる。それが王はプロレタリアに、召使いの少女が貴族になる理由である。わたしから見れば、あらゆる地位とあらゆる階級において、賞讃に値する人は、かれもしくはかの女の良く成長した人格を所有する者が、そこにふさわしくあるべき人である[*26]」

ここから、メータの貴族に対する考え方が明らかにされる。卑しい出自の少女でさえ貴族的な人格の本質に恵まれる可能性がある。このことはメータが気づいている以上に、かの女とニーチェの間に大きな開きがある（このことが偶然にしても、メータはグレートヒェン像によってゲーテにより近くある）。

どのようにしてメータ・フォン・ザーリスのようなフェミニストが罪を犯したのか。それはニーチェの精神崩壊後数年して、かの女が経験した尋常ならざる不幸な経験によって証明される。

二名の女性権利の運動家、カロリーネ・ファナーとアナ・プフルンダーを巻き込んだ法廷事件後、それが二年間にわたって長引き、メータは実際に一八九四年に一週間、この女性たちの擁護のビラを配ったかどで、牢獄に入れられた。メータはこの二名の女性たちの横領罪の嫌疑がかかる冤罪を信じる理由があった。この訴訟は非常にこみ入っていたが[*27]、メータ・フォン・ザーリスからすれば、判事がこの訴訟に公正でなく見え、法律上のファイルの簡単な閲覧から、かの女に立証できるものがあった。メータは判事を訴訟への過剰巻き込みで告訴したが、かの女は正しかったものの分別がなかったため、直ちに法廷侮辱罪で起訴された。かの女の弁護士エルンスト・ファイグンヴィンター(後にかの女の友人ヘートヴィヒ・キムと結婚する)はかの女を弁護したが、実際にはより問題を悪化させ、結果として、厳しい罰金刑とばかげて不当な監獄刑が科された。

われわれが思い出さなければならないのは、メータは当初この事件の無実の傍観者であったことだ。単に法律が反フェミニストの目的のために誤用されている確信から、介入したにすぎない。さらに新聞のこの事件の報道がかの女の怒りを倍増させた。この経験からフェミニズムに関するメータの気持ちは冷めていった。そしてその直接の結果として、かの女は一九〇四年スイスを永遠に去った。しばらくの時間のずれがあるのは、主に紆余曲折の複雑な財産問題のためだ。その後、女性解放運動のかの女の活動は急激に低下していき、余生の大部分を、カプリ島に引いて過ごした。

ざっとメータの人生を見てきたが、特筆すべきは、かの女がニーチェのなじみの女性たちの中で、女性権利のためのもっとも活動的な運動家の一人であったことだ。ニーチェがかの女に最初に会ったのは一八八四年七月であったが、まだメータはチューリヒ大学の学生であった。ニーチェはすでに双方の友人であるマルヴィーダから、また母と妹からメータのことを聞いていた。

メータの伝記(『メータ・フォン・ザーリス゠マルシュリンス』一九三二)の著者であるベルタ・シュライヒャーは、スイスのグランビュンデン州の第一級の女性平等運動家としてメータを認めているが、権利と義務の問題をきわめて慎重に扱うかの女の姿を描いている。メータは精密な討議の後にだけ、女性参政権運動に加わった。*28 しかし、世界が民主政体よりも貴族政体になる方を望むメータの願望には、若干の矛盾があった。*29 かの女は、詩集『貴族』*Aristokratika*(一九〇二)にあるいくつかの詩が示しているように、世紀転換期に幻滅させられた。それにもかかわらず、かの女は一八八〇年代、とくに一八八七年と八八年のシルス゠マリーアの二度の訪問時に、自分はニーチェと精神的な親縁性があると信じていた。さらに生まれながらの貴族性というかの女の考えは、女性解放運動に役立つと思った。

ニーチェは一貫して、女流作家の著作を攻撃していたけれども、かれがつねにそうであったように、このような状況の礼儀にかなうようメータに対して実に如才なかった。メータからすれば、ニーチェに対して好意的であったから、次に見るように、かれの女嫌いの発言をすすんで無視した。

メータ・フォン・ザーリスは一八八四年にニーチェと初めて会ったことは触れた。二度目は母親と一緒に一八八六年九月にシルス゠マリーアに行ったときで、かれらはホテル・アルテンローズに着くと、ニーチェが隅のところに坐って、メータの知らないヘレン・ツィンメルンとイギリスの二人の貴婦人フィン母娘たちと会話をしているのを見つけた。言わずもがなのことであるが、この人たちは皆、一八九〇年代にエリーザベトが自分のニーチェ評伝の題材とニーチェ文書館《アルヒーフ》の材料を求めて、かの女によって歩き回られた人たちである。*30

このときのシルス＝マリーア滞在には、マルヴィーダの友人レーダー＝ヴィーダホルト夫人がいて、かの女は一八四八年の革命で戦った人である。この夫人がニーチェのために『善悪の彼岸』を口述筆記してくれた。とりわけこの本については、メータとニーチェによって次の年に議論された。

メータがシルスに長期滞在できた一八八七年九月には、ニーチェと定期的に散歩に出かけた。レーダー＝ヴィーダホルト夫人はメータに対し即、強い嫌悪を示したが、明らかにメータのその貴族的な物腰に対してであった。しかしながらメータにしてみれば、かの女のような人は、スイス社会のもっとも高い階層出身であったゆえに、ただそのように振る舞うよう教育されただけだ。それは間違いなくニーチェとエリーザベトにとって魅力的な部分だった。

メータは『哲学者と高貴な人』（一八九七）で、自分とニーチェとのいくぶん誇張された報告の後に、ニーチェ哲学の眼目を素描している。だが、われわれが注意しておかなければならないのは、一八九七年の末にメータとエリーザベトの友情は既に終息していたのに、*31例のごとくエリーザベトから誘発されたものであったことだ。

メータの本はほとんど構成というものがなく、一貫してニーチェに対する賞讃の調子が保持されている。それは、メータのニーチェへの断固たる尊敬からだ。ただニーチェと女性の話題に触れるときにはあやしくなってくる。メータは、かれの行き過ぎた女性嫌いから、ニーチェをまったく免除しているわけではない。かの女自身は女性運動にきわめて慎重になっていたし、とくに運動の党派的な様々の連合や結合の増加に対して慎重になっていた。かの女は文化的にみて、「畜群の幸福」を自分たちの目標とする諸連合と結びつかないとし、独立した貢献がより高い価値を持つと信じるようになった。[32]このニーチェから鼓吹された畜群への言及は、社会のエリートについての言明からいっそう強化される。

「わたしは、女性問題のつかの間の意味を超えて、最高の文化の全盛期としてエリートたち——男と女たち——を見、敬うことが許されている自分の運命に感謝したい！」[33]

確かに貴族的な理想に関して、メータがニーチェを思想的に仲間だと見ていたことは明らかだった。しかし、女性に関するニーチェのそれとかの女のそれは必ずしも一致しなかった。メータはニーチェ自身をその高貴な思想ゆえに貴族の範疇内に入れておき、かれを特別の規則が適用されるエリート（選良の一員）と呼んだ。[34]かの女はニーチェの姿勢を、男性の質とは異なる女性の特殊な質を持っていると見なすから、おのずからニーチェと敵対すると説明した。ニーチェは個人的には女性に敵対していないとかの女は指摘し、[35]女性について述べるニーチェの多くの良い点に注意を向けた。

このようにメータは非難の矛先からニーチェをそらすどころか、女性が自分自身の上に多くの批判を招いているということで、ニーチェに同意すらしている。

「ニーチェが言っている最悪で破滅的なことは、いまだに多数の女性に当てはまる。それは確かに本来の女性に対する低い評価から決して発生しているものではない[*36]」

この「多数の女性」という言及は、メータの、上流婦人を気取った「永遠に女性なるもの」になりすますブルジョワ女性の価値を指し示す（このような女性たちへのニーチェの抗議は、第二章で既に議論した）。メータは貴族として、むろん左翼フェミニストの前提を拒否した。だがそれゆえに、もっと驚かされるのは、かの女が穏健派フェミニストに対して低く評価していたことである。メータは、この穏健派フェミニストたちがいまだに自分たち自身の生活を広げるよりむしろ、自分たちの全生活を夫に関係させることを望んでいると考えたからである（それはきわめて正当であった）。つまり、これがラウラ・マルホルムの『婦人たちに関する本』に対するメータの抗議であった。

「女性が育った文化的な環境がどういうものであれ、女性は出産の苦労をしなければならない、少なくとも成熟するために、幸福になるために、夫の接吻を受け取らなければならない[*37]」

ニーチェが女性の権利に金切り声をあげる運動家に言及するとき、そこには多くの皮肉があったが正当な発言であったと、メータは思った。それは、かの女の多くの同国同郷の男性（確かにかの女の乱暴におこなわれた法廷訴訟の報告を信じている人たち）によってそのような眼で、かの女自身が見られていたからである。

メータの一八八七年のかなり誤りのある英文エッセイの中での、戦闘的なフェミニストへのかの女の発言は、メータのような人に惹きつけられる女性を非常に酷評し嫌う様子を、われわれに思い出させる。既に見たように、かの女はあの特殊な事件の際に、確かに活動的で献身的なフェミニストであったからである。

「二〇年間の、女性たちのための大学教育の存続の可能性が、住民の広い偏見を除去したとは期待できない。われわれは勉学の可能性が女性の肉体的、道徳的な自己にどのように影響を与えるのかを、いまだに最終的に判断できないでいる。これまでに学位を獲得したほとんど全部が、かの女らが想定した目標の端緒さえ得ないうちに、その精神力は負担を与えられすぎて、開拓者の先兵にいる。もしかの女たちがより高度な知力教育を目指すのであれば、われわれヨーロッパとは異なる諸事情の下でのアメリカの生活では、ヨーロッパ中部一般に、どんな一連の試練――とくに上層階級の秩序の試練――をくぐり抜けねばならないかを、ほとんど想像できないであろう。毒されていない環境であれば、女性は教育によって魅力を獲得するであろう。しかしながら現状の環境では、かの女たちは物笑いとなり、かの女たちと懇意な人たちすべてに恥をかかせることになる。このような間違った諸条件から最悪の結果が生まれる。不愉快な知識の切れはしで聴衆にギャーギャー怒鳴り散らし学問をひけらかす不快な独身女性のタイプを作り出し、……一方で、あらゆる点で男性の性格を大胆に模倣するようになる……当然近くに障害物がなく、かの女らが一致団結すれば、女性解放論者の戯画を作り出すのは、かの女らである*38」

この文章を長々と引用した意味は、これがわれわれ共通のテーマの興味深いいくつかの側面を示していると、わたしは思うからである。

まず第一に、メータは上層階級出身の育ちのよい女性について語る。かの女が正しいのは、心の向上を志すその大事な構成要素に、この階層の女性を選んだことである。裕福な女性でさえ大学の授業料は、メータ自身の場合でも、躓きの石であった。かの女は二八歳の年齢でようやく大学で勉強をはじめている。このような教育を受けた女性たちは、「永遠に女性なるもの」の役割を脱出し、それだけで自分たちが嘲笑の的であることを知る。そしてこの嘲笑が、大声を張り上げる（男性的に）その抗議デモのフェミニスト党派を作る媒介として役立つのである。右の引用文でも暗に示されているようにメータの理想は、女性は感情を抑え、模範を示し、社会における女性の機会均等を広げる場合の、男性の尊敬と協力を獲得することにあった。

しかしながらこの理想は、メータの「ファナー＝プフルンダー事件」の経験の後、かの女にとって、礼儀正しさではもはや法律の必要な変化をもたらせないことが明らかになったとき、破棄された。それはマリー・シュトリットが一九〇〇年、その小冊子『市民法令集と婦人問題』で指摘するように、法律が根本的に家父長的であったためだ。メータはあくどく辛辣になるかわりに、全闘争からの撤退を選んだ。

実際に自分とニーチェに、一八九〇年代にどんな試練がやってくるのかを知らなかった一八八〇年代のメータ・フォン・ザーリスにとって、ニーチェのエリート思想は疑いもなく、かの女のフェミニスト理論の一歩前を提案しているように見えた。その理論は、家父長社会の女性たちがこうむった不公平に対する鋭い感性に基づいている。かの女は、『女性の将来』（一八八六）という叙事詩の形でこの不公平のあらましを描いた。メータのアイルランド滞在と、シャルロッテ・スチュアートへの献詩となるこの著述に、女性の異性の他者に対するよくある不人情例の批判は、顕著な特徴の一つで、それは同じテーマに対するニーチェの発言を思い出させる（第二章を参照）。それゆえ、この著書は一八八六から九七年の十年間の、メータのフェミニズム展望と『哲学者と高貴な人』の時代に大きな隔たりを示している。その中で『女性の将来』は力と美の高い理想の調和的な代表として描かれている。*39

一八八〇年代にメータは、自分自身のエリート主義のフェミニスト行動理論をもった。それは、ニーチェの主要なテーマ（高貴、優秀、未来）を充分に共有しながらも、かの女はかれらとは女性教育問題で意見を異にしていることを認識していたけれども、類似の見解を見つけたと思っていたようだった。メータがアクティヴなフェミニストから失望した観察者への転身の中で、『守護天使』（一八八九〜九一）というただ一つの小説を書いた。この二巻本の第一巻は、かの女の正当な相続獲得のための、イーザ・フォン・ティーフェンゼーの複雑な要望報告で、第二巻は法律家になったイーザの解放闘争の物語である。イーザに敵対する同僚男性の破壊活動の戦いの描写は、不気味にも一八九四年のファナー＝プフルンダー訴訟のさまざまな側面を予感させる。住み込み家庭教師としてのイーザの経歴は、メータのアイルランドのスチュアート家での滞在を思い出させる。

これらの中でわれわれにとって重要なのは、イーザのプラトニックな男の友人、シュテファン・ファルコーニアによって表現される小説のニーチェ的な諸側面である。実に感受性の鋭い、繊細な貴族ファルコーニアによって作中で説明されるいくつか、なかでもとりわけニーチェのどこにでもいる畜群の軽蔑を示す『哲学者と高貴な人』で、ニーチェの言葉として再度あらわれる。[40]加えて、この小説の中で、非凡な人ファルコーニアの清廉さを汚さないよう、結婚相手としてかれを考えまいとするイーザの拒否の姿勢は、ニーチェと自分の関係を結婚を超えたものと見ようとするメータ自身の決意を反映しているようだ。[41]それにもかかわらず、ファルコーニアは死の前、かれとの最後の食事のためにイーザは白いドレスをまとい、崇高な形でイーザと自分の友情を神聖なものにしようとする。これは複雑な象徴の風景を演出している（これはキリストの最後の晩餐とのある種の共鳴である[42]）。

伝記上の資料を明らかにするために、この小説は単純に読めないという、ベルタ・シュライヒャーの忠告に注意を払わねばならないけれども、[43]ここには、フェミニズムに関するメータの声明の、背後の意味をじつは含んでいる。ファルコーニアの「女性の将来[44]」の大望が、ニーチェとメータの興味をそそる見解の融合であることを、わたしは主張したい。エリーザベト・フェルスター＝ニーチェが『フリードリヒ・ニーチェとかれの時代の婦人たち』で指摘しているように[*45]、メータがニーチェに誠実であったほどに、ニーチェはかの女に誠実ではなかったが、それでもかの女はニーチェの誠実な友であり続けた。実際に自分はニーチェの友人と思っていた多数の人たちに対するニーチェの不誠実さが、ニーチェに関する今日までの出来事の著しい特徴である。

メータのバーゼル大学で勉強する試みが不首尾に終わった直後、ニーチェはオーヴァーベク宛に手紙を書く。ニーチェはメータのバーゼル大学への申し込みを、女子学生の直面する障害を観察するための熟慮の上の宣伝戦略と呼んだ。われわれが思い出さなければならないのは、かれがバーゼル大学教授のとき、ニーチェ自身が撤廃の賛成票を投じたことである。

「ぼくはフォン・ザーリス嬢がとった処置を笑うね。その処置はおとり捜査の一部だよ。かの女は何を獲得したかを正確に知りたかったのだ、拒否をね。宣伝活動のためにそれにつけ込んだ[*46]」

ニーチェはこの事件について明らかに不誠実であった。というのは、ヤンツが指摘するように（ニーチェの行動に対する明確な非難である[*47]）、ブルクハルトを聴講するため、メータはバーゼル大学の登録を勧めたニーチェ自身の言葉に従ったのである。実際にブルクハルトは同僚のルードヴィヒ・キム宛の一八八五年三月一九日付の手紙で、大学評議会の決定に個人的に遺憾の意を表明している。*48

メータはミュンヘン大学からも拒否され、チューリヒから離れて、とにかくプロイセンの外国人の資格でベルリン大学において一学期の間勉強することができた。ニーチェの不誠実な発言は、かれの言ったことと実際に考えたこととの間にしばしば開きがあることを、われわれに思い出させるのに有効であろう。ニーチェがアスンシオン（南米パラグアイの首都）のエリーザベト宛に手紙を書くとき、ニーチェのずるい発言としか形容できないような、同じような傾向が見られる。

「ザーリス嬢が、博士号完成の苦労を癒やすために、六週間シルスに滞在した。かの女は病弱な小さな友人、キム教授の娘を同伴してきた。ぼくは親切心があるから、それをするだけの値打ちがあるけれども、基本的には退屈な女性をできるだけ面倒を見なければならない*49」

ここには慇懃無礼のきわめて不愉快な調子があって、ニーチェを尊敬したメータ・フォン・ザーリスのような人が、女性問題について真剣にニーチェと論争できるように、ニーチェは慇懃な仮面をなくして行動してくれたらばと思う。さらには、蔭で非難せずに、ニーチェが面と向かってエリーザベトを非難してくれれば、おそらく当事者にとってはもっとよかったろう。ニーチェのこのような態度は、超人の創造者から期待される高度な健康の規範と一致しない。

メータはいつもニーチェを援助しようとしていた。メータはしばらくの間エリーザベトと友人関係にあった。メータは文書館《アルヒーフ》の資金援助の約束をし、同時に母親フランチスカからニーチェの著作権を奪い取るためエリーザベトが必要としていた署名人の一人であった[*50]。メータの援助は長期的に見ればニーチェのためには逆効果であったろう。それは、ニーチェの遺産に対するエリーザベトの管理が、まったく遠慮会釈ないことが判明したからであった。しかしメータは、文書館《アルヒーフ》設立のときのエリーザベトへの援助に同意した時点では、そのことを知らなかった。

精神を病んだニーチェと文書館《アルヒーフ》の両方のための家屋として、メータはヴァイマールにジルバーブリック荘を購入することで、援助の約束をした。エリーザベトとニーチェは転居し（現在のフンボルトシュトラーセ三六番）、エリーザベトは家の改築をはじめた、アンリ・ヴァン・デ・ヴェルデ[※3]が、内装に手を加えた一九〇二～〇三年がその頂点となる。今日ではこの家はバウハウス様式のファンとニーチェ研究家の関心の場となっている。

メータ自身がヴァイマール滞在のおりに過ごそうとしていた部屋が、なんの相談もなく、しかもかの女の費用もちで勝手に改築されたことにメータは激怒した。メータは自分がエリーザベトのことをどう思っているかを正確に知らせる手紙を書く前に、エリーザベトにその家を買い取らせ、二人の友情は終わった[*51]。かの女のふるまいに対するメータの批判を無視できたのは、エリーザベトの属性だろう。

レーザ・フォン・シルンホーファー（1855-1948）

レーザ・フォン・シルンホーファーは、オーストリアのクレムス（オーストリア北東部の都市）で生まれ、女子学生の門戸開放政策によって一八八二年、チューリヒ大学で勉強することになった。ナターリエ・ヘルツェンのよき友人としてレーザは、マルヴィーダ・フォン・マイゼンブーク・サークルの一員にあった。かの女は一八八二年にマルヴィーダとバイロイトで一緒であった（このときちょうどルーはニーチェとタウテンブルク滞在直前であった）。

チューリヒ大学で勉強していたレーザは、メータが一八八三年チューリヒ大学で勉学をはじめると友人になった。これらによって、ニーチェの多数の女友達が、相互にどんなふうに連絡しあったのかを知る手助けとなる。とくに「新しい（めざめた）女性」を取り扱う場合はそうである。

レーザはマルヴィーダと一緒に一八八四年の復活祭の休暇を過ごすつもりでいた。けれどマルヴィーダは——ニーチェとルーの交際の不幸な結末にもかかわらず、またも縁結びであった——かの女をニースにいるニーチェのところへ差し向けた。ニーチェはレーザに自分の賄い付きの下宿に来るよう招いた。上流階級出身の自立したお金持ちの若い婦人がバッグに荷物を詰めて、いまだ知らぬニーチェと同じ下宿に滞在するというのは（明らかに付き添い人がいない）、一世紀たった今日でさえも珍しいように思える。

かれらはすぐに優れた交友関係を築き、ニーチェは急であったが来年にコルシカで自分としばらく過ごすようレーザを招待した。だがすぐにかれは思い直してガスト（ケーゼリッツ）に冗談めかして手紙で、自分は旅行のために第三者を必要としているのだと書き送った。*52 このプランはニーチェによって放棄されたが、一方のレーザはたいそうがっかりしたようである。

レーザはメータと同じく、エリーザベトの希望に応えて、自分とニーチェの友情の短い記録を書いた。ただメータと違い、レーザはその報告を出版せず、かの女の死後、書類の間に発見された。一九六九年ハンス・ローベルガーはこれを『哲学研究誌』*53 で、「フリードリヒ・ニーチェとレーザ・フォン・シルンホーファー」というタイトルで全文を印刷した。またレーザのこの文書は、のちにサンダー・ギルマンの編集の『ニーチェとの出会い』で、ほぼ一語一語そのままに印刷されているが、ギルマンはテキストをばらばらにする癖があって、一連の文章が全文そのままで印刷されているというより特定の日付に割り振られているかのようで、*54 わかりずらくしている。

レーザ・フォン・シルンホーファーの一八八四年シルス＝マリーアで過ごした休暇報告は、メータ・フォン・ザーリスのシルス＝マリーア訪問報告と同様に、読者にその土地の情報を与え、ニーチェが明らかに訪問者を案内する人気スポットをいくつかもっていたことを思わせる。それはシルス湖内に突き出ているシャステ半島を含み、マローヤ村を眺望できて、シルヴァプラーナ湖の岸辺にある「ツァラトゥストラの岩場」であった。レーザは畏敬を込めた言葉であたかも聖地であるかのように、これを描写する。*55

レーザはメータのように、自分の記憶の多くを、思い出せるだけのニーチェとの会話で順序だてて書くことに努める。レーザはニーチェ自身の著作だけでなく、他の著者の著作にも注目し、ニーチェの出版や立ち居振る舞いや、健康状態に関する論評が詳細にちりばめられる。*[56] レーザの回顧録は短く断片的である一方、メータのそれは確かにより一貫としているが、貴族の育成に関するかの女自身の主張を含んでいた。メータの長いエッセイの後半部分では、ニーチェが善と悪の用語を使用するときにニーチェが何を言わんとしているかを説明し、同情と利他主義の間の区別をしようとする。

一方、レーザ・フォン・シルンホーファーはメータより若く、ずっと自分に控えめで、メータのようにニーチェの考えを解釈しようとはしなかった。エリーザベトはレーザを、ニーチェの知人関係の解放された女性たちの一人と呼んでいたが、*[57] かの女は女性運動活動家の方向に進まなかったし、また博士論文（シェリングとスピノザの体系の比較）の約束にもかかわらず、覚え書きも一切出版しなかった。レーザが自分の才能を充分に発揮しなかったのは明らかである。レーザの人柄をひもとくにはエリーザベト宛の手紙を読むのがよかろう。その手紙の二三通は、ヴァイマールのゲーテ＝シラー文書館《アルヒーフ》にあり、一八九五年にはじまり、一九〇九年で終わる。それは一人の女性が裕福な数々のサークルを動き、ゲストハウスに滞在しながら文化的な娯楽を楽しむある限度までであり、レーザの内気な性格により限定される。

かの女はエリーザベト宛の一八九八年一一月一八日付の手紙*[58]で、「実際に、わたしはきわめて孤独な生活をおくっています」と述べる。しかし、これは自分の選択によってなのです、と説明する。つまりかの女は決して結婚をせず、結婚に二つの要求を課していたからであった。一つに結婚相手からの大きな愛、二つに豊かな資産。中産階級の結婚でこの二つを満たすことは通常かなわないと、かの女は言う。早い段階にかの女はあきらめて結婚しないことにし、独身のゆとりで我慢することにしたのだった。[*59]けれども最後にレーザは、ペンションからホテルへと、次々に滞在場所を移動する生活とヨーロッパの楽しい場所を巡り歩くことに満足できなくなって、「ここそがわたしが住みたい場所、死にたい場所である」と自分に言えなかったと、一九〇六年一〇月二二日付のエリーザベト宛の手紙で書いている。

皮肉なことに、この余裕ある発言にもかかわらず、第一次世界大戦後、レーザはたいそう切り詰めた生活をしなければならなくなった。それは投資していた国債が暴落したのと、安易にヨーロッパを旅して回ったせいで、かの女はピアノや語学指導で生活資を稼がねばならなくなったからだ。

ニーチェとレーザの関係にあって、かの女はニーチェを元気づける自分の能力を最優先したように見える。この開放的なかの女の性格が、晩年の生活では沈み込んでいくようになった。かの女自身はエリーザベト宛の手紙で、ニーチェとの大きな年齢差とその知恵と比べて、自分の若さと無知を強調した。レーザは一八九七年二月二二日付のエリーザベト宛の手紙で、ニーチェとニースの下宿で過ごしたときの思い出を語り、自分たちはおじと姪と思われていた、と書いている。二人がおじと姪としてコルシカに旅行するというのが、ニーチェの考えであった。残念ながらこれは実現しなかったと、かの女は付け加えている。[*60]むろんこれは、マルヴィーダの意図からまったく遠いものだった！――しかしメータとニーチェの友情が、互いに理解し似た者の心の、うまくいかなかった出会いが、どの程度のものなのかを示すのに役立つ。ニーチェはレーザをいかにも優しくいたわるような態度で、「おもわず人をほほえませる人」[*61]と呼んだ――それでもかの女がかれに好印象を与えたことを、ニーチェは認めねばならなかった。レーザは別れを告げるとき、かの女の愉快な笑い声をまた聞けるのはいつだろうかとたずねたニーチェは、明らかに感動していたと報告している。[*62]

縁組みについて、ニーチェが、レーザには魅力がないという手紙を寄越したとき、マルヴィーダが期待したどの望みも粉々にくだけ散った。じつにニーチェは、醜いものに我慢がならなかったのだ。

「優しいレーザ・フォン・シルンホーファーが、かの女の友人の一人（フォン・ヴィルデノヴ嬢）と一緒にシルス＝マリーアにいます。誠に残念ですが、バーゼル語で言うと、レーザは美人ではありません！　わたしは自分の近くに長く醜いものがいますと我慢がなりません（ザロメ嬢に関して、わたしは少々の自己抑制がその点では必要であると思います）[*63]」

ここでわれわれは、メータ・フォン・ザーリスの例で見たように、ニーチェが友人女性にどのくらい不誠実であったかの事例を見よう。特にニーチェに対するかの女たちの誠実さを考えると、いかに不当なものかと、わたしは思う。実にメータもレーザも、精神崩壊後のニーチェの利益擁護では際立っていたし、自分の都合で真実をねじ曲げるエリーザベトの数々の企てに反対した――だが、レーザはメータとは違って、エリーザベトとの友好関係にとどまった。

エリーザベトは、ニーチェとレーザの友情関係の正確な状況をかの女から聞き出すのに、かなりの説得が必要であった。というのも、エリーザベト宛の一九〇三年二月一二日付の手紙にあるように、レーザは繰り返し、公表を避けたいと強調したからである。

「実は、わたしにとっての、あなたの兄上との結びつきとなる魅力のある詩的な思い出を、世間と分かち合いたいとは決して思いません。それはわたしにとりその魅力のすべてを粉々にするでしょう。

そういうわけで、わたしは何度もわたし宛の書簡の公表を諦めるようお願いするのです。その他にあなたが公表する際に、わたしに触れることのないようお願いいたします。わたしは取るに足りない人間で、このままでいたいのです[*64]」

これは明らかに公表を避けたいレーザの気持ちを示している。とりわけ、ニーチェの自分宛の八通の手紙を、私的な領域に置いておきたかった。かの女は、ヴァイマールにエリーザベトとニーチェを一八九七年に訪問した後も、ニーチェが五六歳であった日に墓場を表敬するため（一九〇〇年八月二五日死去）一九〇〇年にエリーザベトとレッケンに旅行した後にも、この立場に固執した。

しかし、エリーザベトは容赦しなかった。かの女は主義としてニーチェの手紙を引き渡すように求めた。欲しいものを求めた人たちにニーチェ文書館の自分のところに招待するのは、かの女の一つの戦術であった。病気であるとはいえ、ニーチェに会えるチャンスは、効果ある魅力であった。エリーザベトのあらゆる骨折りにもかかわらず、いまだ協力しなかった人たちは、可能であれば告訴された(オーヴァーベクは、同じような状況で大量の手紙を隠匿した)。

レーザ宛のニーチェの手紙について、レーザは一九〇六年まで手紙の送付に同意しなかったけれども、[*65] エリーザベトは予想通り我を通した。指摘した通り、レーザはニーチェの過去を新たに作り直すエリーザベトの手助けについては拒否した。例えば、エリーザベトが、ニーチェがマックス・シュティルナーに好意的であった[*66]とレーザの確認を得ようとしたとき、またニーチェの父親が脳病死ではなく、転倒死だという確認を得ようとしたときである。[*67]

このことを考えれば、エリーザベトが『フリードリヒ・ニーチェとかれの時代の婦人たち』でレーザを軽くあしらっているのは驚くにあたらない。レーザが何者であるかを説明するのに、半ダースにも満たない文章しか割り当てないのだ。それにもかかわらず結局エリーザベトは、自分の本の一一ページを埋めるため、レーザを説得して八通の手紙を手渡させたのだった。

ニーチェのレーザ・フォン・シルンホーファーとメータ・フォン・ザーリスに対する取り扱いから浮上してくるものは、自分にとって理想の女性は身体の上の魅力であり、かつできるだけ知的でないことだと、ニーチェは表明する——自分自身を信じ込ませようとする。これはかれの著作と、インテリ女性とかなりの時間をむしろ喜んで費やしたという対照的な証拠との間に、大きな開きがある。その中のインテリ女性の幾人かは、ニーチェを結婚相手と喜んで思ったかもしれない。だが、この種の可能性を避けるために、あるいは言葉を変えて言うならばおのれ自身を欺くために、ニーチェは妻となる女性の若さと美を主張することによって賭け金をつり上げた。だから即座にかれは、自分にはあまりに歳がいき過ぎているとしてナターリエ・ヘルツェンを拒否することができた。

　ニーチェはマルヴィーダと滞在していたソレントから、エリーザベト宛に次のような手紙を書いた。

「こちらでは皆がナターリエ・ヘルツェンを考えてぼくを説得します。お前はどう思うかね？　でもね、かの女はもう三〇歳だよ、一二歳若ければいいのだがね。その他の点では、かの女の礼儀作法と精神はぼくには申し分ないよ*68」

　その他の点ではという言葉は、純粋な反対理由としてニーチェのナターリエ拒否が嘘であることを示している。ニーチェは若きレーザに出会ったとき、かの女が気に入らない理由（レーザの器量のよくないこと、そしておじ―姪の距離を置いたカムフラージュ）を見つけなければならなかった。われわれはそのことを既に知っている。ナターリエがふさわしかったという事実は、ニーチェがかの女を断るもっともらしい別の口実を見つけねばならなかった。

　無意識のレベルで、ニーチェは第一章で論じた理由から、結婚をする意図がなかった。つまりかれのルー・ザロメへの失望が実際に深刻で苦しかったからであり、それは妻の可能性ある者を失ったというよりは、見込みのある弟子と友を失ったためであった。

ヘレーネ・フォン・ドゥルスコヴィッツ（1856-1918）

ヘレーネ・フォン・ドゥルスコヴィッツはひじょうに知的で、精力的な性格であった。かの女はニーチェ思想の長所に挑戦することができた。かの女の学友のメータ・フォン・ザーリス、レーザ・フォン・シルンホーファーのどちらも進んではしなかったことである。

ヘレーネはウィーンに生まれ、わずか一七歳で音楽学校の卒業試験に合格した。それは当時としても高く評価され、そして二二歳でチューリヒ大学から博士号を得た。

一八八四年ニーチェは、チューリヒ訪問の途上で出会ったヘレーネに、ルー・ザロメに見いだした希望の弟子になりかわる期待をしばらく抱いた。ヘレーネが早い時期に戯曲をいくつか書く試みをしたことは——そのあいだE・レネのような偽名を使用しながら[*69]——これらの作品が面白味のないつまらない文学作品であったにしろ、かの女の学友たちがしなかったのに、なぜヘレーネ・フォン・ドゥルスコヴィッツがニーチェと論争したのか、なぜニーチェを動転させたのかを洞察させる。

かの女の最初の戯曲『スルタン』（一八八二）はインスタンブールを舞台にした陰謀劇だった。その後ヘレーネは女性解放運動へとテーマを転じて、『女性解放運動家』『女性教育家』『インターナショナル』を書き、この三作品は一八九〇年に出版された。文学的な功績から見れば、重要さに欠けると言わざるを得ないが、この三つの戯曲は上流階級で繰り広げられる男女間の駆け引きを見せてくれるユーモラスな試みであった。

『女性教育家』は、女性家庭教師が両親の承諾なしに自分の考えで少女たちの結婚相手をうまく手配し、劇は笑劇として展開していく。『インターナショナル』は、中産市民階級の結婚に関しいくつか重大な提起をしているので、いっそうわれわれの注目を引く。舞台は二人の中高年のドイツ人姉妹アーデルグンデとヴァルブルガ・フリーデンスホルストの経営するペンションである。お客の一人、滑稽なシュニットラウフという男は、ディレッタントの作家兼批評家で、以前歌手であったメラーニェと結婚している。メラーニェは、ルーマニア人の客カタレスカ夫人に、自分が結婚生活に失望し不満であることを打ち明けて、次のように言われる。

カタレスカ夫人　自分を解放し（Emancipez-vous）、またあなたの芸術に復帰するのです。わたしは今あなたが言おうとしていることが分かりますよ。ご亭主は今あなたに殿様風を吹かし、あなたを主婦扱いしましたね。かれはうぬぼれて（vaniteux）、その虚栄からあなたが自分よりもっと偉くなって欲しくないのです……ところがあなたは反抗する強さ（L'energie pour resister）がない。それがドイツの女なのです（Voila la femme allemande）。ドイツの女性はあまりに卑屈です……簡単には革命家（revolutoinnaire）になれません。不幸なことにそれは事実です。ドイツの女は他の国の女性より遅れています。わたしは典型的なドイツ女で、抵抗する強さがありません。自分自身の隷従から夫に主婦にされているのです。[*70]

これは、この芝居が展開される言語上の低俗さを示しているけれども（例えば、カタレスカ夫人がフランス語で塩味をきかせることなしにはドイツ語を喋れない）、ドイツの主婦の境遇についての所見はよくできている。オーストリアの社会もドイツの社会同様、法律ははっきりと家父長的である。

ヘレーネ・フォン・ドゥルスコヴィッツは、女性解放運動によってどんどん活動的になっていく。そして女性解放運動の定期刊行雑誌二冊、『聖なる戦い』*Der Heilige Kampf*や『戦いの叫び』*Der Fehderuf*を発刊するようになる。これはヤンツによると、男性に向けた攻撃によって際立っていて、そのために「人はただ頭をふり、笑って読むだけである」[*71]。

ヘレーネ・フォン・ドゥルスコヴィッツのフェミニスト作品に関し、ここでヤンツと論争するのがわたしの目的ではない。わたしが述べておきたいのは、先述の『インターナショナル』の文章と、ドゥルスコヴィッツ作の笑劇の全てが、女性はそもそも書くべきではないという証明と嘆かわしい印象をニーチェに与えたことであろう。すでに見てきたように、女性の著述はニーチェが即座に否定するものであった。もしもニーチェが精神を病まなかったならば、ヘレーネ・フォン・

ドゥルスコヴィッツの戯曲に対しいくつか辛辣な批評をしただろうと、われわれは予想する。

だが実際には、ニーチェの否定的な批評は、かの女の哲学的なエッセイのために取っておかれた。ニーチェはイギリス文学に関するかの女の批評に褒め言葉しか言わなかった。例えば、ジョージ・エリオットや、E・B・ブラウニング[※4]や、ジョアンナ・ベイリー[※5]の同時に出版された三つのエッセイである。これらとかの女の批評『パーシー・ビッシュ・シェリー』[※6]（一八八四）は、エリーザベト宛の一八八四年一〇月二二日付の手紙で、ニーチェから読み物として薦められるべきであると書かれ、「ドゥルスコヴィッツは、ぼくの哲学になんの害も与えない、高貴で上出来の人であると思う」とコメントされている。

二年後ニーチェは、ヘレーネに対して自分の考えを変えざるを得なかった。それは、ニーチェがかの女のフェミニズムが嫌いだったからではなく、かの女が著作中で、あえてニーチェ哲学を攻撃していたからであった。とりわけ、敗北者としての道徳と習慣に関するニーチェの攻撃に対して、かの女は挑戦的に展開し、『宗教の代用としての数々の近代の試み　一つの哲学的エッセイ』（一八八六）の中で、いかにして道徳上の基準が世俗世界で支持されるかに関し、かの女自身の提案をした。それは、直観的に理解された、責任の受理に基づく人間の善と悪の基本的な認識に基づいている。

このエッセイはニーチェとかれの「超人」への直接的な論争となり、その攻撃はかの女の次のエッセイ『いかにして意志の自由の仮定なくして責任能力は可能であるのか？　一つの研究』（一八八七）で、ニーチェを批判するだけでなく、カント、ショーペンハウアー、パウル・レーをも批判する。
ヘレーネは次のように問う。

「人間の行為を必然の姿においで考察することにこだわり続けなければならないと思う人は、……自然の声を理解しない、しばしば自然の手段の不充分な選択と適用でもって、自然が全力を挙げて何を目指しているのかを、認識できない[*72]」

ニーチェはカール・シュピッテラー宛の手紙[*73]で、怒りと失望を爆発させた。「あの小さな文学とんまのドゥルスコヴィッツはぼくの弟子なんかではない」と。

ヘレーネ・フォン・ドゥルスコヴィッツはとどまることを知らず、「新説に関する諸考察」(一八八八)という短い論文で自分の考えを擁護した。その中でかの女はダーウィンの進化の原理を手がかりにして、道徳の責任発展を論証した[*74]。これは自然に向かってかの女の多少神秘的な考えとまじりあい、これによって倫理的な世界秩序の形成を期待できるというものだった[*75]。

一八八八年の秋、かの女は攻撃に戻り、『オイゲン・デューリング　かれの評価のための一論文』(一八八八)で、ニーチェに反対してオイゲン・デューリングを弁護する。

「事実、正義の形式は反作用の感情の根にあり、この問題に関するニーチェ自身の考察は不完全であいまいである——ちなみにこれはニーチェのすべての意見表明に属する特徴である」[76]

メータ・フォン・ザーリスは（一時、自分の性を卑しめる女性の傾向を批判したことを忘れてしまっていた）[77]、ヘレーネ・フォン・ドゥルスコヴィッツの哲学的な攻撃に対するニーチェの反撃に、おおかた味方した。ヘレーネがニーチェに対する批判的な攻撃に不器用であることを、メータは指摘した。そしてメータが挙げているように、ニーチェは「知的な剽窃という否定的な表明」で深く傷つけられ、それにいくぶん見下したように「この哀れな人はすでにとうに精神を病んでいる」[78]のだと、メータは付け加えた。これは一八九七年のことであった。ヘレーネ・フォン・ドゥルスコヴィッツは実際に一八九〇年代の間に精神を病み、二十年間以上も狂気にあった。しかし、このことで、ニーチェと同じようにかの女の著作の功績に盲目的であってはならない。

ヘレーネの創造的な著作には多少へぼ詩人の向きもあり、加えてレーザ・フォン・シルンホーファーで見たように、ヘレーネは当初の約束を果たさなかったようにみえるが、その批判的なエッセイは時代の風雪に耐え、われわれの注目に値する。この点では、批判的な判断が停止してしまうところで――これはメータにもレーザにも起こったように見える――、かの女はニーチェの魅力と紳士道には捉えられなかった「新しい（めざめた）女性」の一人であった。ニーチェの失望は、かの女の哲学の誤りにあるのではなくて（それは適切な指摘であったろう）、かの女がニーチェ自身の考えから離れたことの失望であった。

ニーチェは一八八一～八八年の数夏を、シルス＝マリーアで過ごした、かれは昼食にアルペンローザホテル（ホテルは数十年間空いたままで、傷みがひどかった）に行ったとき、実際にかれは接見のようなことをやった。かれの願いは明らかに別々に席をとって単に食事をするというものであったが、知的な女性たちのお供という喜ばしいことで、ときどきくつがえされた。エリーザベトは一八八〇年代中頃のチューリヒからニーチェを訪問しに「続々とやってくる女子学生たち」についての話をしている。[*79] しかし、そこにはヘレン・ツィンメルンのような他の女性客もいた。

ツィンメルンは一八八四年と八六年の夏の休暇をシルス゠マリーアにフィン母娘を伴い過ごしていた。ヘレン・ツィンメルンは、かの女の『アルトゥール・ショーペンハウアー　かれの生涯とその哲学』（一八七六）によって、イギリスの最初のショーペンハウアー紹介者であった。この手腕によりかの女はヴァーグナーから賞讃され、激励された。同じ年ヴァーグナーはバイロイトにかの女を招待し、そこでニーチェと会った。かの女は多数の他の優れた人たち、例えばレッシングの作品も翻訳した。むろんのちにニーチェもとりあげ、一九〇六年に『善悪の彼岸』を訳したが、オスカー・レーヴィのエリーザベトとの翻訳権交渉中は出版が延期され、この本は一九一〇年まで刊行されなかった。また、一八八八年のメータのシルス゠マリーアの訪問は、特別にニーチェと懇意になった。のちになってかの女はニーチェの精神崩壊以前にかれと一緒にいられたこの機会を、とても喜んだのだった。[*80]

明らかにかれとの交際を喜ぶ一群の才能ある良家の女性たちから、ニーチェは引っぱりだこであった。この女性たちはかれの出版物の女嫌いの発言（むろん、かの女たちはかれの手紙で自分たちがなんと言われたかを知る由もなかったけれども）を無視する選択をした。むしろかの女たちは女性に対して非のうちどころのないニーチェの礼儀正しさを語ることで、かれを弁護した。
エミリ・フィンは一九〇八年のある記事で、こう書いた。

「ニーチェの幾人もの優れた婦人たちへの誠実な友情と、どの独身女性に対しても示す敬意、老若の婦人いずれにも、美醜にかかわらず、知性の有無にかかわらず、かれが女性を軽蔑しなかったことを、圧倒的に証明する[*81]」

それゆえヘレン・ツィンメルンは一九二六年の新聞記事で、女性に対するかれの「完璧な礼儀作法」を語った[*82]。メータ・フォン・ザーリスも、これらの意見に共感した。「ニーチェは女性に対しては念入りな礼儀作法で行動した[*83]」と書いている。
既に見たように、大変な精力を傾けて女性に関するニーチェの見解を分析したメータ・フォン・ザーリスは、性に関するニーチェの厳しい言葉をその友情に干渉させるつもりはない、と宣言した[*84]。かの女はむしろニーチェからよりも、急成長しているフェミニスト運動から援助を進んで引き出したかった。しかし不幸なことにニーチェの誠実な友情は必ずしも書かれた言葉にまでは及ばなかった。ニーチェがこの「新しい（めざめた）女性」たちから受けたあらゆる注目にもかかわらず――ヘレーネ・フォン・ドゥルスコヴィッツを例外として（むろん、ルー・ザロメとは異なった理由からであるが）――ニーチェはかの女たちと基本的に距離をおいていて、かの女たちとの友情を裏切る一種の狡猾さを明らかにみせていた。その狡猾さは、特に結婚の基本としてある両性間の友情重視の重要性と矛盾する。おそらくニーチェはこのことを自分で気がついていて、なによりも一八八〇年代にかれが作り上げた友情の種類は、ニーチェが望ましいと結婚相手双方に要請した相互性の基準を認めなかった。

かれが自分の知人たちの「新しい（めざめた）女性」たちから数々の賞讃を受けて有頂点のとき、エリーザベトに宛てた手紙にこう書いた。

「自主独立に万歳！──これこそはぼくが毎日考えていることだ、結婚はノーだ！[*85]」

第二部

第四章　創造的な女性たち[*1]に与えたニーチェの影響

次章のフェミニストの例で見るようには、ニーチェの影響は一八九〇年代からヴァイマール共和国に至るドイツのモダニズムと表現主義の全盛期に、芸術世界の女性たちに純粋に与えたものではなかった。[*2]この時代の男性の著述家と芸術家に、ニーチェの明確にして声だかに承認された影響があった一方で、世紀転換期をめぐる創造的な女性たちに与えたニーチェの影響は、それでも強烈であったとわたしは主張したい。

まずわたしは一九世紀後半の芸術運動内部で活動した知的な有力者を吟味しようと思う。というのもかの女たちは、一九〇五年にドレスデンに創設された男性グループ〈橋《ブリュッケ》[※1]〉Brückeと共に、表現主義はその勝利の快進撃を開始するまで、多数のドイツ芸術の民族主義的な特徴を打ち立てる手助けをしたからである。

世紀転換期の世紀末芸術にとって、二人の著述家は決定的に重要であった。ニーチェとポール・ド・ラガルド[※2]である。ラガルドの諸著作は一八七九年に出版され、ユリウス・ラングベーン[※3]は非常に人気の高かった『教育者としてのレンブラント』で一八九〇年に世に知られるようになった[*3]。この三人の思想家は皆ヴィルヘルム皇帝時代の社会を痛烈に批判し、ドイツ文化は差し迫った崩壊の危機にあると警告し、この危機はドイツ教育の履修科目の知性偏重の性格におおいに責任があるとした――それにもかかわらず、それはその他のヨーロッパ諸国の嫉妬の的であった[*4]。かれら三人の見方には収斂する箇所が多数あるように見えるだろう。しかし、このことで毒気を含んだラガルドとラングベーンの、反ユダヤ的性質が見過ごされるだろう。

ラングベーンの『教育者としてのレンブラント』は、ニーチェの『教育者としてのショーペンハウアー』の表題の使用と、その第三の『反時代的考察』（一八七三〜七六）を反響させているが、ショーペンハウアーとある程度までヴァーグナーを嘆賞している部分があるものの、ニーチェに対してではない。ニーチェはたった一度だけ挙げられているにすぎない。また標題のレンブラントは、レンブラント自身が中心なのではなく、むしろこれら自由なエッセイの口実となっている。レンブラントはオランダ人で、地理学上ではなくて、地形から見て新たに獲得したドイツ領シュレースヴィヒ＝ホルシュタインの近くに生まれたから、「真のアーリア人」と見なされる。ウィリアム・S・ブラッドリーは、この時期、ドイツ人がドイツ北部に発見した新たな熱狂は、国土全体に急成長した国家主義と密接に結びつくと指摘した[*5]。この国家主義は田園の人に与える有益さを主張する擬似ロマン主義の諸要素を含み、ビスマルク下のヴィルヘルム皇帝社会の悪徳に堕落していない、健康な民族を大歓迎する芸術家の事業計画に盛り込まれるようになっていた。

健常な労働者（レンブラントの絵画にあるような）は未来の希望として歓迎された。また、レンブラントは一六四〇年代に風景の情緒的なさまざまな可能性も調査していたので、この風景がいまや芸術の新しいモデルになった。

主としてラガルドとラングベーンによって引き起こされた知的な議論によって、芸術家たちはヴォルプスヴェーデのようなところにコロニーをつくりはじめた。そこでの主なテーマは風景と農民である。しかし、ここの芸術家たちが直面しなかったものには、ラガルドとラングベーンの反ユダヤ主義がある。今ではニーチェは精神の闇に包まれた状態にいたから、デューリングのような反ユダヤ主義者たちとやったように、ニーチェはラングベーンと論争できなかった。もしもラングベーンが一八八九年の末頃、ニーチェを引き取るという突然のきまぐれに成功していたならば、ニーチェはかれにひどく傷つけられていただろう。これはヤンツによって生き生きと仔細に報告されたエピソードである。[*6]

ラガルドは最初の論文「神学、教会と宗教とドイツ国家との関係について」（一八七三）でニーチェの賞讃を獲得していた。ニーチェは一八七三年一月三一日付のローデ宛の手紙[*7]で、読物としてこのエッセイを推奨すらしていた。しかし一八八七年になるとラガルド自身を「センチメンタルなひねくれ者」として無視した。[*8]またオーヴァーベクは一八九〇年にラングベーンを見抜いていた。[*9]

ミュンヘンの郊外にあるシュヴァービングの芸術サークルは、われわれがこれから見るように、反ユダヤ的なものも若干主催していたが、この討論に女性芸術家たちはまったく共鳴していなかったように見える。またかの女たちは日常の問題にもかかわりあわなかった。もっと驚くことは、ガブリエレ・ミュンターを例外として、フェミニズムに敵対し、すべての理論化を自分たちの男性仲間に任せる傾向があった。エーディト・クルルが言ったように、かの女たちは、男性が支配するさまざまな芸術世界の周辺に不安定に生活し、適切な教育と偏見のない知見を得ることがかなり難しかった。

「かの女たちは自分たちの力を芸術のために使いきった。芸術を政治的、社会的闘争の領域外にあるものとして、やや近視眼的に見ていた[*10]」

クルルは、芸術的才能のある女性が一八世紀に画家として自立することは一九世紀より容易である、という興味深いことを述べている[*11]。この問題の一部には、芸術が若い女性にふさわしい娯楽と見られていたことがある。まじめな女性芸術家は、かえってディレッタントのレッテルを貼付けられまいと努力した。たいていの芸術学校はかの女たちを入学させなかったから、やむを得ずかの女たちは私設のアトリエに頼らねばならなかったので、体系的な芸術教育の問題はなんの進歩もなかった。しばしば、劣る若い女性たちをたいていの芸術学校は入学を認めなかったからだ（第四章原註44を参照）。

雑誌『万人のための芸術』に、ベルリン女流画家の教育状況を調査したフリードリヒ・ペヒトの論説が掲載されている。

「美術工芸博物館の解剖学教室に『女性の入室を禁ず』の張り紙が出されたとき、最近、迫りくる二〇世紀の文化の進歩なるものが明らかになった[*12]」

プロシアでは全女性が一九〇八年まで学位修得から除外されていたのと同様に、当然、芸術入試の門も、かの女らに閉ざされていた。芸術教育の場合、入試においての女性不可は一九〇八年以降にも持続され、一九一八年まで有効であった。ヴァイマールの新憲法がやっと男女同権をもたらし、この禁を解いたのだった。

むろん、女流芸術家は自分の適性を証明するために、なんの形式的な試験なしに絵を描くことができたし、また実際描いた。だが、男性にはなかった障害物を女流画家たちが渡らなければならない意気消沈させる風潮があった。その上、女流画家たちは男性芸術家たちならば無視できる、時間の無駄でしかない上品な装いをしていることが期待された。また依頼人（客）を増やすため、まじめな芸術家と見られようとするなら、フランチスカ・ツー・レーヴェントロー（本書でのちに詳述）のようにその垣根を越えてもはや気にしないようになる以外は、自分たちの評判を守らなければならなかった。

パウラ・モーダーゾーン＝ベッカー（1876-1907）

パウラ・モーダーゾーン＝ベッカーは自身の人生に、ニーチェ風の流儀を混入させていた。かの女には一つの使命感があった。芸術は一つの重荷であり、厳しい課題提供者である、と。それでも向こう見ずにゴールに、そのゴールは常に死の間際まで自分を超えているにもかかわらず突進していく。かの女は生き急ぎ、あたかも若くして死ぬことに気づいているかのようであった。

かの女の最初の伝記作者グスターフ・パウリは敢えて、「かの女はまさにこれからというときに亡くなった[*13]」と述べた。それは思わずニーチェを想起させるものであった。かの女がわずか三二歳で亡くなったのは、ちょうど自立しはじめたときだった。ニーチェに起こったように、かの女の仕事がより広く知られるようになっても、名声に気づかぬままであった。かの女の場合、状況はきわめて違っていたけれども、ニーチェと同じく、本質的に孤独なままであった。

かの女はずっと仲のよい両親と兄弟姉妹に恵まれ、愛する夫もいた。それでも、結婚にはさまざまな緊張や失望が伴う。それは部分的には、かの女自身の要求としてかの女も認めている（今日ではわれわれが言うように）「自由行動の余地」から生じたものである。

結婚五年後の、かの女の姉妹ミリ宛の手紙に、「ときどき六週間の間一人でいられることほど楽しいことはない思う[*14]」と告白していた。当然この一人の時間を自分の芸術にささげ、永遠に更新され続ける目標に近づく努力を、かの女は望んだのだった。母親宛の手紙で「目標に向かうこの倦むことなき激しい突進は、人生で最高にすばらしいことだ[*15]」と書いた。

ベルリンのジァーン・バウクの私設女子専門学校でしばらく過ごしたのち、モーダーゾーン゠ベッカーはヴォルプスヴェーデ（ドイツ北西部ブレーメン近郊）に行き（かの女は初めて一八九七年にそこを訪問した）、一八九九年の夏を過ごした。ヴォルプスヴェーデの芸術家コロニーにはその当時、画家フリッツ・マッケンゼン、※4 フリッツ・オーヴァーベク、※5 ハンス・アム・エンデ、※6 ハインリヒ・フォーゲラー、※7 カール・ヴィネン、※8 オト・モーダーゾーン、※9 そしてモーダーゾーン゠ベッカーが親しくなった——一九〇一年にリルケと結婚する前の——女流彫刻家クララ・ヴェストホフ※10たちが住んでいた。

モーダーゾーン゠ベッカーはマッケンゼンの指導を受け、いくつかの習作を一八九九年一二月のブレーメンの展覧会に出品した。これらの作品は、ディレッタントな批評家アルトゥール・フィトガーの酷評を受けた。*16 皮肉というよりむしろ悲しいことには、『ヴェーザー新聞』に掲載された敵意ある批評記事が、かの女が生前目にしたただ一つの批評であった。数日後の大晦日、かの女は初めてパリに発ち、クララ・ヴェストホフを訪ねた。

一九〇〇年までモーダーゾーン゠ベッカーの両親は娘の将来の仕事を心配していた。しかしさまざまな問題は、オト・モーダーゾーンの結婚の申し出で決着した。パウラは嫁入り道具を揃えるためと料理を学ぶために、ベルリンに行かされた。料理の憂さ晴らしもできずうんざりして予定より早くベルリンから帰ってきたことに注目しよう。*17 かの女は、家庭生活という言葉でニーチェが承認するようなものではまったくなかったし、また当時のベルリン社会の多数のアヴァンギャルド・グループのような——かれら自身のディオニュソス的な過剰さというトレードマークを実行した――快楽主義者でもなかった。そのようなグループの一つに、ユーリウス・ハルト※11が主宰するサークルがあった。

モーダーゾーン゠ベッカーは自身をニーチェ風の「自由精神」に属すると考えていたが、一九〇一年のベルリンにいた間に、ユーリウス・ハルトのところで自由な精神の仲間と会ったとき、かの女は居心地が悪かった。ユーリウス・ハルトは著述家で自分の著書『新しい神』によって新しい宗教と、それを提起する新サークル〈新共同社会〉Die neue Gemeinschaft を設立しようとした批評家である。

スティーヴン・アシュハイムによると、

「かれらを結びつけ、かれらの活動に明らかにニーチェ的な色合いつけるものは……かれらの活動的な過程と、創造者として各個人の自己決定の中心を見つけ出すという主張であった*18」

かれらの自己決定のある部分は、できるだけ締め付けの少ない衣服を着ることであった。当時のベルリンでは、〈裸体主義〉に向かう途方もなく大きな衝動があったことを思い出さなければならない*19。つまり無垢なヌーディストたちは、イギリスのハヴロック・エリス※12の有名なピクニックで実行されたものと類似する。そこでは大胆にもブラウスを脱ぎ捨てた。コルセットを捨てて、人々がもっと自分自身の身体と自然な感情に触れるべきだという主張に共鳴するハルトの女性たちは、モーダーゾーン＝ベッカーを不快にさせた。

かの女は夫オトに、こう手紙を書いた。

「ニーチェが多く語られ、読まれる。ハルト氏によるさまざまな事件の現在の考え方や詩の説明が、大きな声で読み上げられる。芸術家の長髪も、白粉も、たくさんの締め付けのない衣類も、わたしにはあまりにむなしく思える[20]」

モーダーゾーン＝ベッカー自身は、ニーチェの大変な崇拝者であったけれども、明らかに〈裸体主義〉の理想には賛同していなかった。だがこの理想はかなり、皮肉にも本能は抑制されてはならないという（ニーチェの自然主義についての暗黙の見方）ニーチェのツァラトゥストラ声明に基づいていた。ヴォルプスヴェーデの芸術家たちは、ドイツの多くの地方で文化生活を支配していた、影響力あるミュンヘンの芸術雑誌『ユーゲント』*Jugend* のタイトルに反響する芸術様式〈ユーゲントシュティール〉[※13] Jugendstil の熱狂的な讃美に与しなかった。一八九三年にマックス・ハルベは、かれの非常に成功を収めた新戯曲に『ユーゲント』というタイトルつけて、この趨勢を利用した。

ヴォルプスヴェーデの男性芸術家にとって、ラングベーンは指導者であった。ヴォルプスヴェーデの芸術家たちが国民の表明として単純に農民を描くことを強調するのか、またワーズワースの多くの詩がとったのと同じ方法で、身分の低い国民の毎日の生活を単純に記録する試みをするかを決めなければならなかった。それをだれもいまだ国家主義的とは呼んではいなかった[21]。ロマン派時代以後から、ヴォルプスヴェーデの男性芸術家は、ある特定の田園の型を考えようとしていた。国家主義的な情熱は二次的なものであったと、わたしは主張したい。

いずれにしても、ヴォルプスヴェーデの芸術家コロニーの重要メンバーの三人、モーダーゾーン＝ベッカー、クララ・ヴェストホフ、オティーリエ・ライレアンダー[※14]の三人は、他のグループの叙情的な風景を避け、かれら自身それぞれに別の方向に向かって出発した。ライレアンダーは、あとで触れるフランチスカ・ツー・レーヴェントローと交際のあったミュンヘン時代のあと、メキシコに一七年間を過ごした。モーダーゾーン＝ベッカーも同じように田園を描く使命を分かちあわなかった。それに魅了されたのは男性グループの方だった。

モーダーゾーン＝ベッカーの場合、その道はパリに通じ、かの女はパリ滞在で、もっとも生産的に制作をし、短期間ながら貴重な経験となった。かの女は、パリでコッテ[※15]、リュシアン・シモン[※16]、そしておそらくゴーギャンに影響されたが、（作風の類似にもかかわらず）セザンヌにはほとんど影響されなかった。またかの女は彫刻家ベルンハルト・ヘトガーとその妻と親しくなった[*22]。

かの女は早くからロマン派芸術家ベックリン[※17]作品の熱狂的な崇拝者であった。明らかに、モーダーゾーン＝ベッカーは、隷従的に他人を模倣するよりは、むしろ自分自身の芸術的な声を、全力を挙げて汲みとる努力をした。この時代の女流画家におけるあらゆる面の、女性を取り囲む拘束を考えると、これは誠に注目すべきことである。既に見てきたように、多数の巧妙な方法で女流画家たちは周辺的な地位に追いやられていた。例えば単純に、男性画家よりもかの女たちは期待されることが少ないという事実からも明らかである。モーダーゾーン＝ベッカーの夫でさえ、妻の才能を過小評価し、死後アトリエで見つけた、かの女の作品の量と質に驚いたのであった。

他者に対してモーダーゾーン＝ベッカーは控え目であったが、自身に対しては厳しい原理を適用し、ニーチェから少しずつひろい集めたもので自分の将来の才能を信じた。モーダーゾーン＝ベッカーは、ロシアの若い女性貴族マリ・バシュキルツェフ[※18]に共感したが、この貴族の女性はモーダーゾーン＝ベッカーと同じように、自分を並はずれていると思っていた（かの女の多才さからみて、至極正当であった）。そして同じように自分は若死にするだろうと予感していた[*23]。

モーダーゾーン＝ベッカーは、「ニーチェの無宗教的な自己主張[*24]」に対するかの女の好みと、自分の妻として義理の母としてのもう一つの責任を調和させようと努めた。この衝突は、かの女が痛切に自覚していたものの一つで、理性に基づくものであった。かの女はツァラトゥストラの自己犠牲の拒否に同意していたが、同様に、ニーチェ思想の他の教義にも賛同した、例えば高貴なタイプを、平均的な人間値とは異なる価値を適用する呵責ない指導者を信じていた。

クルンメルが指摘したように[*25]、モーダーゾーン＝ベッカーは、ナポレオンや自分の運命形成者やかの女が「巨人」と呼ぶ人たちを嘆賞した。これはおそらくニーチェに由来しているのであろう。

モーダーゾーン＝ベッカーは一八九九年三月の日記に以下のように書いた。

「『ツァラトゥストラはこう語った』を読了。すばらしい作品。ニーチェは本当に新しい価値をもった巨人なのだ。かれはしっかりと支配権を握って、力の最大限を要求する[*26]」

しかしながら現実に事態がそうなったとき、モーダーゾーン＝ベッカーは、自分の本当の能力が実現され、必要と感じるとき、他人に対して無慈悲になることができなかった。オスカー・シーラーが一九二三年の『案内書』の批評欄[*27]で指摘したように、夫オト・モーダーゾーンが妻に帰るよう頼んだとき、かの女はおのれ自身の利害を犠牲にし、断固たる決断でパリを発ち、ヴォルプスヴェーデに向かった。かの女は妊娠して娘を出産し、一二月に病気になり死亡した。

モーダーゾーン＝ベッカーの子供のテーマは、ロマン派時代の確立したドイツの伝統内に置かれる。かの女の制作方法は、新境地を開いていた。シューラミス・ベーアによると、モーダーゾーン＝ベッカーのテーマである母性への関心は、ヴォルプスヴェーデの母親たちに関係する一八九八年の日記の記録からはじまり、ほどなく「大地の母」という神秘的な次元を持つようになったという[*28]。それはのちに、かの女がリルケを通して知りあったエレン・ケイの思想におそらく影響されたのであろう。むろんケイは、女性の運命（第二章に論じられたテーマ）としての母性の考えを支持するためにニーチェの女性観を理解する限り、その女性観の熱狂的な支持者であった。マリア・ヘヒトが一八九八年に指摘した通り、世紀転換期の多数の創造的な女性たちは、女性のテーマたる子供の出産を通して実現することで、女の運命である妊娠を強調するニーチェに答えたのである。

「『ツァラトゥストラの目的は常に子供である』、これが新しい女性たちの著述から鳴り響いてくる、これは多数のやり方で著述に分かりやすく説明されている[29]」

右の中でマリア・ヘヒトがそれとなく示そうとしていた矛盾が、ここに含まれていた。というのは、女性の充実としての母親の役割という、その時代に広く普及していた世論を反映していた。それは近代的な考え方というより、むしろ古くからの伝統的な考えであったからだ――それは見過ごすわけにはいかないものだった[30]。

〈裸体主義〉と〈ユーゲントシュティール〉の熱心な芸術家の女性の描写は、金髪で無抵抗、奇妙なことに男女の別がなかったが、対照的に、モーダーゾーン＝ベッカーは大胆に裸体を描き、皮膚の皺も女性の肉体の曲線も省略しなかった。しかしかの女は、フェミニストと評価されなかった。かの女のケイに対する賞讃から見て、多くの同時代人同様に、フェミニストと期待するものはいなかっただろう。かの女は、フェミニストをキーキーいうガミガミ女と見なし、群れなすかれらを好きになれないと要約した。つまり、「女性解放運動はきわめて醜悪で、徒党を組むと不愉快である[31]」。

既に指摘した通り、女流芸術家が政治的に活動的であることは普通なことではなかった。特にフェミニスト運動はそうであった。モーダーゾーン＝ベッカーは男まさりの女の一人として烙印を押されないよう望んだ。だからこれは、女性解放運動に根深い敵意を持ったニーチェの影響なくしても理解される。たとえそうであっても、モーダーゾーン＝ベッカーは例えば、自然体の裸体の母親の、うっとりと自分の子供を凝視する姿を見せて、おのれ自身のフェミニズムの烙印を押したと、わたしは主張したい。それは、しばしば見受けられる覗き趣味的な男性の絵からは見慣れない、描写の方法である。[32]

女性の肉体を描くときのモーダーゾーン゠ベッカーの率直さは、カール・シェッフラーからは不愉快と見られた。かれは底意地の悪い女嫌いの芸術学者で、モーダーゾーン゠ベッカー本人を「少々ヒステリー気味」[33]と貶した（まったくの復讐心からの発言）。そしてかの女の才能を、「深みよりむしろ平凡」と評し、かの女の業績を真の女性芸術としては認めないとし、さらにパウラ・モーダーゾーン゠ベッカーはよい絵画のなんたるかを正しく知らないと言って差し支えない、[34]とつけ加えた。明らかに、シェッフラーの方がよい絵画がなんたるかを正しく知らなかったのだ！

アヴァンギャルド芸術の女流画家たちに対するシェッフラーの攻撃に話を戻そう。当座は、ニーチェの創造的な女性たちに関するコメントは、しばしばシェッフラーが発したコメントと同じく、失礼なものだったと言いおくだけで充分である。思い出さなければいけないのは、ニーチェの熱烈な古代ギリシア讃美は、ギリシア芸術が崇高であるという事実に大部分基づいていた。これに対してもっとも適切なことは、ギリシア芸術はもっぱら男性だけで制作されていたことである。ニーチェが正確に言わんとすることは、つまり、ギリシアの女性たちの家庭内の生活こそが、あのギリシア文化の花を生み出すのに決定的であったということだ。

この章の議論にある女性たちのだれも、ニーチェ思想のこの面について煩わされるものはなかった。これは矛盾に聞こえるかもしれないが、かの女たちは自分たちを自由にする力であると、ニーチェのことを見ていた。確かにニーチェの、高貴な価値観と個人の自由原理に関する革新的な思想は、モーダーゾーン＝ベッカーが自分の人生を現実に生き抜く道を鼓吹するものだった。ニーチェの影響はかの女を前進させ、創造へと推し進めるのに重大だった。これはいくら言っても過言にはなるまい。さまざまな理由から、ニーチェの女嫌いを無視することを選んだ第三章の「新しい（目ざめた）女性」たちのように、モーダーゾーン＝ベッカーも単純にニーチェ思想から利用できるものを選択した。それに基づいてかの女は生涯、ニーチェの熱狂的な崇拝者であり続けたのである。

ニーチェとミュンヘンと女性たち

マリアンネ・ヴェレフキンとガブリエレ・ミュンター（両者とものちに詳細に述べる）は、ミュンヘンの〈青騎士〉《ブラウエ・ライター》[※19] der Blaue Reiter によって構成される親密なサークルの一員だった。この相互関係に障害がなかったわけではない。ペーター・ラーンシュタインが指摘した通り、ミュンターは母方がアメリカの血筋を持つ中産階級のドイツ人であり、ヴェレフキンは軍人家系の出身で、将軍だった父親は、サンクトペテルブルクの総督にまでなった。[*35] またかの女の保護者たるヤウレンスキー[※20]とミュンターの愛人カンディンスキー[※21]は同じくロシア出身であった。

四人は皆、また〈青騎士〉の他のメンバーも含めて（マルクとマッケを含め、この派の人と共に展示をしたその他何人かの女性をも含めて、すなわち、エリーザベト・エプシュタイン、[※22] マリア・マルク、[※23] ナターリア・ゴンチャローヴァ）、[※24] ニーチェの考えに熱狂していた。しかし、この時代に活動しはじめた他の知的な影響を、われわれは忘れてはならない。例えば、既に言及した〈裸体主義〉、民俗芸術に流れ込んでいくラングベーンの魅力的な国家主義の表現形式、言わずもがなのその時代の芸術界の他のさまざまに革新的なもの、例えば、キュビスム、カンディンスキー自身の革新的な諸理論（次に論じられる）などである。

ここでは女性たちは、かの女たちのサークル内の男性たちに理論化を任せて満足していたと見られるが、これによって、モーダーゾーン＝ベッカーの例と同じく、かの女らの途上にニーチェの新たな芸術的評価の影響を与えなかった。しかし、かの女たち自身が自らの能力を発見しようとする願望に影響を与えなかったということではない。

カンディンスキーは、女子学生に対する伝統的ないかなる障害も容赦しなかった。かれの影響は、ガブリエレ・ミュンターやマリアンネ・ヴェレフキンなど女性たちが活躍したミュンヘンの雰囲気を創りあげるのに、きわめて重要であったと思われる。それにしてもミュンヘンはドイツの他の地方でできうる以上のものを、女流芸術家たちに提供した。またミュンヘンは、イーカ・フロイデンベルクによって指導された女性解放運動の急進的な活動の中心地で、ミュンターは金曜日の夕べの集会に出席することによって、その運動を支援した。

それでもミュンヘンの女性問題に対する開放的な雰囲気は依然として地方的なもので、より閉鎖的で、より陰険で、それがシェッフラーのような芸術史家の気の抜けた賞讃の対象であった。

かれは、女性の優しい性格に適った最善のテーマを描くことを薦め、それには「抽象（画）は適していない」「抽象は理性と知性の使用である」と言う。「女性は知性的な芸術なしで充分にやっていけると言っても、過言ではない」[*36]。女性の調和的な性格の議論では、もしこれが混乱させられれば、女性の性は歪められたものになろうという警告が、たえずついてまわった。

「女性が自分の調和的な統一を壊し、自分自身を強制的に一面的方向に意欲させ、女のほとんど男まさりの態度は、この決定に対して病弱や病気、また性感情の枯渇や変態や不妊症で、常に償いをしなければならない[*37]」

これはむろん、この問題についてのニーチェ自身の見方と同じである。『ズィンプリツィスィムス』や『ユーゲント[*38]』のような雑誌に、女流芸術家を男まさりとして描いたり、ネクタイや男の短靴を身につけさせたり、男の態度や姿勢を取らせたりする風刺漫画を見るのは、至極あたりまえのことである。この女性たちこそまさしく男まさりの女の典型であった。モーダーゾーン＝ベッカーや良家出身の自敬の念のある女性たちいずれもが、適当な距離を保とうとした女たちであった。

フォン・ヴォルツオーゲン男爵[※25]の世紀転換期の小説『第三の性』（一八九九）は、小説のタイトルそのものによって、性差別論者の中傷を永続化した。この小説の背景は、ミュンヘンのボヘミアン的な知識階級で、ミュンヘンのアヴァンギャルド芸術家のちょっとした鍵となる小説である。

「芸術作品としての結婚」『ユーゲント』第 15 巻 34 号、1910 年、798 頁。
〈ヨアヒム・ヴェレンカンプは今何に忙しいの？〉
〈かれは銀行家と妻の、芸術のアドバイザーね〉

「ハンス・フォン・マレーの展覧会の女性たち」『ユーゲント』第 14 巻 12 号、1909 年、268 頁。

「現代の芸術家の結婚」『ズィンプリツィスィムス』第 3 巻 52 号、1899 年、413 頁。
〈今日の芸術の革新によってようやく芸術家の理想的な結婚が実現した。夏には夫は戸外でわたしと風景画を描き、冬には夫とわたしはアトリエでレース編みです〉

優雅で魅力的な画家フォン・ロビエセック夫人（かの女にこの本は献呈されている。ハスキーな声でフォン・ロビェセック夫人は第三の性に分類され、性異常と烙印された[*39]）が、この小説の中心で、両性具有の傾向があったとされるヴェレフキン（第四章原註70を参照）と、出産前にもっとも激しい異性関係のあったレーヴェントローとの融合に基づいている。小説の筋書きの同性愛者としてのフェミニストの像は、おそらくミュンヘンで一緒に生活していたリーダ・グスタファ・ハイマンとアニータ・アウクスブルクの関係をほのめかす。「新しい女性」という用語は、第三の性が妻と母親であることを望まない女性たちで構成されるヴォルツオーゲンの主張を、軽蔑的に指摘するために使用される——その人物の一人、アルヌルフ・ラウはかの女たちを「生来の両性具有者」と定義する。

「わたしは、自然な性癖または環境の力によって自分自身を義務と恵みを伴う性ある生き物とはもはや見なくて、単に人間の同胞として認めるあらゆる種類の女性を、『第三の性』の概念に含めている。女性の運命の義務をいつも放棄しなければならない女性たちは無数にいたのである。女性にとってこの放棄は困難ではなかった。というのはむしろかの女たちの官能的な性癖も母性本能も充分に成長していなかったからだ……今日の女性解放運動の目的は、オールドミスに革命的な変化をもたらすことである[*40]……」

ここから見てとれるように、専門職に努力するあらゆる女性たちは、あからさまに言われないが、同性愛という中傷の危険があった[*41]。

確かなことは、女性に関するニーチェの発言が、このような状況を引き起こす助けになったことだ。エミール・マリオトが指摘したように、[*42]ニーチェはかれを支持する人たちに対してさえ、「新しい（めざめた）女性」を男まさりとして愚弄する場合、あまりに行き過ぎであった。その点で典型的なヴィルヘルム皇帝時代の人であったけれども、シュヴァービングの女性たちに関しニーチェによって吹き込まれたヴォルツォーゲンの小説は、ニーチェの反フェミニストの偏見を永続化する。

シェッフラーやフォン・ヴォルツォーゲンのような一般に承認された女嫌いの風潮を助長した性差別論者の攻撃は、多数の有望な若い女流芸術家たちを意気喪失させたが、これとは対照的に、カンディンスキーの支援は、尋常ではない迫力があった。一九〇九年にかれは〈ミュンヘン新芸術家協会〉Neue Künstlervereinigung München を創設した。一九一一年にはカンディンスキーはこの団体を脱退したが、かれが三年間会長を務めている間、この芸術団体の展覧会では多数の女性たちの作品を展示した。[*43]

ガブリエレ・ミュンター（1877-1962）

ガブリエレ・ミュンターは一九〇〇年に、二年間のアメリカ旅行から帰郷したが、自分が何をしたいのかをいまだ明確にできないままにあった。そこで友人のマルガレーテ・ズースマンの示唆によって、芸術を勉強するためミュンヘンに行った。ズースマン自身はニーチェの熱狂者（第四章原註61を参照）で、これから見るように、世紀転換期のミュンヘンの雰囲気全体がニーチェの影響を証明していた。

一九〇〇〜〇二年にミュンターは、〈女流芸術家協会〉Künstlerinnen-Verein の援助のもと、一八八四年に設立された女子芸術院のジャンクの下で勉強した。一八九四年にバイエルン政府がこの芸術院に年間二千マルクを譲与し、それによって女流芸術家の正式教育への門戸が開けたのである。既に指摘したように、女性たちはドイツ中どこの芸術院への入学も認められていなかった。[*44] このことからミュンヘンはドイツ女性にとって、また同時に男性にとっても芸術の中心になっていった。まもなくミュンヘンはヨーロッパのアヴァンギャルド芸術家の中心として、パリに次ぐ中心地となる。

一九〇一年にミュンターは〈ファランクス〉Phalanx という芸術家グループに加わった。最初ヴィルヘルム・フュスゲン[※26]の指導を受けていたが、一九〇二年にカンディンスキーにあおぐことになる。またミュンターは〈ミュンヘン新芸術家協会〉が主催した三回の展覧会すべてに出品した（一九一一年脱退）。モッホンが指摘するとおり、この小さな集団の中で、ミュンターは自分をまじめに職業画家と見なした、ただ一人の女性だった。[*45]

かの女とカンディンスキーの関係は、一九〇三年から一七年まで続いた。カンディンスキーはロシアの従姉妹と結婚していながら、一九〇四年までにはミュンターとの関係を公然のものとしたものの、[46]ガブリエレ・ミュンターは一九一一年にかれの離婚が成立した後にも結婚しなかった。かれらは一九一五年にストックホルムで再会し（カンディンスキーはロシア人であったので、第一次世界大戦中は亡命を余儀なくされた）、翌年にはカンディンスキーは同地を去って、この恋愛関係は終わった。まもなくカンディンスキーはロシア人女性と結婚し、ストックホルムでの再会後、二度とミュンターとは会わなかった。

一九〇九年ミュンターはミュンヘン近郊のムルナウに家を買った。かの女は広く旅行を続けたけれども、その家が残りの生涯の住まいとなった。かの女は八〇代の高齢に至るまで画業を続け、青春時代の仲間たち（マッケやマルクのように第一次世界大戦で死んだ者）とは異なった方向を歩んでいった。

われわれにとってミュンターは、実際に重要で著名な画家として異彩を放つ。[47]その作品は、カンディンスキーやその他の友人たち、なかでもズースマンを通してニーチェに影響された。かの女は自分の作品にニーチェから受けた影響についての証明は残さなかったが、しかしカンディンスキーは確実にニーチェに大変な感銘を受けていた。ミュンターにもこの熱狂が残されたものと、われわれは推測する。

ミュンターはカンディンスキーとの初期の関係の時期にかれの大きな魔力下にあった。それからは一九〇八年に、カンディンスキーのルドルフ・シュタイナーへの熱狂を分かちあった。これは驚くことではない。シュタイナーは、自身の運動〈人智学〉を創設するまで、ドイツ神智学の支部長であった。[48]シュタイナーはニーチェから大きな影響を受け、ヴァイマールに生活して、ニーチェ文書館《アルヒーフ》に引き寄せられ、一八九五年にエリーザベトと面会した。

世紀転換期の知的な影響のどの議論にも、すべての道はニーチェに通じることをわれわれは知る。一九一一年にカンディンスキーは、かれの独創に富んだ論文『芸術における精神について』を書き、その中で、芸術家は自分の内面のヴィジョンで見たものを描かなければならない、と主張する。かれは「その強い腕力」[*49]として、科学と道徳を揺り動かすニーチェを引用する。そして同じようにブラヴァツキー夫人[※27]（原始性の真の意味を認めたとしてカンディンスキーから歓迎されて）や多数の同時代の芸術家、ピカソからベックリンまでが引き合いにだされる。

ミュンターは、カンディンスキーが相反する衝動の調和に関して語ったすべてに同意する。すなわち《冬の村の道》（一九一一）でのある種の匂い、音、気持ちを呼び起こすために混ぜあわせられた色。かの女は、一般に受け入れられた価値を転換するのに、かの女自身の風がわりでユーモラスな解説を付け加えた。ミュンターの《冬の村の道》は、その中心に桃色の家が一軒ある。カンディンスキーが言うところのすべてを取り入れた家、つまり「明るく、温かな赤いピンクの家」[*50]である。その家は、大きな桃色のマシュマロのように、絵の中心で燃えるように輝いている。左側は墓場、右側は雪で、喜びに満ちたトランペットのように、「寒い日、なんて寒い日なの」と告げる。

《聖ジョージのある静物画》（一九一一）では聖ジョージ——バイエルンの農民（イギリスと同じく）の守護聖人——のガラス絵が画面の左上に飾られていて、絵全体の中心になっている。ミュンターの馬上の騎士は、十字軍と共にヨーロッパの伝説に入っていくような神秘的な性格を呼び起こす。竜を倒し、本来のツァラトゥストラがなそうとしていたまったく同じ方法で、悪と戦う。むろん、ニーチェのツァラトゥストラ像は、歴史的な人物像からの崩れた記述で、その言うところは末期アヴェスタを構成し、弟子たちに善が栄えるよう、悪との継続的な戦いを委ねていた。ニーチェのツァラトゥストラによって伝えられる全体は、われわれが、まさに善と悪の概念そのものに挑戦しなければならないこと、つまり、銘板を打ち壊し、陳腐な文言を破壊しなければならないというものだ。[*51] 実際に、ズースマンがニーチェの中に「英雄的」と思った価値の再評価をすることが、この命令であり、他のいかなる精神よりもっと強力な精力で道徳環境を転倒するヴィジョンを、ニーチェに承認する。[*52]

しかしながらミュンターは、悪の性格を問うニーチェの誘いはとりあげなかったようだ。かの女の新しい価値の探求は接点をずれて、精神主義に傾いていく。かの女は、ミュンヘンのロシアの友人たちとの交際で、エミール・ノルデ[※28]のような表現主義の画家の激しいダイナミズムから徐々に離れていった。ノルデの作品にはもっとはっきりとディオニュソス的なニーチェの影響の跡がたどれる。ミュンターは決定的に非ニーチェの精神的に調和のとれた要求ゆえに、そこから離れたのである。これは、年齢と共により強くなるミュンター作品の側面のひとつである。

ミュンターやモーダーゾーン＝ベッカーのような画家たちにニーチェが与えた影響は、かの女らが自分たち自身の個人の自由を確約する限りの解放であり、実際に芸術家としての自己主張を述べた。しかしながら、ミュンターの議論が行き着く神秘主義への旅路、そして世紀転換期のミュンヘンのアヴァンギャルド芸術家の独創性のますます強まる神秘主義への旅程の中では、当時のアヴァンギャルド芸術の知性には明らかではなかったものの、われわれから見ればニーチェから離れる道筋は明らかであった。

既に指摘したように、ボヘミアン風の自由奔放なミュンヘンの知的な中心は、シュヴァービング地区であった。ここにシュテファン・ゲオルゲ[※29]の親密な仲間としてカール・ヴォルフスケール[※30]がサロンを開いていた。ミュンターは、ゲオルゲとヴォルフスケールは、むろん、共にニーチェ著作の熱心な崇拝者であった。ミュンターは、友人ズースマンを通してヴォルフスケールのサークルに招かれた。このサークルは一八九九年以来レーヴェントローも含んでいた。このヴォルフスケールのサロンは、クライネによるとミュンヘンの若い芸術家たちの「知的な証券取引所」となっていた[*53]。

芸術と文学のあらゆる重要な問題（神話、歴史、象徴主義など）だけでなく、女性解放運動をも含めた社会改革が議論された。しかしながらミュンターと友人ズースマンは、ヴォルフスケールのサロンに対して危惧の念を抱いていた。クライネが、二人の悪意ある反ユダヤ主義者のルードヴィヒ・クラーゲス[※31]とアルフレート・シューラー[※32]の著作ついて述べているが[*54]、牽強付会な非合理主義への流れがあったからである――両人はのちに論じられよう。

ヴォルフスケール自身がユダヤ人であったから、この緊張は最終的にこの二人を除くことで決着をみた。

マリアンネ・ヴェレフキン（1864-1938）

もしカンディンスキーがこの四人組の一番の知性人であったとすれば、ヴェレフキンは最強の人であった。かの女はギーゼラ街（カンディンスキーとミュンターはムルナウにいく前にここで生活していた）で自分のサロンのホステス役を務め、正しくニーチェ的な方法で価値転換を意図する、進歩的な芸術思想の会合場所を提供した。

象徴主義を最優先に信じることが、一番の重要事であった。イェレーナ・ハール＝コッホが教えているように、象徴主義と実証主義の衝突、特に実証主義が自然主義として現れるときは、一方的な戦いであった。*55 自然主義は分かりやすく直接大衆に訴えたが、象徴主義はその排他性を引き立たせることでのみ、おのれ自身を保持した。

ヴェレフキンが一八八六年から九六年までかの女の先生であったレーピン※33と距離をとったのは、レーピンの社会批判と概して実証的な考え方への強い好みのためであった。レーピンは〈移動派〉Peredvizhniki に所属し、民衆に芸術を理解させることに熱心な集団であった。ここでわれわれはニーチェのエリート原理を思い起こさなければならない。これがダーウィンや一九世紀の唯物論者やあらゆる実証主義表明を攻撃させた原因であった。

ヴェレフキンは他人に尽くすために、自分より四歳下のアレクセイ・フォン・ヤウレンスキーの母親役を果たすことを、自分の義務と解した。その十年間、大方の時間を外出せず、倦むことなくヤウレンスキーのキャリアのため、一八九六年から九九年までアントン・アツュベ芸術院に同国人のグラーバリとカルドフスキーと一緒に通わせた。[*56]
ヴェレフキンはシュヴァービングの芸術サークルの他の人たちと同じように『ツァラトゥストラ』を読んだ。そして一九〇〇年に『悲劇の誕生』を読むや、それがヴァーグナーへの熱狂に火をつけた。かの女はいまや、ロマン派の絶頂期の一八〇九年にウィーンのロシア人画家たちによって創られた同名のクラブの方針に従って、〈聖ルカ兄弟団〉を創設した。この兄弟団の理想は芸術と倫理を同時に発達させることにあった。[*57] 再出発した兄弟団が、以前の団のさまざまな考え方に固執しなかったのは、ヴェレフキンから見れば古臭かったからだった。しかしながら、かの女はその考えを芸術的な衝動の改善と見なし、「将来の芸術」に向けた価値ある最初の一歩と見なした。[*58]
新しい兄弟団は、倫理的だが激しく感情的な芸術家の模範的なモデルとして、ヴァーグナーを歓迎するヴェレフキンに従った。ヴェレフキンが将来の芸術として促進したいのは、芸術におけるまさにこの感情の考えであった。あいにく一九〇六年からのヴェレフキンの団体の成員（グラーバリ、カルドフスキー、リヒテンベルガーを除いて[*59]）に関する正確にして詳細な事実を発見することはできない。ヴェレフキンは再び絵を描きはじめた。かの女の家はさながらロシア芸術家の集会場であった。ベーアが言うように、この〈ミュンヘン新芸術協会〉は外国人たちが押しよせるところと思われた。[*60]
「ギーゼラ通り」の家々で集会したロシア人たちのさまざまな考えの背後に、ロシア象徴主義の先駆者の影響が蠢いていた。それは哲学者ウラジーミル・ソロヴィヨフ[※34]で、自身ニーチェの熱狂的な崇拝者（同時に反対者）であった。ソロヴィヨフは、ヴェレフキンがドイツに出発するちょうど前、一八九六年初めにレーピンによって描かれていた。

レーピンはドイツの観念論哲学者、例えばヘーゲル、シュライエルマッハーなどによって強く影響されていた。イェレーナ・ハール＝コッホは、ヴェレフキンやその友人から好まれるロシア象徴主義とソロヴィヨフの思想との間の関係に注目する。それと同時に、反唯物論に向かう共通の傾向を指摘する。[*61] とはいってもソロヴィヨフは反ダーウィンそのものではないが、ダーウィン主義者の理論を、自分自身の体系の「実証的なキリスト教哲学」への筋道へとただ適用するだけである。[*62] 同時に、ソロヴィヨフはニーチェ思想に魅せられていたし、ニーチェの議論に貢献するおのれ独自の神秘主義のブランドをもっていた。かれの最終的なねらいは、歴史の終末は死に打ち勝ち、この地上に神の王国の樹立をみることであったろう。もちろん、〈青騎士〉の芸術家たちの聖ゲオルギウス[※35]の利他主義への熱狂と、ソロヴィヨフのニーチェの利己本位の「超人」批判の結合と見ることもできる。

ソロヴィヨフは自分の著書でニーチェに多数言及するが、かれの敬虔なプロテスタント的な見解とニーチェへの讃嘆とを融和させる非常に長い企ては、かれの黙示録的な『反キリスト者の短い物語』（一九〇〇）に見つけられる。かれの二〇世紀最初のユートピアは、反キリスト者の勝利による歴史の終末を描いている。ソロヴィヨフの物語の反キリスト者は、そのうえ「超人」と「未来の人間」と呼ばれていて、[*63] はっきりとニーチェの特徴をもっている。だがかれはおのれの力を踏み越えていて、その勝利の結果、「超人」は打ち負かされてしまう。

ソロヴィヨフは、悪の力との戦いの末に、神の王国にわれわれは入るだけだと信じていた。人間はだれしも自分の内に「超人」になろうと努力する潜在力を持っていて、外見によってだまされてはならない。植物と動物の有機的な生命が宇宙発展に調和しているのと同じように、それがまた人間の成長でなければならない。誠のニーチェ的な流儀で無制限の個人主義を説くソロヴィヨフの教祖的な「超人」は、最終的に物語の終わりで打ち負かされてしまう。ヴェレフキンとそのロシアの友人たちの、ソロヴィヨフの思想の知識から引き出したもの――むろんニーチェの思想からも、この文脈の中ではニーチェ思想は質が落ちてしまっているけれども――つまり、唯物論はこの物語の半分しか語っていないという確信であった。つまり、フロイトが一九〇一年に著した『夢解釈』で示しているように、内面的な人間は外に出て行かなければならない。

ヴェレフキンは「なんじ自身を知るように！」[*64]という自身の文言で答えていたように、この文言そのものが『道徳の系譜』の影響を含んでいる。「われわれはおのれ自身について知らないのだ」[*65]という説明でこの本ははじまる。ソロヴィヨフの黙示録的な戦いの考え、つまり決定的な戦いは自分自身の内部で戦われるという結論であった。[*66] しかるに、ロシアの象徴主義者はハール＝コッホが指摘するように、新しい美学探求の著者たちであった。[*67]

ヴェレフキンとその仲間の芸術家たちは、あらゆる価値の価値評価の原理を芸術に適用しようしていた。しかし、著者たちと芸術家たちが共有するものは、接頭語の〈超える〉über に対する好みで、そのために〈超俗的〉überweltlich や〈超個人的〉überindividuell のような言葉づかいが共通にあった。[*68] かれらはおのれ自身とあらゆる既知の境界を越えようとしていた。

残念なことに、ヴェレフキンは体系的な芸術批評を書かなかった。かの女の美学的思想は出版されていない手書きの覚書きと日記の控えから、あるいは、かの女のフランス語の手書原稿『未知の人への手紙』（一九〇一〜〇五）から集められなければならない。ドイツ語の抜粋が『未知の人への手紙』として印刷になっている。驚くのは、これらの手紙には非常に強烈で高度なロマン主義の痕跡が見られることである。あたかもベッティーナ・フォン・アルニムによって書かれたのかと思うほどである。ベッティーナ・アルニムは、ゲーテの死に慣れるために、『ゲーテと一少女の往復書簡』（一八三五）を書いたが、実際に起こったことは、ヴェレフキンの『未知の人への手紙』についてもまったく同じことが言えた（わたしが他のところで主張したように、[*69] かの女はこの書簡を通して自分自身の個性を探していたのである）。この手紙は実際にはかの女自身に対するかの女の対話であった——とはいうものの、ヤウレンスキーとの恋愛の喪失が、この仕事への実際の刺激であった。同じ屋根の下で生活していたとき既に、ヴェレフキンはその恋の喪失を悲しんでいた。ヤウレンスキーは女中のヘレーネ・ネスナコモフに子供を産ませていたのだ。ヤウレンスキーはのちにかの女と結婚することになる。

状況的な証拠を超えて、直接的な影響を証明できないが、アルニムとヴェレフキンが使う術語には驚くほどの類似がある。自分たちの作品に擬似宗教的な色合いを与えるやり方で、二人の女性は自分たちを子供と呼んでいた。そして両人は記号の魔術に触れながら、芸術の神秘的な次元を語っている。両者が描く感情は世俗に根を下ろしているが、宗教上の用語とおのれ自身の個人的な経験に関連させて、精神 Geist を定義しようとする。二人の女性は、自然の世界と夢の世界への好みを背景にして芸術、天才、愛を語る。

しかしながら、ヴェレフキンの著述のニーチェ的な流れは歴然としている。例えば、かの女は苦痛や苦悩に積極的な価値を置いていることや、自分が接触する誰よりも自分の方が優れているというエリート認識、だからより孤独な宿命にあるという認識などである。また自己主張にはニーチェ的な響きがあり、この自己は両性具有的な暗示と結びつけられている。「わたしは男でない、わたしは女ではない、わたしはわたし自身である」[*70]これは、かの女の一九〇八〜一〇年の《自画像》が示しているように、戦いなくしてはあり得ないけれども、「過去にあった自分は成った（生成した）自分である」というヴェレフキンの認識であった。かの女の赤は、かの女の眼の虹彩を反映していた。その赤はキャンバスに穴を穿ち入ろうとしているかのようだ。しかし、白眼が冷えた穏やかな青に塗られることによって、その眼の色がやわらげられる。

最終的に、ある意味で芸術は人生と一体であるというヴェレフキンの認識に、ニーチェの影響がある。

芸術――それこそは個人が人生と摩擦を起こすときに生じるきらめきである。[*71]

フランチスカ・ツー・レーヴェントロー（1871-1918）

フランチスカ・ツー・レーヴェントローは、この章に登場する女性のうちでニーチェ思想の影響がもっとも濃く認められる女性である。手に負えない子供時代に、かの女はさまざまな施設にやられた。それは貴族である両親が、かの女をとうてい監督できないと見なしたからである。だから、強情なこの少女が『ツァラトゥストラはこう語った』に圧倒されたというのは驚くにはあたらない。

かの女の大部の自叙伝的な小説『エレン・オレスティエルネ　ある伝記』（一九〇三）の次の文章から、両親が不在のおりに兄と一緒に密かに『ツァラトゥストラ』を読み、その与えた効果のほどを、われわれはうかがい知ることができる。

「これはもはや理解すること、納得することではなかった――一種の啓示であり、トロンボーンが轟音をあげて、酩酊させ、圧倒させせながら吹き鳴らす、最終的、究極的な認識であった」[*72]

かの女が家族と一緒に一八八九年リューベック（バルト海に面する北ドイツの都市）に引っ越したとき、レーヴェントローは、欲求不満の若者を引きつける〈イプセン・クラブ〉Ibsen Club に通うようになった。二年後にはまた家から追い払われ、このときはある牧師の家族のところに住まわされた。それはラブレターを書いていたことが見つけられたからであった（二〇歳だった！）。かの女が二一歳の誕生日を迎えるや、直ちに飛び出したのは驚くにあたらない。かの女はいまや絵の勉強がしたい長年の野心に燃えていた。そのためにミュンヘンに、それから一八九三年にシュヴァービングに行った。そしてこのときまでにヴァルター・リュプケと婚約した。だが、ミュンヘンで生娘のままでいることはできないと、かの女にはわかった。実際に数々の恋愛があった。それにもかかわらずかの女はヴァルターと結婚し、一八九五年に自分の勉強を継続するために再びミュンヘンに戻ったが、より高き目標のためという一方で、昔の恋人のところに戻ってしまう。このことをヴァルターに告白するや、かれはただちに絶え間ない不倫のせいで、かの女と離婚する。

この事実はすべて『エレン・オレスティエルネ　ある伝記』の背景になっていて、そこではヴァルターはラインハルトという名で登場する。この小説の結末はエレンの子供の誕生とその子供に対する溺愛で終わる。同じく現実においても、レーヴェントローは息子ロルフ（一八九七年誕生）を溺愛した。この意味で、多くの情事にもかかわらず、かの女は、母性を女性の宿命と見る典型的に保守的な女性にぴったりなのである。そのうえ、かの女は、このことを徹底してニーチェの立場であると思っていたし、実際にそうであった。離婚後も相手を選ばない生活を送ることから、社会の顰蹙を買っていたように見えるし、一部には高級娼婦と見られたようである（関連する日記からは、かの女が過ごす家の住所を友人たちに敢えて明かそうとしなかったことを伝える）[*73]。かの女は、ヴァルターが自分を拒否するのを保証するような仕方で行動したけれども、かれがいなくて寂しく、意気消沈して孤独をかこった。この極めて深い孤独感は、生涯消え去ることはなかった。

レーヴェントローは、イプセンの戯曲やニーチェの著述に述べられる個人の自由の主張によって、確信していた。一方で、かの女の強い性欲は考慮されなければならない一要素であることは明らかである。それゆえに、一八九九年レーヴェントローがクラーゲスに会い、かれを通してヴォルフスケールのサークルの常連になったとき、女性解放運動の名にかけて、サロンのメンバーが大胆に宣伝した恋愛の自由にかの女が熱狂的に従ったことは、驚くことではない。

ヴォルフスケールはバッハオーフェンの『母権論』（一八六一）を、自分の論文のために研究していた。これによってかれは、過去と現代社会における女性の地位の美化を吹き込まれた。バッハオーフェンとその仲間は、ヴァーグナーのヴァルキューレ[※36]のようなドイツ女権制の神秘的な女性描写を熱心に追究した。ヴォルフスケール・サークルの他の仲間——特にレーヴェントロー——は、実際にエロティックな放蕩を女性の性の解放運動と理解した。父権制の矯正法として女性の性の乱交に賛成する極端なヴォルフスケール・サークルの見解と、平等な女性教育と専門職のための運動家との間に、埋めがたいみぞがあった。

グスタファ・ハイマンとアニータ・アウクスブルクのようなフェミニストは、その時代にはミュンヘンで活躍していたが、かの女は性の乱雑の賛成議論に色を失った。

レーヴェントローは、あまりに厳格すぎる仕返しに、かれらを攻撃した。

「女性解放運動が女を男まさりにしようとする限り、それはすべてのエロティックな文化の明確な敵である[*74]」

われわれはまたもやいかなる男にも引けを取らない女性解放運動の敵意ある反対者として、女性の反フェミニストを見つける。世紀転換期のミュンヘンのアヴァンギャルド芸術に属するものはだれしも、ほとんどこの問題に関し一つの立場を取ることを避けるわけにはいかないであろう[*75]。

レーヴェントローと激しい恋仲にあったクラーゲスは、神秘とオカルトを推すきわめて熱心なグループのメンバーであった。このグループは、ガブリエレ・ミュンターの関連で既に触れた非合理主義の雰囲気を醸し出していた。なかでもアルフレート・シューラーがおそらくもっとも奇怪なメンバーで、自分は古代ローマ軍団の生まれ変わりだと信じ、身なりも行動もそれにしたがった。このサークルは、ディオニュソス祭の酒神的な雰囲気を歓迎して、どんちゃん騒ぎのパーティをさかんにやった。シュテファン・ゲオルゲはグループの精神的支柱であったが、これらからはやや距離を置いていた。それでも、著述家ルドルフ・パンヴィッツ[※37]はゲオルゲの助祭の一人であった。かれはヴォルフスケール・サークルのために宇宙論者という名を提供した[*76]。かれは、ニーチェが「宇宙的な人間」だったと宣言し、グループは神話の使用と異教礼拝の研究を通して、宇宙エネルギーを利用しようと熱心だった。こういうことはすべて、ヴォルフスケールたちの理論に人種差別的要素がなければ、不愉快というよりばかばかしいことであったろう。

一九一〇年にレーヴェントローはミュンヘンを去って、スイスのアスコナに向かい、一九一三年に小説『ミスター貴婦人の手記』を書いた。その中では宇宙論者の快楽主義の生活スタイルが描かれる。その小説はよく考えられたモデル小説であるが、レーヴェントローは適切にもみずから手がかりをわれわれに提供した。[*77] この物語の機知は、幸いにもミスター貴婦人という名に関する明らかなしゃれとは関係ない。ミスター貴婦人の無邪気な発言によって、レーヴェントローが押しつけがましくない効果的な方法で、このサークルの人種差別の要因に対して、かの女自身の反対の意見を伝えている。

このグループ固有の人種差別主義の擁護者は、既に挙げたように、クラーゲスとシューラーであった。かれらによれば、人間の宇宙的な要素はその血の中にある。人間はその内面の自己と共に接触して宇宙的であろう。しかるに逆の人間は、混沌とし、否定的破壊的であるか、さもなければモレク神[※38]的で、ユダヤ人の別の世界であろう。このグループの好む考えは、国家はそれ自身特有な血を持つということだ。もしもいくつかの要素のなかに優勢になれば、その要素はその民族を前もって決定された行動様式を取らせるであろう。

この小説の中で、ホフマン教授（別名ヴォルフスケール）はミスター貴婦人に向かって、万が一にも血の中に異教が優勢になれば、血のきらめきが起こるであろうと言う。ホフマン教授によれば、この幸運な出来事が一八八〇年代ドイツに起こって、ニーチェ（特にツァラトゥストラ）[*78]と一八八六年に死んだルードヴィヒ二世[※39]の奇想を産み出した。これらオカルト上のもっとも異様な思想はクラーゲスから出ていて、不潔なユダヤ人の血という意地悪な理論はシューラーから出ていた。ヴォルフスケールはディオニュソス的に見えるものはなんでも単純に承認した。例えば宇宙的なエネルギーを利用するという思想を、丸ごと支持した。一九〇四年にこのグループ内に恐ろしい論争が生じ、そのことでヴォルフスケールは狩り立てられるものを感じ、生命の危険を感じたという。[*79] レーヴェントローは、その小説の中で、ヴォルフスケールに同情を示して、デーリウス（＝シューラー）の性格を、それに相応しい否定的な面から描いている。一九二〇年代にいたるまでに、シューラーは反ユダヤ主義の思想をばらまく夕べの夜会を規則的に催した。この夜会の一つに無名のヒトラーが聴衆の中にいた。[*80]

クラーゲスとシューラーのような連中による、反ユダヤ主義とニーチェ思想の厚かましい故意の誤った並列とは対照的に、レーヴェントローは、ニーチェの思想を表現するときには良心的であった。『ミスター貴婦人の手記』の登場人物ゼント博士によってなされるアポロ的とディオニユソス的の区別（レーヴェントローのユダヤ人の友人ポール・シュターンに基づく）は、宇宙論に対する皮肉な立場を示している。

「アポロは光と理性の神として知られる、ディオニユソスは陶酔と血の神である。シュヴァービングの住人たちがニーチェを読んでいたことはむだではなかった。しかし、ここでディオニユソスとのしっかりした基盤に立っていることが、より名誉なことだと充分に知っておくべきである[*81]」

レーヴェントロー自身はこの小説の主要人物二人の姿を借りて登場する。一人は愛人と娘のいる自信に満ちたズザナ、いま一人はマリーアで、クラーゲスと関係していた時代の不安定な鬱ぎこみがちなかの女をあらわしている。二人は、このグループ（この小説の中で、「鉛の兵隊」と呼ばれる）の承認しない部外者と関係を結んでいた。それはレーヴェントローが、「角の家」で一九〇三年から〇六年までフランツ・ヘッセルとボグダン・フォン・スチョッキとの三角関係の恋愛をしていたのと同じく、毎晩の訪問者アルフレート・フリエスをもっていたように。そこの訪問客にはヴェレフキンも含まれていた。「角の家」は『ミスター貴婦人の手記』の多くの筋の舞台となる。

レーヴェントローがこの数々の迷宮的な性の出会いを通して示すものは、自由恋愛の一般的な考えに賛成していることである。かの女は宇宙論の「異教的な」原理に大賛成で、自分自身の性衝動を讃美した。ニーチェの自由の要求に従うとき、ニーチェの女性への教えを理解していると、かの女は思っていた。性の解放は、性の嫉妬の問題で汚してはならない。つまり、ズザナがこの小説の中で、グループから指示されたとき（このようなことはレーヴェントローにもよくあった）、「性の嫉妬は非異教徒ではないのだろうか？」[*82]と問う。ニーチェ自身にふさわしい問いである。

われわれが見てきたように、レーヴェントローの瞠目すべき生活スタイルは女性解放運動反対の態度を変えさせなかった。この点でも、かの女はニーチェに従った。

「かの女が心に描いていたことは、女性が職業の圧迫に悩まされず、エロティシズムと母性に、自己の充足を見つけ出したようなユートピア的な理想であった[*83]」

保守派の女流作家たち

女性解放運動は、「新しい（めざめた）女性」を生み出した。その女性たちに対し、そうでない女性たち——必ずしももっとも保守的な女性たちではない——はしばしば敵意をもった。一般的な認識として、女性運動が女性を男まさりにする、あるいは社会主義に至らしめるという怖れを抱いていた*[84]。

保守派に属していた著述家の幾人かに興味深いのは、かれらが女性の性を、ヘレーネ・シュテッカーと「新しい倫理」運動のかの女の仲間たちを別として、しばしば熱狂的に肯定したことだった。ニーチェの影響は疑いもなく、その主要な解釈にあった。フェミニストであるマイセル゠ヘスはシュテッカーの友人の一人であったが、それでも、かの女の原則に多く保守的なところがあり、ニーチェの影響が歴然たる何冊かの小説を書いた。そのうち特筆すべきは『知性派の女性たち』（一九一二）であろう*[85]。

シュテッカーと同じように、マイセル゠ヘスは女性の性について多くの論文を書いた（第五章原註36を参照）が、その調子はシュテッカーよりももっと保守的である。かの女は、「新しい（めざめた）女性」が男性の仕事（例を挙げると学問好き）に耽ることから女らしさが損なわれるという、ありふれた路線を採用する。しかし皮肉だったのは、かの女自身が、次のカール・ブライプトロイの発言が示しているように、レズビアンの男まさりの女と見なされたことだ。

「今日だれもがツァラトゥストラの話し方で語りたがっている……マイセル＝ヘスすらニーチェ流の方法で、自分の熱烈な自慰行為を詩に降り注いでいる*86」

ヴィルヘルム皇帝時代のドイツにおける性の問題を書くことで知られた女性はだれしも、たとえかの女が単に詩を出版しただけでも、そのような尺度で判定（宣告）されるであろう。自慰行為への言及は、かなりの毒舌と卑猥のレベルに持ち込んでいて、ニーチェがフェミニストたちに向けて浴びせた最悪の侮辱すら超えているから、確かに暴露的である。

マイセル＝ヘスは、「気違い伯爵夫人」レーヴェントローとラウラ・マルホルム（次節で詳述）と一緒に「保守派」の女流作家に入れられねばならなかった。この保守派の女流作家は、女性は男とは違った思考をすると確信していた。そのことから、女性解放運動の女性たちを話す段になると、かの女らの口調に侮蔑的な調子が出てくる。例えば、マイセル＝ヘスはかの女の女性読者に、あなたたちの亭主を喜ばすために、高度な教育レベルを獲得する必要のないことを保証しようと努めた。かの女は、高等教育を受けた女性たちの結婚が、しばしばうまくいっていないと指摘した。

「専門職の男女の結婚と新しい女性の解放運動の成果は、概して結果として幸福となってはいない……このように解放された女たちの結婚の基本思想は、もしかの女たちが、われわれの現代社会で、女性は男性と同じ知的レベルにいなければならない、あるいは文化的な発展の同じ段階にいなければならないと信じているならば、まったくの誤りである。これはしばしば不可能であるし、いずれにしても結婚の幸福には必要ではない*87」

これに対しては、ニーチェがこの問題について言ったことを思い出すのが有益である。そんなことは考えたこともないから、妻がその夫よりも一般教養が足りないことは問題にならなかった。ニーチェは疑い深く、たいていの男たちは結婚すると「低下する*88」と観察した。それでもなお、われわれが見てきたように、ニーチェはこの不均衡を取り除こうとする運動に激しく反対した。

ラウラ・マルホルム（1854-1900）

「新しい（めざめた）女性」たちに対する非難は、右寄りの市民階級の読者には気に入られた。しかし女性教育の権利運動の最前線にいる先駆的女性たちには歓迎されなかった。例えばヘードヴィヒ・ドーム、ヘレーネ・ランゲ、ゲルトルート・ボイマーたちは皆、ラウラ・マルホルムの保守主義に不平を唱えた。[*89]

スイス（「新しい（めざめた）女性」のための訓練場）においては、メータ・フォン・ザーリスが、ラウラ・マルホルムの小説の女性登場人物に対して極端な偏見を持った。それは、登場人物の女性たちが、自立した個人としての行動よりむしろ男性に常に従ったからであった（第三章原註37を参照）。これは公正な意見であった。というのもマルホルムが強力に主張する見解は、女性は自分たちの個性を表すべきではなく、女性の定めは男性に従うことで、これまで通り生の躍動を喜び、知的な熟慮に邪魔されてはならないものであった。

このようにマルホルムの見解は、ニーチェの立場の際立った反映であった。実際に、かの女はニーチェ思想の熱狂的な心酔者であった。

ニーチェとは、

「……単なるドイツの天才ではなく、予測されない、等級分けできない天才で、新しい文化の時代を意識して呼び起こした先駆者なのである」[*90]

マルホルムは一八五四年にリーガに生まれ、成功したジャーナリストになり、そして小説家にもなった。かの女は、スウェーデン人オーラ・ハンソン[※40]と結婚する前から、既に有名だった。かの女は、スカンジナビアの著述家のドイツへの紹介に尽力した。その恩恵のもっとも有名な人物はストリンドベリで[※41]、かれはマルホルムのことを手ごわい人といい、「婦人青髭」とあだ名をつけた。[*91]

かの女とオーラ・ハンソンは、ハルト兄弟[※42]、アルノ・ホルツ[※43]（ドイツ自然主義の理論的な指導者の一人）、ヴィルヘルム・ベルシェ[※44]を含むベルリン郊外の芸術家コロニー、フリードリヒスハーゲン・グループの中心となった。このグループでも、他のドイツのあらゆるアヴァンギャルド芸術家たちのように、ニーチェが多く議論される話題であった。オーラ・ハンソンは一八九〇年にニーチェ研究を執筆した。[※45]それは決定論とニーチェ哲学、もっとはっきり言えば、「超人」の出現が、人間の進歩になると誤って信じられていた。

まもなくベルリンの中心地に多く移ってきたグループの訪問者の中に、スタニスワフ・プシビシェフスキーがいた。ベルリンにおいては、プシビシェフスキーとストリンドベリが他のものたちを引きつける磁力となった。例えば、マックス・ダウテンダイ[※46]、エドヴァルト・ムンク[※47]、ユリウス・ビーアバウム[※48]のような人たちで、「黒子豚」というカフェで落ち合った。

「黒子豚」に集合したグループはゲアハルト・ハウプトマンの自然主義演劇戯曲に我慢がならず、ホルツの芸術公式〈芸術＝自然－X〉[*92]に要約される生の精密な考察を超えて、「創造的な人間表現の新しい活力に向かうこと」[*93]を欲し、かれらはこれを「徹底した自然主義」と名づけた。ムンクとストリンドベリの男性グループは、女性たちを含む問題にかなり厳正な批評をした。実際に、「ストリンドベリとプシビシェフスキーは性を天才の敵と見なした」とスコット＝ジョーンズは書いている。[*94]かれらは性の戦いを破壊的とみなし、その作品はこれらを反映する（例えば、プシビシェフスキーの『葬儀の群れ』(一八九三)、ストリンドベリの『死の舞踏』(一九〇一)。

しかし、このグループの他のメンバーは、自分たちの思想をニーチェ哲学に据えながら、あるいはかれらがニーチェ哲学と解釈したものは、性を生の躍動の輝かしい現れと見る傾向が強かった。ラウラ・マルホルムの女性の性に関する論評は、ダウンテンダイやビーアバウムや、デーメル[※49]のような男性との関係からみられるべきである。無意識的であれ、一人の才能ある女性マルホルムは、疑いなくかの女が夢中になった才能豊かな男性のグループに取り巻かれている。

ニーチェはこのような分散しているグループのためには、相当に安定した力となった。しかしながら、『ツァラトゥストラはこう語った』のリズムを取り入れたデーメルは、実際には、一週間だけ夢中になる人であったから、[*95]ほどなくニーチェの見解から距離を取る。それは、かれが現実に「主人道徳」と「生の肯定」が矛盾すると思ったからである——デーメルは「主人道徳」を「生肯定」とほとんど関係ないと考えた。デーメルの意図は、生きられる道徳、実際に「体験された愛」をもつことであった。[*96]

ベルリンは、そのうえ新帝国の首都であり、明らかに芸術の中心地で、かつ世紀転換期のドイツ医学研究の中心地であった。このことは新しい性科学を含んでいた。この性科学の主だった開業医が〈母性保護連盟〉Bund für mutterschutz を一九〇五年に創設した。この連盟は次章で論じられよう。ここで、われわれが今注意しなければならないのは、連盟のメンバー全員が、女性が自分の個性と性の喜びの権利を持つことに同意したことである。これは女性の母親としての役割からのまったくの分離であった。それはかの女が望めば(例えば、産児制限によって、あるいは——それは論議されたことだが――法律上認められた人工中絶によって）拒否する権利もあるということだった。これはマルホルムが強く反対した観点であった。

驚くのは、ラウラ・マルホルムが時計の針を遅らせることを望み、女性の唯一の役割を母性によって実現されると見なしたことであった。かの女は性生理学を誤解して、女性は妊娠するときにだけオルガスムに達すると断定した。[*97] それゆえ、かの女の主張は事実誤認に傾き、同様につかみどころのない神秘的な傾向になりやすかった。

「子供を通して、女性の最も内奥の存在が決定され、最も隠された深淵が現れる。かの女は善になるかもしれないし、悪になるかもしれない。かの女はなにか定められたものになる。しかるに、いまだなにか定められてない以前には、自身の内面の自己をいまだ知らなかったのである[*98]」

そのような女性は、夫にとっては愛らしく、従順な同伴者になろう。

この女性観は、マルホルムが『女性の心理学について』（一九〇三）で詳細に描いている悪しき二種類[*99]、すなわち恋多き女――一種の妖婦――と理知的な女性、つまり「新しい（めざめた）女性」の二種類と対照的である。マリリン・スコット＝ジョーンズが、マルホルムの著作を、「一八九〇年代の保守的な文学サークルの一般的なロマン派的＝神秘的な傾向の一例」として要約したが、それはショーペンハウアーとニーチェから由来したものであった。

「いわゆる自然な女性的な行動の正当性を支持することによって、マルホルムは女らしさの神話を再構成する。その神話は一九世紀前半にショーペンハウアーによって支持され、マルホルムの時代にはニーチェ自身の著作によって復興した思想である。一九世紀末までに、人類は男性的、女性的な原理に二分されるという思想が一般に受け入れられたので、マルホルムの女性心理学の著作は、社会的、経済的、文化的な諸影響をまったく考慮せずに、既成の存在するきまり文句を増幅させた*100」

マルホルムに与えた影響が、男性に従属するというかの女の女性観をどのようにして推し進めるようになったのか、それを理解するのは簡単である。しかし忘れてならないのは、かの女自身は女性問題に専心していたが、『自由劇場』や『未来』の雑誌論説、またかの女の著書『われわれ女性たちとわれわれの詩人たち』(一八九五)のいずれでも、自説を変更する機会を逸したことである。後者の本は、その書名にもかかわらずヨーロッパの男性作家すべてについてで、ケラー、トルストイ、モーパッサン、イプセン(かれは、女性は自立した個人であると提案して非難された)のような人たちである。

かの女の『婦人たちに関する本』(一八九四)は、女性の幸福は男性を通して(第三章原註37を参照)という保守的な見解を永続させるので、メータ・フォン・ザーリスから批判された。これは皮肉にもツァラトゥストラによって「男の幸福はわれ欲す、女の幸福はかれ欲す」(ZI「老女と若い女について」）という意味で提出された指示であった。その結果は第二章で論じた。

明らかにすべて下品な言葉にもかかわらず、ツァラトゥストラを通して表現されているように、ニーチェの立場は時代に挑戦するよりはむしろ、保守的で広く受け入れられた世論の立場に近づいている。それでも、マルホルムの本には、なかでも若いマリー・バシュキルツェフ（第四章原註23を参照）に関するきめ細やかなエッセイが含まれていた。マルホルムは若きバシュキルツェフをほとんど麻痺させた社会を攻撃して、[*101] 宣教師的熱意で新しい世紀の方を向いた。それにもかかわらず、他と同じく——ニーチェと一緒に！——解放された女性に無慈悲だった。

ガブリエレ・ロイター（1859-1941）

ガブリエレ・ロイターは、自分の自由な生活によって家族の不承認を招いた。とはいえレーヴェントローのように不道徳ではなかった。ロイターはマルホルムとレーヴェントローと共に、女性の性の頂点は子供を産むときであるとの信念を共有していたが、かれら両人がそうであった方法で、女性教育の考えに敵対的ではなかった。その膨大な著述の中で、女性は男性によっては自分の真の恵みを見つけられないと、ほぼ確信していた。かの女はマルホルムに同調しなかった。かの女は活動的な運動家ではなかったけれども、女性運動の利害に加担している父権制を批判した。

かの女は一八八〇年代の終わりにニーチェの著作に出会った。少々皮肉な話ではあるが、かの女はニーチェの著作を、ミュンヘンのあるカトリック団体の熱心な老婦人のニーチェ哲学信奉者から紹介されたのだ。一八九〇年代までにかの女はヴァイマールに定住し、そこでは交流する著述家と思想家には事欠かなかった――名前を挙げればシュタイナーとフリッツ・ケーゲルがいた。その人たち全員がニーチェの精密な研究に専念していた。

ケーゲルが『反キリスト』と『善悪の彼岸』の原稿から大きな声で朗読する。

「われわれは全員市民社会を後ろに残してきたという感情を喜んでいた。『善悪の彼岸』の王国に上陸したのだ*[102]」

ロイターは解放された女性たちのために語るような人ではなかったが、かの女の時代にはフェミニストと見られていた。かの女は一貫して、みずからのことを要求する女性たちがヴィルヘルム皇帝時代の社会では重要視されていないと主張した。このことは、非常に成功を博した『良家の出身』(一八九七)という小説の主要人物アガーテの身の上にも起こる。アガーテは従兄弟のマルティーンの社会主義を「罪のある毒物」として拒絶し、かれの諸論文を読むことを拒否する。それは「これを読むことによって襲われる陶酔が、悪への誘惑だった*[103]」からだ。アガーテの母親は自己否定と孤独の中で生きていた。

「自己を克服すること――おのれを忘却するほど――自己否定と言ってよいほどの他者と共にある幸福――これこそが唯一のこと、つまり真理なのだ！」*104

アガーテは自分の母親の自己否定の能力を共有しない。かの女は個人として自分の権利を要求するが、しかしその過程でその意気を失ってしまう。

かの女がマルティーンと再会して、アガーテの専制的な父から逃げだすために、かれとチューリッヒに向かう重大なときに、マルティーンが給仕女と浮気する。アガーテは自分は愛しているが、かれは自分を愛していないことを悟る。これがきっかけでかの女は正気を失い、精神病院で一時期を過ごした後に、父親の非難をすべて受け入れる状態になる。小説の結末で、妙に落ち着いたアガーテに出会うだろう。かの女は抵抗も忘れた状態で、父親の世話をしようとしていた。今のかの女は婚期を失っていた。それはロイターがいうように、かの女は四〇歳を超えていたのだ！

ロイターの小説の女主人公たちはみな、アガーテのように、小説の結末で眼につくのは孤独である。

リチャード・ジョンスンはこう指摘する。

「ロイターは市民階級の家庭に対し説得力ある批評家であった。かの女の小説のほとんどすべてが、女性は家族と衝突するか、または自立した生活をするために、家族から逃げるかする。ロイターは中産階級のたいていの父親、兄弟、夫が、自分の娘、姉妹、妻を従属させようとしたことを認めていた*105」

既に言及したように、ロイターはニーチェの仕事にひじょうに興味をもち、ニーチェ思想をことあるごとに自分の小説に持ち込もうとした。例えば、ある芸術家にディオニュソスと名付けた(『ビュルガーリン夫人の息子たち』〔一八九九〕の息子のうちのひとり)。

かの女はヴァイマールで生活していた。そこはエリーザベトが熱心に推し進めているニーチェ工場の中心地であった。ニーチェの母フランチスカと妹エリーザベトがいまだナウムブルクにいる間に、かの女はこの母と妹と懇意になっていた。ロイターは、一八九四年にナウムブルクにフランチスカ・ニーチェを訪ねたとき、ニーチェに会うことができた※50。だがこれは厚かましいことだとかの女は気づいた、それはニーチェが明らかに訪問客に心をかき乱されているのを見たからである。ロイターはニーチェが戸惑っていることが分かった*106。ほんの一瞬だけだが、ニーチェがロイターにさっと鋭い透徹したまなざしを投げかけたからだ。

これまで論じた数々の女性たちと同様に、ロイターは自分の意見と一致するニーチェ思想を採択した。かの女にとって、ニーチェの自由の教えがもっとも大事であった。

「今日あらゆる領域で自由がじつに多く論じられているけれども、自由な人が実に少なすぎる……われわれはニーチェの言ったことを肝に銘じておかなければならない。つまり、何からの自由ではなく、何をめざしての自由であるかだ！　われわれの自由は、自分自身になろうとする勇気を持った豊かな人の自由、いかなる因習にも束縛されずに、活動し、創作し、愛することが感じられる人の自由である、たとえもしまれな領域に踏み込んでも！[107]」

これはロイターにしてはきわめて尋常でない響きがあるが、そこまでがかの女の限度であった。例えば、小説『レックリンクのリーゼロッテ』（一九〇三）の女主人公は、喜んで新婚旅行の初夜を享受する。しかしながら、これは夫のローレンツの目を通して描かれる。[108]それは、見る者の視点次第で、効果的な距離を置く手法、または小説のテーマに条件づけられる神経過敏の徴とされる。わたしが後者を選ぶのは、この場合、次に起こる出来事、つまり、夫と妻がかれらの昨夜の行動に一種の恥じらいを感じているからである。[109]結婚は新婚旅行の終わりに流産が起こったとき、すでに危険が生じている。かれらはおとなしくなって、子なしで帰宅する。[110]夫はある女性哲学者との知的な交際を求めて、最終的に結婚解消をねらう。夫ローレンツは妻の許しを得ようとする。しかし、リーゼロッテは――肉体のレベルでのかれとの婚姻関係の再開を望んでいるけれども――これによって貶められ、永遠にかれを拒否したいと思う。孤独な女主人公の最終的なイメージは、夫に裏切られたものの、かの女のその徳のゆえに勝利する。

われわれが見てきたように、この結末はいかにもロイターの小説らしい。これはニーチェの女性の立場に関する意見表明から、実際にはまったくほど遠い。しかしながら、ニーチェの読書から取り出したいかの女の大切なものは、自由の概念であった。ロイターの女性登場人物の大部分——しばしばたいへんな代価を払ってであるが——が得るのは、その小説の結末における自由である。[*三] こんなふうに著者は確かに、ルー・ザロメの小説『マー』の結末のように、婦人の「ノー」を「イエス」に変えているけれども、しかしなぜ「ノー」よりこの「イエス」が選ばれるべきであるのかは不明のままである。

　われわれはツァラトゥストラの「イエス」（生の肯定）からいずれにしてもたいそう遠いのである。

第五章　ニーチェと女性フェミニストたち

いくつかの折に論じたように、ドイツの女子教育の状態はほかの多数のヨーロッパ諸国より、特にイギリス、フランス、スイスに遅れをとっていた。この最終章の目的は、ヴィルヘルム皇帝時代の女性運動で活動していた女性たちにとっての、ニーチェ思想の重要性を調査することである。しかしかの女たちは、第三章で議論した女性たちとは違って、ニーチェと面識がない。少なくともニーチェが狂気に入ってからしか、会っていない人たちである。

ニーチェの女性に対する発言は、なかでもフランスのフェミニズムのたいへん影響力のある同時代の諸現象を背景にして、哲学的な議論に生気を吹き込んだから、この章の最終段落で、ニーチェ思想が、ポスト構造主義者たちの理論によって女性自体の問題に還元されない限り、今日のフェミニズムに対して持つ、あるいは持つであろう重大性に関われない。

女性の本質そのものを生得的に異質であるとする生物学上の本質論者の調査は、リンダ・アルコフが主張したように[*1]、フェミニスト問題の一方針を代表する。そして、それはもっと実践的な問題を、つまりハイデ・シュリュプマンから強力に主張された問題点を無視することになる[*2]。このようにして、百年前に論争が分裂したのである。つまり、女は男とは本質的に異なった性質を有し、それは尊重されるべきであり、もっと大事に認められるべきであると確信している人々が、女性運動の中にはいた（ヘレーネ・ランゲのような運動家によって絶えず言われていた）。そういう人たちは、このような主張が、実際には多数の女性（ヘレーネ・シュテッカー、リリ・ブラウン）たちへの改善にはならなかったから、我慢できなかった。この論争は、現実にはこの発言が示唆するよりもずっと複雑であった。

いまわたしはここに、この複雑さを吟味しようと思う。

〈ドイツ婦人団体連合（BDF）〉の発展

ドイツのフェミニズムは、ヴィクトリア期のイギリスでJ・S・ミルがしたように、その著作に女性運動を取り上げた幾人かの男性がいることで胸を張れる。実際に一七九二年まで遡って、T・G・フォン・ヒッペルは『市民階級の女性改善』という本で、フランス革命によって解放には至らなかったとの懸念を述べた。その後、一八四八年のドイツ革命の興奮していた時期に、女性の地位改善の上でなにか具体的なことが起こるように見えた。しかしながら、この期待はあえなくついえた。ゴットフリート・キンケル[※1]のような活動家たち（マルヴィーダ・フォン・マイゼンブーク）は、国外亡命を余儀なくされ、しばしばイギリスに渡った。キンケルは実際にはベッティーナ・フォン・アルニム[※2]によって脱獄させられた。フェミニズム発生期にとってアルニムの重要性がいまや再評価されている[*3]。

バッハオーフェン自身は古代社会の父権社会に先行する母権社会の公算を単に仮定していたにすぎないが、既に前章で、バッハオーフェンの独創的な母系性からの思想が、ヴォルフスケールとその仲間たちのディオニュソス的快楽主義とが融合するようになっていたのをみた。アウグスト・ベーベル[※3]はエンゲルスと親密で、独創的な本『女性と社会主義』を書き、この本が即座に発禁になったことは、ドイツ社会の激しい保守的性質を物語る思い出の一つである。もちろん、社会主義そのものが、一八七八年から九〇年まで禁止されていたからである。それで阻止をまぬかれるために、ベーベルは自分の本にありきたりの「過去、現在、未来の婦人」という表題をつけた。それは社会主義の指導的な文書となったが、残念なことにこの役に立つ著書の最近の英訳がない。

今日とはようすが違って、百年前の生物学的な本質論者の女性の見方は、社会主義に強烈に敵対していた人々のものであった。これは一部は、穏健派フェミニストたち（現在の視点から非常に保守的であるように見える）が中産階級の出身で、社会主義によって自分たちの階級が没落することを怖れているという事実から、なによりも説明される。この恐怖は過小評価されてはならない。実

「女性解放」『ズィンプリツィスィムス』第6巻42号、1902年、332頁
〈エミー、恥を知りなさい。あなた前は女性権利に夢中だったのに、今は乳牛にまで身を落としたのね〉
〈やっとわたしは男たちにはできないものを見つけて、幸せよ〉

「大事なこと」『ズィンプリツィスィムス』第7巻、33号、1902年、261頁。
〈亭主「そんなぴっちり締め上げたら、肝臓を完全に押しつぶしてしまうぞ！」〉
〈妻「あら、通りでは誰も見ていませんわ！」〉

「大学での女性の勉強」『ズィンプリツィスィムス』第6巻5号、1901年、37頁。
〈あなた、その女性患者について何が目につきましたか？〉
〈かの女が絹のペティコートを着ているという事実！〉

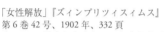

際に社会主義の理想は、さまざまな社会問題に集合的な接近をとったので、女性の人格的な成長の促進を欲するだけの穏健派フェミニストの理想と直接衝突した。女性は男性より思いやりがあって穏やかな性質を持っているとの同意があるにもかかわらず、女性の個性は蔑ろにされている、と穏健派フェミニストたちは主張した。女性の人格が承認され、成長を願うことが、穏健派フェミニストたちの合い言葉となった。

女性が生まれながらに異質の人格を持っているという前提は、根っこのところでフェミニスト運動を虚弱にしていた。それは保守的な女性が家父長的な社会構造を支持する諸原理――主婦の役割をもっと承認してくれるような原理――だけを望んでいたことを意味した。女性の家庭の役割自体は挑戦を受けず、その代わりに、その役割内で成長する女性の能力が問題の眼目であった。

このような経緯から、穏健派フェミニストたちは、個人の成長に関するニーチェの意見表明に耳を貸すようになった。しかし、急進派フェミニストたちがニーチェ思想を性の領域に取り込んで、公平であれそうでないのであれ、自由恋愛もしくは、ランゲが呼ぶような「熱狂的なエロティシズム」[*4]の要求として烙印されると、すぐにこの道は分裂した。そのことをそのうちにわれわれは吟味しよう。

ニーチェの子供時代には、かれのおばロザーリエがナウムブルクで所属していたようなたくさんの慈善女性グループがあった。しかし、これらの慈善団体は、もともと慈善をおこなうために設立されたもので、中産階級婦人のその活動のはけ口であった。これが、数十年間の初期ドイツ・フェミニズムのイデオロギーに中核のまま残っていた。

言うまでもなく、女性たちはじきに明確な目的を持ったそれぞれの利益団体に分裂していった。ある者は選挙運動のためであったし、ある者はドイツの売春合法化の法律を撤廃するためであった。またもっとほかの者たちには、女性の専門職への許可と堕胎の権利に関する様々な意見があった。一部女性はすぐにもいくつかの関心派閥に加わるが、イギリスの女性参政権論者のようにひとつの旗のもとに集まる明確な武器となる呼びかけがなかった。現実には、当惑するほどさまざまな意見の主張が起こったので、これによって運動そのものが深刻に弱体化し、運動は分派分裂をみた。一方で運命のめぐりあわせで一九一九年にヴァイマール憲法によって、全ドイツ婦人に選挙権が与えられた。イギリスでは一九二八年になってやっと達成されるものである。ただ皮肉なことに、ヴァイマールのドイツの新選挙権を与えられた多数の女性たちは選挙権を欲しくはなかったと抗議した。[*5]

夥しい数の女性グループからなる最初の企画は、ルイーゼ・オト＝ペータースによっておこなわれた。かの女は一八四八年の革命で活動し、〈全ドイツ婦人協会（ADF）〉Allgemeiner Deutscher Frauenverein を一八六五年にライプツィヒにつくった。[*6] リチャード・エヴァンスは、この連合が一貫して穏健派フェミニストの特色となる論調を定めたと述べる。

「ルイーゼ・オト＝ペータースとかの女の仲間の見解が、一八四八年にどのように見えたとしても、一八六五年以降、公的な社会道徳が女性たちに割り当てた役割を、ほとんどなんら問題にすることなく受け入れた。かの女らは『本当のドイツ女性』という本質的には公的なイデオロギーによってつくられた月並みな文句、情緒的で、従順で、母親らしい、を大部分受け入れた……このような月並みな女性観を議論することなく、かの女らはそれを妥当として受け入れ、それを高尚にすらした[*7]」

一八九四年三月、その間の月日に急成長した三四の女性連盟団体が、〈ドイツ婦人団体連合（BDF）〉Bund Deutscher Frauenvereine の組織下にまとめられた。一九〇一年その傘下の連盟団体の数は一三七団体で、マリー・シュトリットの指導の下、約七万人の会員を擁した。

するともっとも過激な思想が、〈女性福祉連盟（協会）〉Verein Frauenwohl の指導者ミンネ・カウアーに引きつけられた人たちから出はじめた。かの女はフェミニスト雑誌『婦人運動』*Die Frauenbebewgung* を創刊した。カウアー、シュトリット、アニータ・アウクスブルク、リリ・ギジツキ（後のブラウン）は、広くさまざまな方向からの出身であったが、いまや〈ドイツ婦人団体連合（BDF）〉の過激な集団を代表していた。しかしこの集団は、自分自身のスタイルを整えはじめたアナ・ジムスンのような人たちから、「穏健派」と同じように心配された。エヴァンスが指摘する。

「一八九八年までに、実際に〈ドイツ婦人団体連合（BDF）〉は明らかに二つの対立した党派に分断して、急進派の力と自信が成長するにつれて、大きな衝突は避けがたく見えた[*8]」

発火の火花は、売春問題であった。激しい戦いの結末は、穏健派の勝利で、急進派の事実上の総崩れであった。また闘争の間、多くの女性たちは自分たちの考えを聞いてもらうことをはばかった。まして、公的な政治の会合に出席することは法律で禁じられていたので、なおさら会合に行けなかった。一九〇八年にこの法律が廃止されたとき、穏健な女性たちは雪崩を打って女性運動に流入した。このために首尾一貫とした論議が決定的に歪められた。この女性たちの多数は、女性運動に社会主義の影響の入り込む危険を撃退することを最優先と見なした。

一九一〇年、穏健派のゲルトルート・ボイマーが、今まで好戦的な穏健派によって、言い換えれば、既にかなり詳細に論議した「永遠に女性なるもの」に封じ込められた諸価値をまったく無反省に支持していた〈ドイツ婦人団体連合（ＢＤＦ）〉の指導者の地位から、シュリットを追放した。アヴァンギャルド芸術に重要であった民族的な要素は、その強さを倍加したので、讃嘆される女性の本質のさまざまな有徳が単純に女性に関係するのではなく、ドイツの女性に関係すると見られた。その組織運動は文学上、ニーチェが生涯において女性の家庭の役割の理想を推進した議論のレベルまで立ち返った。

われわれが見てきたように、ニーチェにとってこの問題を複雑にしたのは、ニーチェ自身の偶像破壊の中に母親への尊敬を組み込んだ、その企てにあった。これによって引き起こされたパラドックスが、本書の数多くのテーマになった。

ここでわたしは、ニーチェ思想が次の四人のフェミニストに与えた影響を、仔細に吟味したいと思う。その四人とは、ヘートヴィヒ・ドーム、ヘレーネ・ランゲ、リリ・ブラウン、ヘレーネ・シュテッカーである。この四人は皆、さまざまな違った道筋でニーチェに到達した。しかしこれらの違いが同時に、世紀転換期と第一次世界大戦を通り抜け、それを超えて、ドイツの女性運動を混乱させた諸問題と諸矛盾を際立たたせる。

ヘートヴィヒ・ドーム（1833-1919）

ヘートヴィヒ・ドームはベルリンで、ユダヤ人家族シュレーの一八人の子供の二番目として生まれた。一八四八年自由の革命がドイツで勃発したとき、かの女は一五歳であった。教師として養成されたものの資格は得ず、一八五二年エルンスト・ドームと結婚し、五人の子供をもうけた。かの女はベルリンの文学と芸術の指導サークルに入り、自分自身の興味を捨てることはなかった。主な興味は小説を書くことで、次にフェミニスト運動のための社会運動であった。本章で詳しく論じるつもりの他の三人の女性たちと違って、ドームは実際に運動内の要職には決して就かなかった。

三〇歳のとき、かの女は最初のフェミニズムの書、『家庭内のイエズス会主義』（一八六三）という論争的な著作を書いた。この本は、家庭の外のドイツ社会において、女性のさまざまな職業上の機会が欠けていることに対する精力的な攻撃であった。かの女は経済的なことや、その他のことであれ、女性の自立を促す方法を組織ぐるみで否定されるやり方について、鋭敏に意識していた。それはかの女の小説『ズィビラ・ダルマー』（一八九六）の中心テーマであったし、小説『戸外』（一八九一）では、婚姻上の背信行為に対する社会の二重道徳を吟味した。*9

ドームは、これから見るように、ストリンドベリやモーパッサンのような男性作家に対しても鋭利な批評家であった。ストリンドベリやモーパッサンやニーチェが、かれら持ち前の能力によって、「一般に受け入れられた女嫌い」と扱われるとき、社会の「一般に受け入れられた女嫌い」と称するものをかれら三人が支持していると、ドームは考えていた。なかでも女性に敵対する社会の空気を増長させたニーチェには特別であった。ただ同時にかの女は、ニーチェに魅せられてもいた。ニーチェの女嫌いの主張に対するかの女の感情は、痛めつけられる失望の一つであった。それでもかの女の論調はつねに均整のとれたもので、決して陳腐ではなかった。かの女が急進派と見なされるところからも、実際のドイツでは穏健派フェミニストがどんなに保守的であったかのしるしである。*10

かの女の論文が伝えるいくつかの思想を吟味する前に、かの女の小説『なんじあるところのものとなれ！』（一八九四）を多少詳しく論じようと思う。というのも、部分的に、ヒントトン・トマスが注意したように、*11 テーマそのものがきわめてニーチェ的だからである（自己に成るということの表現形式に関するニーチェの教えは、既に第二章原註47のルー・ザロメとの関連で論議された）。この小説に取り組むヒントトン・トマスは、この本の中心部をはずす形で、この小説を説明し続ける。*12 これは興味深い点だ。ヒントトン・トマスによれば、精神病院でわれわれが出会う小柄の老婦人にはなにも重要なことは起こらない。最初のページでわれわれが聞かされたように、この老婦人はツァラトゥストラを思い起こさせる深い思想をぶつぶつ呟く。[*13] われわれは物語の最後のページで、ニーチェ著作を引用するかの女の変わった癖に戻るだろう。

老婦人が今際のときに、ニーチェを引用する。

「次の世でわたしがあるところのものになれましょうか？　わたしには白鳥の歌[※4]が聞こえます、お日様が歌っています、ああ夜明けなのね！[*14]」

この老婦人の名はアグネス・シュミットで、「永遠に女性なるもの」の伝統的な価値を敬うよう教育された。しかしかの女はこの価値を否定したから、今は惨めな死を迎えている。現実にかの女の権利である人格になれなかったからである。ヒントン・トマスが見落としたことは、この小説が社会の高齢者差別に反対する情熱的な論争の書であることで、高齢世代のフェミニストの一人としてドームはこれにあまりにもよく気づき、かの女はよくこのテーマに立ち返った（例えば、『戸外』の最初のページにある）。

ドームの重要なニーチェ論文「ニーチェと婦人たち」の中で、実際に自分自身の年齢を見事に利用する。

「フリードリヒ・ニーチェ！　あなたは、今世紀最大の著述家です。なぜにあなたの女性に関する著述はまったく善を超えているのでしょうか？　わたしにとって苦痛です。それがわたしをさらにいっそう孤独に、なおさら年をとらせ、よりいっそう孤立者にします*15」

この小説の筋書きを要約しよう。老婦人シュミットは実際には五四歳にすぎず、公務員と結婚して二女をもうけ、まっとうな生活にあったが、退屈な生活を送った後、精神病院の在留者となる。二人の娘を育てあげたことだけでは、夫人の早すぎる老齢化の説明にはならないように見える。実際にドームは二人の娘を出産後、夫婦の性生活を混乱と消耗としてやめたことを述べている。ピーター・ゲイは中産階級の多数の女性が性生活の貧困と早い老齢に宿命づけられた主な理由の一つとして、「……女性の自然でエロティックな傾向に対する議論は不快で不必要なもの*16」とする。

夫の死後すぐ、アグネス・シュミットは順番にそれぞれの娘と同居する。しかし最初の娘の家族ではあざけりの対象となり、二番目の家族では、自分の年金を義理の息子に譲るよう圧迫を受ける。偶然の幸運から一万マルクを相続すると、かの女は自分のために一ペニヒでも守る決意をして、初めて自己解放の一撃を下し、旅に出る。それでイタリアの途上にいる。

われわれは、かの女が鍵のかかった船室でシャンペンを密かに飲んでいると語られる。だがいまやかの女は不安に陥る。そもそも自分は何者であるのか。この自己存在の意味を尋ねているときに、嵐がかの女を救う。

「海上に嵐がきている！　この熱狂的な陶酔の中に最高の肯定と否定の生命がある」[*17]

主人公の大荒れの感情の背景としての海の選択は、主人公がニーチェの徒であることを確証する。海はまた小説『戸外』の重要な要素であり、不倫カップルが一緒にいられないからと、少なくとも一緒に死ぬことによって（小説の結末では二人の水死による自殺）、切望している自由が得られる。

海の荒々しさと広大さはニーチェの『喜ばしき知識』の借用である。[*18] この海の比喩は、ジャック・デリダが父権制社会（「結び」の原註3を参照）の片隅の女性たちに与える力とはなんの関係もない。確かにドームは実際に、ニーチェの人間心理学で間違った箇所を見つけ出すために、かの女の他の著作と同じように、この『なんじあるところのものとなれ！』でたいそう苦労する。

そういうわけで、いま起こる大事件は、この老婦人の隣人をあふれるばかりに愛する若い医者との遭遇だ。かれは真の同情者、「隣人であって、超人ではない」[*19] のである。問題はかの女が絶望的にかれに恋している、つまり、もしかの女が若いときにかれに会っていたならば、かの女が愛した人となろう。このことは、ヒントン・トマスが充分な成長のない人格性の欠如に触れている以上に、かの女が自分の人生を浪費してしまったことを、むしろ悟らせる。こういうことには耐えられようが、しかし、医者がかの女のことを「祖母の霊」として話しているのを耳にする。そのことがアグネスにきわめて残酷に自分の年齢を思い出させる。その最初の反応は、拒否の反応である。「わたしはそんな年寄りではない、わたしではない！　わたしは愚かに老けたことを憎む！」。それは、「かの女のあるところのものになれない」からである。かの女の死を早めたのは、あの若い医師が精神病院を訪ねたときである。専属の医師から診断がなされた――「早すぎた心の老化」。こうして残酷な仕方で正体が判明する。

ドームの小説は、恋愛場面（カプリ島）の具体的な場所設定と狂気の前兆としての海上の嵐にもかかわらず良い物語で、多くの点で面白い。海上の嵐は『リア王』を彷彿とさせる。わたしが知る限り、高齢者差別の論争は、この時代ではきわめて珍しい。本書で扱う女流作家の著作の中年女性の性に対する態度は、ルー・ザロメの『マー』（第二章原註60を参照）の女性主人公の描写や、またガブリエレ・ロイターの『良家の出身』（第四章原註104を参照）のアガーテと同じように、その特徴として否定的である。ドームは他の小説中でもこのテーマによく触れている。『なんじあるところのものとなれ！』で、五四歳が「古風な老婦人」と見られる事実は、ヒントン・トマスだけでなく、アグネス自身にも、物語の中の既に耄碌している全員によっても、われわれは呆然とさせられるだろう。

ドーム自身は、アグネスにとって性の魅力は過去のものと認識する。しかしドームはこれを社会構造として詳細に叙述し、激しくこれに挑戦する。生を肯定するニーチェの呼びかけに刺激されて、ドームは同時にその小説の隅々でツァラトゥストラの厳しさと論争し、子供の養育に専心する引きこもった一人の女性の人生の結末を、明らかにしようとする。女性が性欲を失うや否やの家庭内への引きこもりは、ニーチェの教えに従っても正当性を持たず、牢獄になる。

この物語は、女性の性に関係する社会の固定観念によって、アグネスの自己の自立が阻止された道程を示している。ニーチェは、女性は性に自由に立入る権利を持たなければならないと主張したから、ドームは現実に、ニーチェの思想を非常に生産的な仕方で挑戦する。かの女は女性の性欲を享受する権利を支持する名言を超え、その先に何があるのかを知ろうと努力する。もし女性が子供を養育する年齢を超えたならば、そのときはどうなるのか？　実際に何があるのか？　確かにニーチェは沈黙していた。ルー・ザロメのこの問題に対する立場も、同じように明確ではない。かの女は自分自身の立場の重荷――おそらく結婚が女性の性の喜びの終わりの告知である――を引き受ける気持ちはなかったように見える。かの女は、結婚の一種の婉曲な言いまわしとして、さまざまな可能性を排除する必要のない二世の契り（夫婦の契り）という表現を好んだ。しかしながらザロメの姿勢は、ミカエラ・ヴィースナーが指摘した通り、[*20]あいまいのままであった。ドームはザロメの知性を充分すぎるほど高く評価した。それでもザロメはニーチェと同じく、結局、女性の人格形成の全体としてではなく、禁止領域である高齢者差別の理由で部分的に反対したと、ドームは思っていた。

　次にわたしは、ドイツの女性運動の性の政治にもっと踏み入った調査をおこないたいと思う。既にたびたび触れたドームのフェミニスト論争に立ち戻ろう。かの女の戦術は、特殊な諸問題に応えることにあった。社会における女性の地位についてのザロメの立場に対するドームの批判は、ザロメのテキストに密接に沿って議論を展開したことを、すでにわれわれは見てきた（第二章原註66を参照）。このことはニーチェ批判でもそうであった。ニーチェの哲学は、たとえドームが他のテーマ（女性運動のようなもの）を書いているときでも、かの女の考えと決して遠くはなかった。

例えば、女性運動の派閥分裂の論説に「男の権利」という題名をつける。これは一種の語呂合わせ「男の権利」即ち「主人の権利」の意味である。この言葉は、ニーチェの「主人道徳」にきわめて近い。[*21] ドームの表現上の技巧は、反復、アイロニー、いくつものページからの同時攻撃、修辞上のものが、「ニーチェと婦人たち」のエッセイだけでも今でも深い印象を与える。

このエッセイでドームは、ニーチェにたどり着くまでにかなりの時間を要したとする。ストリンドベリとモーパッサンの女性嫌いを論じるのに長い序文をあて、「かれらは娼婦を見て女性を見ていない[*22]」との評決で論を閉じる。ドームはこの女性嫌いたちを片づけると、次にその攻撃をショーペンハウアーに移す。女性嫌いを本気で論じようと思うフェミニストはだれもが、その時代の必要な準備段階として、ショーペンハウアーは欠かせない存在であった。実際に、ショーペンハウアーは世紀転換期以前、ニーチェ以上に女性嫌いに関連して触れられる。

ドームはニーチェが女性とは親密な関係はなかったとあれこれ推測し――証明されないまま――、これと、「女性そのもの」に関する断固たる確信から断定するかれの傲慢を比較する。ドームは『善悪の彼岸』の悪名高い文章[*23]に異議を唱える。そこでは、女性たちはハーレムに追放されるように見える。そこで再度あの語呂合わせ主人＝男／家長を使用する。ドームは女を服従させることで自己を肥大化しようとするどの男をも軽蔑する。

「ここでこう読める、女性の最初のそして最後の呼び声は子供を産むことである（新しいことはなにもない）……奴隷を持ちたい者は男でも主人でもない[*24]」

「女性の最大の技巧は嘘であり、その最高の関心は単なる外見と美しさである」[25]というニーチェの女性についての発言に異議を唱えるとき、ドームは、ニーチェがソクラテスではないとだけ結論を下す。というのは、「ニーチェは自分が無知であることを知らない」[26]からである。

ドームは、ニーチェの友人サークルにはマルヴィーダ・フォン・マイゼンブークのような優れた解放された女性たちがいたというのに、ニーチェがこのような発言することにとりわけ嫌悪感を思った。ドームは予想通り辛辣な論調を取った。そしてかの女は鞭の問題に関し、鞭をニーチェが女性に敬意を表するための笏に変える単なる符号と見なす（これはそれ自体で、第二章で論じられた鞭の問題に対する興味深い発言である）。要するに、ニーチェは自分が何をしているのかを知らなかった、とするのだ。

「おおニーチェ！　あなたは高貴で僧侶のような心を持ち、深遠な知者です、けれども真実の単純な問題にはまったく無知の人です！　あなたは神と神々、また星々、海、心と精霊たちと語ります。ただあなたは女性と語り、女性については語れません」[27]

本当の機知と精力から見て、ドームはニーチェには及ばないものの、ニーチェの格好の価値ある相手であった。一八九〇年代全般にわたる、ヴァイマールでの精神崩壊による植物的な生活のため、ニーチェがその論争を通してヘートヴィヒ・ドームのような批評家に応答できなかったことが、たいそう悔やまれる。

ヘレーネ・ランゲ（1848-1930）

ヘレーネ・ランゲは、保守派のフェミニスト運動の主要メンバーであった。既に論じたように、今日ではわれわれはこの派を保守派と呼びたいけれども、かの女たちは穏健派と呼ばれることを喜んだ。われわれの研究にとって重要なランゲの理論的立場には二つのものがあった。女性の人格成長の承認と女子教育の機会均等への専心で、長い生涯における有効的な仕事である。

人格成長における最上の方法に関する議論で、ニーチェ思想は両面の価値を持って考えられた。ニーチェのエリート文化の強調は、ランゲを喜ばせたであろう。かの女はエッセイで、文化的、社会的なエリート（かの女の正確な攻撃目標は社会主義者である）に絶えず言及する。その一方で、ニーチェ哲学は放蕩三昧を勧めているように見えたので、ランゲは断固たる決意でこれに反対する。楽しんで生き抜くというディオニュソス的な適用と、「粗暴な利己主義」の誘いをランゲが嫌うこととの間に相違があることを、ヒントン・トマスは強調した[*28]。

ドームと同じく、ランゲはベルリンに生まれ、教員としての教育を受けた。かの女はベルリンで女子教育の第二段階課程の実科コースを創設し、それは一八九三年にギムナジウム・コースへと改編され、ベルリン市の才能ある子女の貴重なチャンスを開いた（序文原註10を参照）。

かの女は、その前年に、〈全ドイツ婦人協会（ＡＤＦ）〉Allgemeiner Deutscher Frauenverein の役員になった。一八九四年に〈ドイツ婦人団体連合（ＢＤＦ）〉が創設されたとき、そこの会長になり、かの女の死の年、つまり一九三〇年まで連合にとどまった。〈ドイツ婦人団体連合（ＢＤＦ）〉に合流した社会主義者の女性たちに対するかの女の敵意は、すでに挙げた、会議で政治的に正しい位置に置かれる女性の合法性の問題を提起する、法律上の問題を引き起こした。一見すると、ランゲの教育の第一線の大きな戦いと解放運動の急進派に対するかの女の敵意の間には、かなりの矛盾があるように見えるが、実際にはかの女の心中に葛藤はなかった。問題の肝は、ドイツ女性が向上することで、それによってドイツ文化およびドイツの本質がよくなることであった。育成（教育）の問題はニーチェの精神にも決して遠くないし、ランゲの関心にもごく近かった。

「男と女は、必ずしも自然の偶然な機転でそこにいるわけではない。かれらは肉体だけでなく、人間の種の共通の精神的な構造のためにも欠かせない。こういう真実をまず初めに内面的に把握し、実行する国民（民族）は、新しい画期的な時代を開くであろう。ドイツ人はおそらくそういう国民ではないであろう。しかし、ドイツ人女性は他の国々よりも精神的にこの変化の土台を築き、促進できよう。その理由は、ドイツの男をつねに偉大な思想運動の先頭へと先導した、かの女たち国民の精神的な遺産の相当のものが、かの女たちに与えられていたからである。人間の本質における、近づきつつある、そして確実に来る変化の重要性から見て、ゲルトルート・ボイマーとマリアンネ・ヴェーバーの著作に匹敵する著作を、わたしが他の国の女性たちの著作に見つけられないとすれば、それは民族的な偏見であるとは、わたしは思わない[*29]」

ヒントン・トマスはランゲを生まれながらの自由主義者と定義する。[*30] しかし、このランゲの『回想録』からの引用が、ほとんど無意識に勝利者の人民主義に頼っているやり方を証明する主張から、わたしはこの定義を否定する。

右の引用は、主婦の徳を讃美する文章のすぐ後にくる。その中でランゲは、唯物論から脅かされた古い流儀の諸価値に戻ることに賛成する。まずこの引用文は、優生学が真価を認めた思い出ではじまる。それは、これからわたしが明らかにしようと思っている、穏健派と急進派から奉じられていた思い出でもある。その場合（急進派がフェミニズムで活動中）に垣間見える大きな変化は、まずもってドイツには起こらないであろうという見せかけの穏健派の承認がある。それは主として、そういうことが起こらないように、ランゲとその親しい仲間たち（その中で一番親密なのはボイムラー）が取りはからっていたからである。しかしながら、ドイツ人女性たちは、ある説明されない方法（それはほとんど教育を通しては不可能である）によってドイツ文化の先人から、その文化の優秀性をかなり相続していた。その優秀性について、ランゲが、ヴェーバー（保守的な結婚に関する著作の作者[*31]）とボイマーによってドイツが他の国々をリードしているというような発言をするとき、自分は民族的な偏見を展開していないとの主張は、この偏見のみならず、それはドイツを国家社会主義の混沌へと導いた偏狭な熱狂的愛国主義の典型であると、わたしは言いたい。

実際に、ボイマーはヒトラーの下で、きわめて巧みに〈ドイツ婦人団体連合（BDF）〉を運営し続けた。戦後、現実にかの女はいかなる罪も犯していなかったけれども、その行動の説明を求められた。たとえそうでも、この神秘的な雰囲気の創造――このような熱狂的な愛国主義者の文章内の精神 Geist という単語の二つの言及――はめんどうである。なぜなら、その雰囲気は批判を鈍らせるからである。つまり、その単語の正確に英語に訳せない事実に注意すべきである。

当然、この種のレトリックは、事実でないと主張しているが、非常に政治的である。むろんこのレトリックは、ドイツのフェミニズムだけに見られるのではなく、少数の他のフェミニズム運動にもプログラム的に使用されていた。この説得力ある女性の神秘的な雰囲気の使用者の唯一のフェミニストは、エレン・ケイであった。かの女はニーチェ崇拝者で、ニーチェが死んだとき、かの女はエリーザベトに涙あふれんばかりの手紙出した。五年後、エリーザベトは、ニーチェと女性たちのかの女の研究講演のためニーチェ文書館《アルヒーフ》にケイを招待したが、告知されたものの、ケイの病気で実現しなかった。翌年、ケイはエリーザベトに、自分が書いた本にその話を入れたこと、そしてニーチェを絶えず思っていると手紙で書いた。[*32]

エレン・ケイの母性に関する見解とヘレーネ・ランゲのそれを比較することは興味深い。というのはケイは、ニーチェ思想によってたいそう深く確信させられていたからである。ボイマーは、ランゲとは対照的にニーチェ思想のいくつかの見解に同意していた。とりわけニーチェの精神性のない唯物論批判に同意していた[*33]。ニーチェとケイの類似点は育児の役割をニーチェが是認していることである。しかるにランゲは、ニーチェの思想はまちがった方法で人々に与えるだろう危険な能力を含んでいると思っていた。

その一例として、ランゲの「女性運動と現代の結婚批判」（一九〇九）のエッセイで、次の主張が見つけられる。つまり、性欲は生の肯定を高めると提言する「新しい倫理」運動の危険な傾向は、間違いに通じる。すなわち、自由恋愛、開放結婚（婚外交渉を認める結婚形態）などを追い求めることは、利己的な行動である。そのような自由は、女性の人格成長を促すのになんの効果もない。人格は個人の貢献を通し、結婚生活の改善から社会に影響を与える（結婚している夫婦がもっとも相応しく適合するという点で）。若い世代は、かれらの子供たちの世話を社会から期待しないで、安定性と責任感を持たなければならない[*34]。ランゲは、「フェミニストの思想の無政府」の中で、このニーチェ風に吹き込まれた自由は、家庭そのものを、若い人たちに悪例を示すことから危険にさらすと指摘する[*35]。

このようなショッキングな変化を持ち込もうとする女性運動の議論に進む前に、もしニーチェの思想とランゲのそれの間に多くの一致点があったとすれば、ニーチェは愕然としただろうと、わたしは思う。そのことをこれから述べよう。

ニーチェは熱狂的な愛国主義の偽善的な言葉とランゲの論争的な著作の説教を見抜き、かの女がドイツ社会で讃美していた核心は、ニーチェが辛辣に攻撃したもの、つまり、ニーチェが「永遠に女性なるもの」という言葉で要約した女性の役割を高尚らしく見せかけた理想化であることに気がついていた。ニーチェが女性は家庭に引っ込み、次世代の育成の献身によって社会に益することに賛成であったことを、指摘しておかねばならない。その主張はランゲのような穏健派の立場とそんなに違わない。

女性が男性と異なっているという本質論者の主張は、実際に女性運動に専心している多数の女性たち、例えばラウラ・マルホルムやグレーテ・マイセル゠ヘスのような人たちに受け入れられた。[*36] かの女たちは、その理論上の議論をほとんど前進させなかった。それはかの女たちの議論が、どのような検討中の特殊議題であっても、もともと循環論的で、いつも同じ出発点に立ち戻っていくからである。つまり、男性のもって生まれた理性の優越という誤った前提があり、そこから中産階級女性は男性の判断に従うという前提に戻る。

リリ・ブラウン（1865-1916）

リリ・ブラウンに与えたニーチェの影響は、作品よりかの女自身の生活にあった。そのことがフェミニズムの社会的な側面をよりいっそう強調する。ブラウンは第三章の典型的な「新しい（めざめた）女性」よりもはるかに過激であった。実際にかの女は英語の用語をドイツで知られるよう努力した（第三章原註2を参照）。かの女は、本書で論じられる多くの女性たち同様に、貴族出身であった。それゆえ、社会の規則内でよく教育され、相手に対して手助けとなる作法上の規則を知っていた。だが両親を狼狽させたことは、かの女がそのようにはしなかったことである。

リリは従兄弟との恋愛に失望後、一八九三年に身体障害者のユダヤ人と結婚した（知性の人ゲオルク・フォン・ギィツキィ）。そのために両親は娘と絶交した。かれの死後二年を経て、かの女は今度は社会主義者ハインリヒ・ブラウンと結婚する。すると両親は娘を勘当した。これによって、かの女のおじの遺産相続の希望を断たれたから、重大な問題となった。ハインリヒ・ブラウンの財政上の不安定さは有名だったようで、そのためリリ・ブラウンは自ら生活を支えねばならなかった。かの女は必死の努力でそれを賄ったので、途中で健康を害した。

アルフレート・マイヤーが指摘した通り、リリ・ブラウンは過激な政治運動に転向したあと、孤独な生活を送った。[*37] というのはかの女の仲間の社会主義者たちは、しばしばかの女の資格を疑ったからである。実際に、クラーラ・ツェトキンは、かの女に長年の怨恨関係と呼ばれるだけのことをした。問題の一つは、ハインリヒ・ブラウンがリリとかれの二番目の妻との三角関係を持とうとしたことにあった（リリとの三角関係がはじまったとき、ハインリヒ・ブラウンはちょうど結婚したばかりであった）。このことで〈ドイツ社会民主党（SPD）〉Sozialdemokratische Partei（一八九〇年創設。ナチス政府に解体され、一九四五年再建）の友人たちに中傷された。

リリは直接ニーチェから獲得したと思った道徳で生き抜いた。かの女の友人たちはニーチェに感銘を受けておらず、かれらの模範はマルクスであった。かれらは、人生への個人的な見解に我慢がならなかったのである。それに対してマイヤーが示したように、リリ・ブラウンは、子供の頃に教え込まれたキリスト教の原理を激しく拒否するようになっていたので、ニーチェを介してマルクスに近づいた。[*38] こうなると、かの女は（多少それ以前に）ランゲがまったく承認しなかった「新しい倫理」を採用した。のちにかの女はこの問題について、かの女の反ランゲの戦い（成功しなかった）でヘレーネ・シュテッカーを支持するようになる。

リリ・ブラウンは著作中に、ニーチェの名前を頻繁に挙げず、かの女の関心は社会主義の論争を提供することにあった。その主著『婦人問題』（一九〇一）は、女性運動が克服しなければならない社会的、経済的な不公平の事実調査に関係している。これらの要求はヘレーネ・ランゲが要求したそれと大差がないのに、特に一九〇八年以前に公然の政治的方向（左派）のため女性運動に直接的な脅威をもたらしたことを思いおこすまで、ランゲのブラウンへの対立がなぜに激しかったのかはわかりにくい。

このためランゲは、『婦人問題』をまったく読みもせず、ブラウンの著書を「一面的な経済決定主義」の適用として徹底的に糾弾した。[*39] このようなフェミニスト間の分裂は、女性解放運動に対する批判への思うつぼで、中産階級社会全般の嘲笑を引き起こした。例えば、一八九九年の『ユーゲント』誌のユーリエ・ヴォルトーンの「家柄のいい娘たち」という題名の漫画には、一人の若い女性が、相手の女性に「女性問題」とはなんたるかを説明する。「それは、男性が女性に自分の妻になってと頼むか頼まないかの問題だと、わたしは思うわ」[*40]（ドイツ語 Frau ＝妻 wife、即ち女性 woman の語呂合わせであることに注意）。こんな風に『婦人問題』の用語が暴露されると同時に、蔑まされた。

むろんニーチェは、ブラウンのかれ自身の哲学と社会主義との結びつきに不倶戴天の敵意を持ったことだろう。しかし、ニーチェの世代にとっての「社会主義」という言葉は、今日われわれが共産主義で連想する悪霊を呼び出すことと理解しなければならない。つまり、社会主義は個人を抑え、社会の全般的なレベル低下の結果に終わるだろうと推測された。

われわれが後から歴史を考えられる点から言えることは、一九八九年のホーネッカー体制崩壊直後にナウムブルクやライプツィヒ、ヴァイマールを旅行した人たちが確認したように、ニーチェが良く知っていたドイツのまさにその一部で、共産主義——社会主義でない——がこれらの状況をまさしくもたらしたということだ。リリ・ブラウンは実に慧眼の持ち主で、このような月並みな現実を生むならば、社会主義から自分の支持を撤回するといった。

一九一一年のテオドーア・ゴンペルツ[※5]宛の書簡で次のように述べている。

「わたしの考えによれば、社会主義は、個人主義が繁栄するただ一つの健全な方式である。もしわたしが間違っているならば——けれど、かれらがちょうど資本主義を克服しなければならないのと同じように、わたしは社会主義にも克服する健全な本能を確信している[*41]」

再度、強調しておかなければならないのは、ブラウンの修正社会主義は一九一七年のスパルタクス団[※6]の旗の下にあるドイツ共産党の設立よりも前であることだ。かの女の事件の予想能力は、その小説『生の求道者』（一九一五）——充分にニーチェ的な題名——で証明されている。小説は、第一次世界大戦に引きずり込まれる一貴族の経験を取り扱い、ブラウンの書いた通りに第一次世界大戦は展開された。明らかに、かの女が支持した社会主義の烙印が、ニーチェの否定と自己超越の価値を利用して個人の自由を守るであろうと、かの女は確信していた。

マイヤーが示したように、ブラウンの社会主義者——ニーチェのユートピア——は、優れた人間の社会を意味し、平等、画一化、単調な集合体の拒否を意味する。[*42] ブラウンは、ニーチェの哲学は社会主義者の倫理の基礎を提供したと、その自伝的な『ある女性社会主義者の回想』の中で、きわめて率直に主張した。

同志との会話からの、次の引用が明らかにする。

「ニーチェはわれわれが必要とするものを社会主義に与えた、すなわち道徳的な基盤を与えた。かれの偉大な思想のすべてがわれわれの内で生きている。人格への衝動、あらゆる価値の再評価、生の肯定、力への意志……あなたは今生の力に満ちているあらゆるものの中に否定の精神を感じ、前進する意欲を感じないであろうか？　芸術と文学、科学と政治は、これから現在にならんとする過去に対して『ノー』を突きつけている」[*43]

ショーとベルグソン学徒のエラン・ヴィタール（生の飛躍）のヒントと、芸術的価値への哲学と政治の自由な混じりあいによって、リリ・ブラウンの心にニーチェの影響が他の要因と強く織りまぜられるのがみられる。そしてブラウンの社会主義者の同志たち、なかでも特に女性たちが、なぜかの女の主張に得心がいかず、困惑したままであったのか、おそらくわれわれは理解できる。

ヘレーネ・シュテッカー（1869-1943）

第二部の女性たちの中で、ヘレーネ・シュテッカーは、ニーチェ思想の宣伝にもっともひたむきにその生涯を傾けた人であった。その立場は過激な中産階級フェミニストの典型として描かれる。[*44] かの女はリリ・ブラウンのように、家庭で教えられた両親の厳格なカルヴィニズムに反抗し、ドームとランゲのように教師としての教育を受けた。当時ではそれがドイツで高等教育を受けることができるただ一つの手段であった。言うまでもなく、その当時の教師教育は学位基準に至らなかった。

一九〇〇年、かの女は博士号のためベルンに向かい、ちょうど一年かけて書きあげた。ベルリン（一八九六〜九九）でヴィルヘルム・ディルタイ[※7]の研究助手として三年間働いたあとだったが、ミンネ・カウアーと出会って、女性運動に活動的になった。エヴァンスが示すように、[*45] シュテッカーはすでに、かれ、かの女が充分に成長できるよう個人の自由の確信的なニーチェ教徒であったが、これによって、かの女の売春廃止運動の支援が阻止されることはなかった。女性の本質は本来純潔である。売春問題の道義的、社会的な解決が、男性も進んで純潔であらねばならないとする廃止論者の抑圧的なイデオロギーに対し、シュテッカーは非論理的な立場に立つ。しかしながら、国が売春を認めることが不法である点で、だれも皆意見は一致した。

既婚者アレクサンダー・ティレ――ダーウィニズムとニーチェ哲学との融合の支持者*46――との短い恋愛事件のあと、この恋愛が小説『愛』（一九二二）の筋書きの一部となる。この小説にはニーチェへの言及が多く（第三章原註3を参照）、新しい確信をもって登場する。かの女はきわめてニーチェ的な信念で一直線に再びニーチェに遡り、女性は純粋ではなくて、実際には男性と匹敵する性欲を持っていると確信する。万人の望むような純粋という狭量な見解からほど遠く、万人の性の喜びの願望を擁護した。

シュテッカーはまた、ブルジョワ的結婚が個人の成長を制限するとの見解をもとに、喜びと性の充足を個人に与えるであろう「新しい倫理」の主張に、知的精力を捧げた。かの女が使ったお好みの言葉は、「自分を充分に生かす」sich ausleben であった。すでに挙げたように、これはランゲに対する呪詛であったが、その言葉は、かれ、かの女の潜在能力にあふれた人生を送る個人への励ましによる「新しい倫理」運動の精神の要約であった。それは、シュテッカーがいまや組織する協会、マックス・マルクーゼと共に一九〇五年に創設した〈母性保護連盟〉Bund für Mutterschutz の標語になった。

同じ年にかの女は『新世代』*Die Neue Generation* という連盟雑誌を創刊した。それは連盟自体よりはるかに強靭であることが分かった。寄稿者に向けての公開状の形で、シュテッカーは次のように連盟のねらいを説明した。

「連盟雑誌は、機関にも見解にも決然とした改革に、『新しい倫理』に至る予定である。その価値は断念や否定だけではなく、――むろん、ましてや粗野で勝手な快楽追究ではなく、より強靭で楽しい人間を目標とする」[*47]

この連盟の大多数の会員は（全員ではないけれども）、子供を持つことを女性の社会的な任務として、それどころか女性の生物学的な運命とは見なさない。この点で、シュテッカーはきわめて厚かましくも、第二章で論じたように、この問題に関しニーチェ自身の意見を無視した。しかしながら、連盟は、ヴォルフスケールの宇宙論者たちのように、快楽主義を進める組織はつくらなかった。連盟は、売春婦のための施設を設立できなかったけれども、父子関係確定訴訟の女性たちの援助や、未婚の母親たちの福祉助成など、深刻で実際的な問題と関わった。[*48]

連盟の一番の議論の的となった一つは、避妊であった。首脳部の大半（必ずしも全員ではないが）は避妊を受け入れた。主な反対者はウルリヒ・プレーツであった。避妊技術に関する公衆教育のため連盟によってはじめられた運動には多くの支持者がいたが、いくつかの地区で広く市民の心配のもととなり、それにはプロシア皇帝夫妻も含まれていた。[*49]

シュテッカーとプレーツの間の亀裂が連盟に最終的な方向性を与えた。連盟は当初からメンバー内に多数の男性医師を擁していた（ジュリアン・フォレル、一九〇七年の連盟事務長イヴァン・ブロッホ、アルフレート・モル）。かれらは女性の性の喜びの肯定にそれほど関心はなくて、むしろ女性の性を医療対象にすることにあった。[*50] 最終的には一九〇七年以降に、連盟は男性医師たちに乗っ取られたが、それは、保守の穏健派の人たちが分裂したほんの後のことであった。

連盟と、女性には性的関心を楽しむ権利があるというシュテッカーの度重なる声明により、ランゲが家族主義的価値観のかの女の保守的な支持と私生児を減らす問題に、なぜ憤慨したかについて見るのは難しくない。シュテッカーがニーチェに由来する熱心さで逆の説教をしたのは、性の喜びを禁止する古い道徳に対してであった。いまや穏健派フェミニストと連盟首脳部間の確執は避けがたく発展した。この確執は重大である。その理由を単純に説明できないにしても、女性たちが自分たちの性に関しどのような見解を持つかを巡っての問題であった。つまり、ヘートヴィヒ・ドームによって証明されたように、社会的な要因に影響されやすい問題であったからである。

穏健派フェミニストは義務の観念としておぼえこまされていて、実際に性に適うように女性はされていないのが育ちの良いことだと、信じていたように見える。事実、医者たちがかの女らに話していたことを信じていた。

ジェフリー・ウィークスが指摘する。

「一九世紀思想にまったく不在なのは、女性の性は男性の性から独立しているとする考え方である」[*51]

〈母性保護連盟〉の首脳部は、このような不都合な立場を取りはらおうとした。しかしながら、「新しい倫理」はまずはじめに激しい戦いの中で、貫徹されねばならなかった。

　連盟は最初一九〇四年に、ルート・ブレの援助で形を整えた。ブレはヴィリバルト・ヘンチェルの支持する人種衛生学の民族主義的な信奉者であった。ヴィリバルトはアーリア国家主義者にして反ユダヤ主義者で、選抜された植民地育成の計画でベルンハルト・フェルスターと似ていなくもなかった。パラグアイのフェルスターの植民地は、かれが自殺をおこすまでになるさまざまな問題に悩まされていたが、ニーチェの妹エリーザベト・フェルスターはこの事実を隠していた。むろん、一九世紀後半のドイツでは海外植民地を獲得するための途方もない政治的な圧力があった。そのために中産階級の女性たちの援助は協力的であったのである。*52

　ブレがしようとしていたことは、東部辺境地域（現在のポーランド）に、社会工学の計画に則り、ドイツの風土に優れたドイツ系の女性コロニーを創設することであった。かの女は、〈母性保護連盟〉からの資金が貧困女性たちを援助する用途に限られたのを知って、かんかんに怒ってしまった。なんとか、かの女は説得されて、シュテッカーに〈母性保護連盟〉の管理を委ねた。シュテッカーの考えは、かの女の影響圏内ですら論議になった。特に、プレーツの〈母性保護連盟〉の使命に関する人種的な解釈と、避妊規定のかれの激しい反対が広く亀裂を生み出した。とはいえ、シュテッカーは最初プレーツと仲がよかった。シュテッカーはたいそう尊敬し熱心であったパトリック・ゴルトン※8によって開拓された科学、つまり優生学よりも、むしろ避妊問題でプレーツと仲違いした。このことははっきりと述べておかなければならない。エイミー・ハケットが証明したように、ナチスのつくった優生学の犯罪的な使用の結果論的な批判を、シュテッカーに期待するのは不可能である。[*53]

〈母性保護連盟〉内部の分裂は、連盟が一貫した戦術を持たなかったことの結果であった。メンバーの一部は〈母性保護連盟〉を社会改革へ持ち込むための手段と見ていたし、ほかの者たちは優生学の活動計画向けの門戸開放と見なし、ブレと共に連盟の資金が社会の劣った人たちのところにいったことに腹を立てた。結局ブレはライバル連盟をつくったが、すぐにつぶれてしまった。〈ドイツ婦人団体連合（ＢＤＦ）〉の穏健派と〈母性保護連盟〉の急進派間の口論は、一九〇八年の妊娠中絶問題で頂点に達した。つまり、〈母性保護連盟〉首脳部は、中絶求めた女性に厳罰を課すドイツ民法第二一八条の削除のための動議を発動し、ＢＤＦの急進派の援護を得ようとした。エヴァンスが示しているように、ＢＤＦの獲得票は、大多数の穏健派の支持の割には、驚くほどの僅差の勝利であった。この理由は、多数の穏健派が、マリー・シュトリットも含めて、妊娠中絶運動を支持していたからである。もしこの運動が成功していたならば、合法的な中絶の統一的な要求の勝利の結果に終わったならば、ヨーロッパのほかの国々でいまだ達成していなかったものであるから、ほとんどあり得ない過酷な要求であった。[*54]

この急進派の敗北後、ＢＤＦ全体が混乱し、会長のシュトリットは自分の主張で仲間を動かせなかったことを腹立たしくおもったので、ボイムラーに管理運営の道を譲った。やがて〈母性保護連盟〉はＢＤＦの加盟を拒否され、続いて首脳部の、ヘレーネ・シュテッカーを中心とした多数の性的スキャンダルや訴訟が連続して、公衆の眼からは信用を失った。[*55] ちょうどその前に、前述の事件のとき、シュテッカーは、それまでベルリンのレッシング大学の講師であったので、一連の公開講義に多忙であった。その講義は、当時の新聞の切り抜きからすると、ほとんどがみな『ニーチェと女性たち』という題目であったようにみえる。シュテッカーはこのテーマで自分の著作を一九三五年まで出版していなかったが、エリーザベト・フェルスター＝ニーチェの心情に近いテーマの一つであった。

シュテッカーとエリーザベトは一八九五年から交流があった。エリーザベトはシュテッカーに自分のニーチェの伝記の第一巻を送り、中身の濃い文通がはじまり、続いて、エリーザベトに会うために（そのときにはニーチェに会えなかったけれども）シュテッカーはナウムブルクを訪問した。実際にたびたびかの女はヴァイマールを訪問した。かの女はただ一度だけニーチェに一八九七年一〇月に会った（この章で言及したその他の女性たちのだれ一人もかれに会っていない）。ただそのときニーチャはニーチェであって、ニーチェでない人であった（狂気であったから）。

クリストル・ヴィカトは、シュテッカーが一八九五年初めてエリーザベトに会ったとき、ニーチェの女嫌いは、「あまりにも凡庸な、たいそう素朴な人」に対する軽蔑からきていて、それがエリーザベトの意見であったという。[*56] それにもかかわらず、わたしが次に示すように、シュテッカーの一貫した多くの論説は、エリーザベトに対してなだめるような、しばしば率直で友情に溢れた口調をとった。要するに、この二人の女性のニーチェへの敬意が、二人の女性たちの間のフリーメイソン風の同情的な友情をつくりだしたと、わたしは思っている。このことはヴァイマールのゲーテ＝シラー文書館《アルヒーフ》の貴重な図書庫の手紙に基づく、今までだれも触れていない見解である。
シュテッカーとエリーザベトの文通は、少なくとも二十年間は友好的に続いた。シュテッカーは講演の一つで、エリーザベトを「近代女性運動の典型的な代表者」としている。[*57] 女性運動は保守的でますます対外強硬的な性質を帯びていき、ひとはエリーザベトもそうであると主張したが、かの女自身はいつも女性解放運動を軽蔑して語った。加えて、シュテッカーの発言内容は、エリーザベトに讃辞を呈しているものだった。われわれはそれを嫌みであるとは解釈できない。このような不完全な評価に対して、シュテッカーは、そのニーチェ崇拝から盲目的になっていたので、一生の間エリーザベトを導いた反動主義的な原理を理解できなかったのだと言われる。ダーフィト・ホフマンが注意したように、エリーザベトは種々の協会加入を好む人だったから、結局、〈反婦人解放ドイツ連邦〉Deutscher Bund gegen die Frauen-emanzipation の会員になった。[*58]

一八九五年からはじまった二人のまったく異なるタイプの女性間の文通は、一種の同僚のような関係におさまっていった。エリーザベトは称讃の抜き刷りや文書館《アルヒーフ》のたよりをシュテッカーに送ったし、シュテッカーはかの女に自分の新刊本やニーチェに関する論文をおくった。ほかの多くのニーチェ崇拝者からもエリーザベトには同じく殺到したので、まぎれてしまうこともあった。それゆえ、エリーザベトはシュテッカーへ返信しないこともあった。するとシュテッカーは、もう一度同じ手紙を送った。シュテッカーのこの根気の良さこそは、かの女が最初に持ったろうエリーザベトのあらゆる否定的な見解をも克服させた。

シュテッカー宛の手紙のエリーザベトの心のこもった口調は、ルー・ザロメに対するエリーザベトの淑女ぶりと偉ぶった怒りを思い出せば、それこそたいへん面白い。エリーザベトがこんなにもシュテッカーを高く評価したのはなぜなのか、それを理解するのは難しい。シュテッカーの道徳観はエリーザベトの道徳観に反するからである。

シュテッカーはザロメ崇拝者の一人で、ザロメの七〇歳と七五歳の誕生日に祝賀エッセイを書いた*59（明らかにエリーザベトは生き長らえてこれらの初版を目にした）。シュテッカーは自分のザロメ崇拝を隠さなかった。ザロメは自身のライフスタイルで自由の原理を実行に移していたからである（ほとんどザロメの生活は芸術の有機的自然作品と言われた）。しかしシュテッカーは、ポーダッハの『フリードリヒ・ニーチェとルー・ザロメ　かれらの出会い一八八二年』を批評するとき、一八八二年のザロメのニーチェに対する行動に、遺憾な点が多々あったという事実に対してわからなくもなかった。この点では、一九三七年の「ルー事件に対するエリーザベトの行動」に対して向けられた非難にもかかわらず、シュテッカーは、エリーザベトがニーチェのために、かの女とザロメとの争いで明るみにでてしまった情報を解消するため最善を尽くしたことなどいくつかの点は正当であるとして、かの女はエリザーベトに対して公平だった*60。

シュテッカーとエリーザベトの両人が、ニーチェに代わって宣伝しようとする熱意は、向かうところ敵なしであったから、かれら両人の質の違いは問題にならなかったと結論づけねばならない。この二人の友情は第一次世界大戦が勃発するまで二十年間続き（とはいえ、妥協し、シュテッカーを疲弊させた一九一〇年の法廷訴訟後に、文通の刺激はなくなっていた）、互いの尊敬はその後もまだいくらか残っていた。

第一次世界大戦がはじまると、シュテッカーは平和論者のグループに入り、反逆罪と見なされた時代にあって、勇敢な行動となった。一九一五年までグループにとどまり、ニーチェの名前から好戦的な連想を払拭するための聖戦に加わった。

「ベルンハルディ[※9]と共に、特に外国でいまや戦争の知的な根拠とみなされている同じニーチェが、スイスでの教授職を去り、健康に大きな犠牲を払って、医事志願兵として祖国のために出征したこと、また同時に一八七〇～七一年（普仏戦争）の勝利後の（第二帝国）創建時代の戦勝祝賀で熱狂しているときに広まった、ドイツならぬドイツ精神の最強の敵対者の人であったことを忘れてはならない[*61]」

一九二九年のシュテッカー六〇歳の誕生日に、雑誌『新世代』記念号が出版された。所収されたその新聞からの切り抜きの中に、フェナー・ブロックウェイの英語による二つの引用も含まれていた。かれはシュテッカーを「……この四十年間のドイツでもっとも重要な人物の一人であり、女性の平等、性の改革、戦争反対、社会革命の先駆者[*62]」として評している。

一九三〇年代までにはシュテッカーもエリーザベトもお互いに多く語ることもなくなった。シュテッカーは健康も危うくなっていたので、一九三三年二月二八日、国会議事堂が焼き払われたことを耳にすると、すぐさま身分証明書類なしでドイツを立ち去った。ナチスがその後、家宅捜索をしたからだった[*63]。スイスに一時滞在したあと、かの女は最後にニューヨークに落ち着き、そこで客死した。
　かの女は結婚しなかったとはいえ、弁護士ブルーノ・シュプリンガーと長い間恋愛関係にあり、一九三一年のかれの死まで一緒にいた。これまで見たように、エリーザベトはヴァイマールにいて、ヒトラーに機嫌をうかがわれ、ニーチェの名前でムッソリーニの機嫌をうかがった。このような裏切行為をニーチェの崇拝者はかの女に許さないであろう。ムッソリーニを称讃していたオスカー・レーヴィ[※10]でさえ、エリーザベトが自分の立場を利用してムッソリーニを支援したのは間違いであると述べた。[*64]
　計画的な犯意を持って、シュテッカーが社会工学の概念を支持したと思ってはならないように、〈母性保護連盟〉自身が無力な残部委員会となった後、雑誌『新世代』は長く生き残ったという事実によって、この世紀の最初の二十年間に優生学にどれほど多くの関心が持たれていたかを、われわれは思い起こさなければならない。しかし、シュテッカーは健康で幸福な人間の新しい育成を促進する呼びかけに参加するけれども、その主張は、実際にニーチェが遺憾とした排他的愛国主義の人種主義者では決してなかった。事実はその反対例である。
　シュテッカーは、かの女の思想の現実的な重責から、同じ段落内に、ニーチェを医者として、小説の作家として引きあいに出すので、かの女の言わんとすることがときどき分からなくなる。例えば、『将来の愛』（一九二二）という薄い本には、愛の問題でも一般的な関係でも、人々はお互いに尊敬をみせるべきだと書いていている。しかし、初期段階は、おのれ自身の責任に自覚的でなければならない。

かなり初期に出版された、かの女の主著『愛と女性たち』(一九〇六)の中で、女性は自分の内におのれ自身の自由を見つけることが薦められる。

「いまや女性は、自由でありたいと思う人はだれしも、かの女(または、かれ)自身を通してだけそうありえることを知っている[*65]」

「将来の愛」では戦時中を鑑みて道徳的な問題を取り上げ、もしも女性が敵の兵士と恋に落ちたらなど、特殊な道徳の議論があった[*66]。

ニーチェは反フェミニストではなくて、実際は、女性を尊敬した哲学者であったという主張を証明しようとするシュテッカーの著作から、いくつかの文章を吟味したいと思う。わたしはこの点でシュテッカーの前提に同意しない。それは、そのことからどうしてもかの女があまりにも多くの異議を無理に申し立てることになるからである。女性問題におけるニーチェの矛盾は、実際に問題自身に変動が生じるので、うまく釈明できないであろう。しかしながらシュテッカーは、例えば避妊薬のようなものを現実に自由化する観点から、どのように将来の女性を考えるかという世代に向かって語っていた。一九六〇年代の「ブラジャー焼き捨て」のような自由化イデオロギーは言うまでもない。

シュテッカーの手段を示すために、日付の異なった文章から二つ抜き出してみよう。かの女が一八九五年にエリーザベト宛に出した最初の手紙で、シュテッカーがアレクサンダー・ティレに出会う五年前である。第二の文章は一九〇四年に書かれた論文からとられたもので、『舞台と世間』誌に掲載された。

一八九五年　エリーザベト宛の手紙

「あなたが描くニーチェ像は、わたしが抱いているニーチェ像と完全に一致します、それをわたしは今喜んでいます。わたしは、ニーチェは女性を憎んでいなかったと信じています。少なくとも普通の意味で、結婚に関してあれほどの美しい言葉で書くことのできる人――あのような上品に男女を理解する努力をしている人――は、おそらく狭量で、ちっぽけな、感傷的なことに厳しい言葉を吐く権利があるでしょう。そのようなことは、残念ですが、あまりによく女性一般に見られます*67」

一九〇四年　『舞台と世界』誌

「意志（例えばショーペンハウアー）の否定の説教者と対峙して、英雄的に生を肯定する予言者がいる。生を『肯定』する人は、愛も、喜びも、両性の一致も『肯定』する。この人は笑いを語るだけでなく、喜びも聖なるものとして語り、愛もまた聖なるものとして語る。官能と生の喜びに関する中世的な軽蔑の、この『再評価』によって、すでに決定的な一歩を踏み出した。女性もまた中世的な軽蔑から引き上げられた。女性たちは英雄的な楽観主義のこの哲学者に感謝しなければならない理由を持っている。これがはっきりと確定しているならば、ニーチェ自身の生涯において、愛と友情がどのように関係するのか、この問題はますます限りなく複雑になってくる[68]」

まず注意すべきことは、性の喜びが最初の引用文では言及されていないが、第二の引用文では、熱狂的に承認されていることだ。また文章の一つ一つに、弁護調の語り口がある。最初の文章には古いフェミニストに対する多少の自己憎悪がある。別な言い方をすれば、女性は卑しく、ニーチェの女嫌いに値すると言っている（ヘードヴィヒ・ドームが「多くの男たちは卑しい！」というのを人々は耳にしている）。弁護の論調は、弁護すべきことがたくさんあるということである。ニーチェは、見過ごすことのできない女性不信について多少述べた。シュテッカーはニーチェから得たものは失ったものより大きいという弁護によって、これを埋め合わせる。これを正当化して持ち込まれる事実を別とすれば、全体としてもっともな見方である。

シュテッカーのような多くの女性たちにとって、最終的な家長の死んだ手、即ち神を、ニーチェがかの女たちの肩から取りのぞいてくれ、自分たちが何者であるかを再考できるようしてくれたように見えた。われわれはこの反キリストの次元を見くびってはならない。事実、シュテッカーは一元論者であった。[69] 人格への言及は、シュテッカーの他のエッセイには見られるけれども、『フリードリヒ・ニーチェと女性たち』には見られない。主流である穏健派のフェミニストたちによって物珍しいことがスキャンダル化されなかったならば、シュテッカーの思想は関心をもって見られただろうことを思い出させる。そのことがおそらく、ランゲがあのように激しくシュテッカーを攻撃しなければならなかった理由であろう。
最後に、われわれは、シュテッカーが最初の引用文で「上品に」という単語を使うことから、社会主義者ではなかったことが思い起こされる。この言葉はニーチェ哲学からとられたもので、もっとも目につくのは『道徳の系譜』の中である。またシュテッカーはよく「英雄的」という語句を使い、二番目の引用文でも使った。
第二章の、ニーチェの女性の性の見方に関する議論で、女性の目的は子供である、男は単なる手段にすぎないことがよく強調された。シュテッカーは、このような母性に反対ではないけれども（不当にも連盟全体に向けられた主張）、この問題を避ける。そのかわりにかの女は、人種的に優生学的な子孫概念だけでなく、人類全体を改善する潜在能力のある子孫の概念を提供するために、ニーチェの頂点に達する概念と優生学に関する自分の思想とを混ぜ合わせる。

「ほかのいかなる領域以上に、愛と結婚へのより高い重要な姿勢と人種の未来と全人類向上のための重大性を理解するとき、ニーチェの着実にして、有益な効果が感じられる[*70]」

わたしはこの文章を不吉とは解釈しないが、中立的な視点、つまり人種育成の言葉を不偏不党の立場から、われわれが今日語ることはほとんど不可能であるし、同じようにニーチェとシュテッカーの著作に妥当する論評をもはや語れない。しかし、シュテッカーのこの文章のうち重要な語は人種ではなくて、未来である。かの女の「新しい倫理」プログラムにおいて、非宗教的な環境の中で、かの女は他者への尊敬を教え込む方法の提案によって未来に関心を向けようとした。そこでは、相手の攻撃に耐えるキリスト教的な考えに頼ることはできない。こうして、われわれが見てきたように、かの女はその仕事のために、特にフェミニストの問題を超えてしまった。

シュテッカーが、ニーチェの女性を語ったり、書いたりするときの序文では、つねにニーチェの生活で重要だった現実の女性に関することからはじめる。ニーチェの思想がいかにして女性たちを解放し、最終的にその未来に積極的な影響を与えるかを議論しようとする前に、かの女はニーチェの発言のいくつかには、誤解どころではすまないものがあることを、いつも認めていた。それゆえ、かの女はいつもニーチェ哲学のいくつかの主要な眼目を列挙し、それは生の肯定と、自己超越と道徳の再評価（転換）となった。

まる一世紀後、これは「女性」という言葉のあやの、ニーチェの比喩的な使用のいまだ有効的な方法であったと、わたしは思っている。これは現在まぎれもない成長産業になっているのに、現実の女性に関するいずれの議論をも避ける傾向がある。これらの議論はますますあいまいになっていき、日々の生活の女性たちに関係する諸問題から遠のいていると、わたしは感じる。

（＊は原註、※は訳註を示す）

〈第一部〉

第一章　家族と友人たち

＊1　例えば、ドイツ社会の強硬外交論の国家主義に対するニーチェの憎悪に注意すること。つまり「『ドイツ、すべてに冠たるドイツ』、これがドイツ哲学の終末であったことを、わたしは恐れる」。GD「ドイツ人に欠けているもの」1, KSA 6, S.104.／筑摩版14、七六頁。

＊2　Elisabeth Förster-Nietzsche:『フリードリヒ・ニーチェとかれの時代の婦人たち』*Friedrich Nietzsche und die Frauen seiner Zeit* (München, Beck, 1935), S.30-31.

＊3　Erich von Beyreuther:「信仰復興運動」“Erweckungsbewegung”『教会とその歴史』*Die Kirche und ihre Geschichte*, vol 4, ed. by Kurt Dietrich Schmidt and Ernst Wolf (Göttingen, Vandenhoeck and Rupecht, 1977), S.4-8.

＊4　Martin Pernet:『若いニーチェの生活におけるキリスト教』*Das Christentum im Leben des jungen Nietzsche* (Wiesbaden, Westdeutscher Verlag, 1989), S.42.

＊5　Elisabeth Förster-Nietzsche:『フリードリヒ・ニーチェの生涯』*Das Leben Friedrich Nietzsche's*, 3 vols (Leipzig, Naumann, I: 1895, II-1: 1897, II-2： 1904), I, S.23. エリーザベトは祖母のために「博士」の称号を冗談で使用した。それは祖父がそれを使うように決めたからだという。一九二一年七月一〇日、かの女の七五歳の誕生日を記念してイエーナ大学が名誉博士号を授与した。

＊6　次の長々とした書名もった大作、Hermann Josef Schmidts:『ニーチェにおいて隠されている、足跡を読み取る……起源を頼りにして、即ち一八五四～一八五八年のナウムブルクの牧師の家庭、一人の子供が成長していった自分をいかにして驚きをもって掘り起こし、ひそかな詩的哲学的な自己治療で最初の自分の領土を獲得する』*Nietzsche Absconditus oder Spurenlesen bei Nietzsche... An der Quelle: In der Pastorenfamilie,Naumburg 1854-1858 oder Wie ein Kind erschreckt entdeckt, wer es geworden ist, seine “christliche Erziehung” unterminiert und in heimlicher poetphilosphischer*

Autotherapie erstes "eignes Land" gewinnt (Berlin-Aschaffenburg IBDK Verlag, I [kindheit]:1991, II [Jugend]: 1993). シュミットは、フランチスカが夫の早期の死去が原因であれ、自分の本来の性格によるのであれ、自分の子供たちの要求と願望を抑える教育方法を展開した、それがなによりも息子に有害な影響を与えたと主張する（II, Part Three, S.844.)。シュミットのこの大作の企ては、ニーチェの初期の記録文書の足跡を追究するだけでなく、ニーチェ研究の広範囲な展望を与えるものなので、それに対応する補足説明が本来のテキストを埋没させるほどである。すでに書名が症候的、おおよそ四〇語の書名はそのままで説明的であるが、実際にはひじょうに曖昧である。

＊7　Adalbert Oehler:『ニーチェの母』*Nietzsches Mutter* (München, Beck, 1941), S.50.

＊8　H. F. Peters:『ツァラトゥストラの妹　エリーザベトとフリードリヒ・ニーチェの真相』*Zarathustra's Sister. The Case of Elisabeth and Friedrich Nietzsche* (New York, Crown, 1977), S.9.

＊9　Oehler:『ニーチェの母』「フランチスカについて」S.26-68.

＊10　Peters:『ツァラトゥストラの妹』S.149.

＊11　Oehler:『ニーチェの母』S.37.

＊12　Oehler:『ニーチェの母』S.39.

＊13　Oehler:『ニーチェの母』S.34.

＊14　Oehler:『ニーチェの母』S.35. これに対する母親の応えは「それはおのずと解決するだろう」。だがその解答は間違っていたろう。

＊15　Jørgen Kjaer:『フリードリヒ・ニーチェ　母性愛による人間性の損傷』*Friedrich Nietzsche. Die Zerstörung der Humanität durch Mutterliebe* (Opladen ,Westdeutscher, 1990), S.18.

＊16　Kjaer:『フリードリヒ・ニーチェ　母性愛による人間性の損傷』S.16.

＊17　Klaus Goch:『婦人に関するニーチェの意見』*Nietzsche über die Frauen* (Frankfurt am Main/Leipzig, Insel, 1992), S.40-41.

※1　George Eliot（1819-80）イギリスのビクトリア朝の女流小説家。代表作『サイライス・マナー』『ミドル・マーチ』。

＊18　ジョージ・エリオットはフォイエルバッハの「人類の宗教」に同意していた。Rosemary Ashton:『ジョ

ージ・エリオット』*George Eliot* (Oxford/New York, OUP, 1983), S.11. 人間の友情は結婚において最高となるというフォイエルバッハの考えをエリオットは信奉する。かの女は哲学者ジョージ・ヘンリー・ルイースと自分の友情を結婚として見なしていたからである。フォイエルバッハ哲学の立場とニーチェの哲学とはたいへん異なるが、「友情は結婚において最高である」という点で両人に接点がある。

＊19　ニーチェはプフォルタ校で教えられたが、後にギムナジウム制度を非難した。それでも、この学校制度の優れたところから得るところがあった。第三、四章を参照のこと。

＊20　Erich F. Podach:『ニーチェの周囲の人たち』*Gestalten um Nietzsche* (Weimar, Erich Lichtenstein, 1932), S.12.

＊21　GSA 100/1036.

＊22　KSB I, S.82.

＊23　Reiner Bohley:『ニーチェのキリスト教教育』*Nietzsches Christliche Erziehung*, in N-S 18, 1989, S.394-395. ニーチェの母系家族の女性たちは、自分たちの嘆賞しているニーチェが聖職者になる望みで一致していた。ボーライは、家庭内に隠されている軋轢を見てみないふりをするのが、ニーチェ家のやり方であったと述べている。フランチスカと一五歳年上のロザーリエの間にあった緊張は、しかしながら歳月の経過と共に消滅していったように見える。

＊24　Curt Paul Janz:『フリードリヒ・ニーチェ伝』*Friedrich Nietzsche Biographie*, 3 vols (München/Wien,Carl Hanser, 1979), I, S.41. その新聞とは『フォスィシェ新聞』*Die Vossische Zeitung* である。

＊25　GSA 100/1035.

＊26　GSA 100/1093.

＊27　GSA 100/1093.

＊28　Jacques Lacan（1901-81）フランスの精神分析学者。無意識の中に言語構造の形成を見て、自我形成や神経症の解釈を試みた。『著作集』*Schriften I-III* (Olten und Freiburug/Weinheim und Berlin Bd.I: 1973, Bd.II: 1975, Bd.III: 1980). ラカンによると、言語はつねにすでに存在して、男性の存在と女性の不在の立場から性の相違を表している。次を参照のこと。『ラカンと言語の主体』*Lacan and the Subject of Language*, ed. by Ellie Ragland-Sullivan and Mark Bracher (London/New York, Routlege, 1991);

Andrea Nye:『フェミニスト理論と男性の哲学』*Feminist Theory and the Philosophies of Man* (New York/London, 1989).

＊29　Goch:『婦人に関するニーチェの意見』S.17.

＊30　Kjaer:『フリードリヒ・ニーチェ　母性愛による人間性の損傷』S.42.

※2　Jacob Burckhardt（1818-97）スイスの歴史学者。ギリシア芸術史の大家。ニーチェの友人、ギリシア史。

※3　Johann Jakob Bachofen（1815-87）スイスの法制史家、神話学者。バーゼル大学ローマ法教授。主著『母権制支配』。

＊31　Timothy Stunt:「一九世紀初期のジュネーヴと英国の福音主義者」"Geneva and British Evangelicals in the Early 19 Century"『教会史誌』*Journal of Eccesiastical History* 32, I, 1981, S.35-46. Robert Haldane（1764-1842）は英国福音伝道師で、国内福音宣布教会を設立した。かれは洗礼派になる前に、最初の会衆派（集会派）になった。かれは伝統的な神学研究を聖書無視のゆえに批判した。スタントの論文は、イギリスの多数の福音主義派のクリスチャンに、ジュネーヴ復興運動がさまざまな影響を与えたことを明らかにする。

※4　Ernst Ludwig von Gerlach（1795-1877）ドイツの法律家・政治家。『ベルリン政治週報』によって民族精神を説いたビスマルクに反対し、有罪判決を受けた。

＊32　例えば、『バーゼル・プロテスタント伝道協会、五一年度の年間報告』*the Einundfunfzigster Jahresbrericht der evangelischen Missionsgesellschaft zu Bazel* (Basle. flix Schneider, 1866). を参照すること。その報告によると、一八六六年の神学校の学生たちは九〇人で、すべて男子学生であった。

※5　Franz Overbeck（1837-1905）教会史学者。英・独・仏・露語に精通。ニーチェより七歳年長。バーゼル大学でニーチェと同僚。五年間一緒に同居。無二の親友。ニーチェがトリノで狂気になったとき、連れ帰った。オーヴァーベクの神学は、原始キリスト教の現世否定に反対、従って世俗文化がキリスト教に介入することを反対し、否定的神学者の立場に立つ。徹底した合理的、実証的な歴史批判の立場に立つ。反キリストのニーチェに多大な影響を与えた。

＊33　Carl Pletsch:『若きニーチェ　天才に転成』*Young Nietzsche. Becoming a Genius* (New York, Toronto, Oxford, Singapore, Sidney, Free Press, 1991), S.109.

＊34　低地ザクセン州南東部のハルツ山地の麓にある

町。一七九八～九九年冬、ウィリアム・ワーズワースが妹のドロシーと共に滞在した。ウィリアムとドロシーはこの町から閉め出されているので唖然とした。「ワーズワースが妹をつれてきたのが間違いの一歩だった。ここでは妹は単に愛人と見なされていた」とコウルリッジは記した。Robert Gittings and Jo Manton:『ドロシー・ワーズワース』*Dorothy Wordsworth* (Oxford, Clarendon, 1985), S.90.

＊35　ジークフリート・マンデルはルー・ザロメの『ニーチェ』*Nietzsche* (Redding Ridge, Black Swan Books, 1988) の翻訳者。同書「前書き」S.xiv 参照のこと。

＊36　Goch:『婦人に関するニーチェの意見』S.154-155.

※6　NL 一八七〇年末～一八七一年四月七日 [122] KSA 7, S.171-172. ／白水社版Ｉ 3、二三五頁、『ギリシアの国家』／筑摩版2、二八五頁。

＊37　H. KSA 1, S. 787. ／筑摩版2、三二四頁。

＊38　MR Ⅲ, 170. ／筑摩版7、一九八頁。

※7　Peter Gast（1854-1918）本名 Heinrich Köselitz。ニーチェが推奨した成功したかった音楽家。ニーチェ原稿の代筆、音読にも協力し、二人の友情関係は親友の時期もあった。一方でエリーザベトが編集した『力への意志』の偽書に協力。『この人を見よ』でエリーザベトと母親への中傷箇所のエリーザベトの破棄をガストの写しから発見される。Ｇ・コリとモンティナーリの全集に復元。

＊39　ニーチェからガスト宛書簡、一八八三年四月二一日付 KSB 6, S. 365.

＊40　防御否認は、ノイローゼ的な人間が同意できない現実を無意識に抑えることを示す兆候の一つである。この研究の簡潔な説明は、ジークムント・フロイトの『精神分析の五つの講義』*Five Lectures on Psychoanalysis* の第二講義に見つけられる（「精神分析の短い説明」trs. by James Strachey (Harmondsworth Penguin, 1977 [1910])）。この講義はドイツ語でなされたけれども、英語で最初に出版された。

＊41　Mazzino Montinari:「百年前のニーチェとヴァーグナー」『全集編集者の読むニーチェ』*Netzsche lesen* 拙訳、未知谷、二〇一二年、六一～九一頁; Thomas Harrison:『イタリアにおけるニーチェ』*Nietzsche in Italy* (Saratoga ANMA Libri, 1988), S.113-117; H. J. Schmidt: *Nietzsche Absconditus... II*, S.623. シュミットはニーチェの思春期の詩「二羽のヒバリ」から、かれの自慰が一八

五四年までにはじまったと推測し、ピンダーとニーチェとの友情の考えられるエロティシズムを推測している。

＊42　GM III 14. KSA 5, S.370.／筑摩版11、五二三〜二九頁

＊43　Goethe:『ファウスト』*Faust* 第二部「合唱する神秘の群れ」12119.

※8　Erwin Rohde（1845-98）ライプツィヒ時代のニーチェの親友。ニーチェの『ギリシアの悲劇』とローデの『プシケ＝ギリシア人の霊魂崇拝と不死信仰』（1893）はギリシア古代の宗教的・神話的要素の二人の共通要素であり、のちのケレーニャやドッズの『ギリシア人と非理性』による宗教的要素の先取である。ニーチェが尊敬するテーヌの酷評が原因で二人の友情は決裂、二度と修復はならなかった。

＊44　ローデは一八七七年六月二九日にオーヴァーベク（かれはすでに結婚していた）宛に差し迫った自分の結婚の（八月八日）、オーヴァーベクのお祝いの言葉に礼をのべ、ニーチェが同じく「平和の天使」をもたないことを残念がった。『フランツ・オーヴァーベクとエルヴィン・ローデ往復書簡』*Franz Overbeck und Erwin Rohde Briefwechsel*, ed. by Andreas Pzer (Berlin/New York, de Gruyter, 1990), S.21.

＊45　Pletsch:『若きニーチェ』S.337.

＊46　Goch:『婦人に関するニーチェの意見』S.141.

＊47　Elisabeth Förster-Nietzsche:『フリードリヒ・ニーチェとかれの時代の婦人たち』S.46.

＊48　ニーチェが述べる典型的な見解は、「よき結婚はつねに友情の才能に根ざしている」MAM I, 378. 註18を参照のこと。

＊49　ニーチェからエリーザベト宛書簡、一八六三年九月一一日付推定、プフォルタ校 KSA 1, S.254.

＊50　一九三二年一月に、エリーザベトはヴァイマール劇場にムッソリーニのナポレオンの戯曲『百日間』を上演するように勧めた。ヒトラーはこの上演に出席して、エリーザベトを驚かせた。一九三三年一一月二日かの女はヒトラーにニーチェの散歩ステッキを贈った。また一九三四年七月二〇日ニーチェ文書館《アルヒーフ》にヒトラーの訪問を受けた。

＊51　Ben Macintyre:『忘れられた祖国　エリーザベト・ニーチェへの探索』*Forgotten Fatherland The Search for Elisabeth Nietzsche* (London, Macmillan, 1922). を参照のこ

と。

＊52　エリーザベトは、アルフレート・ボイムラーや、アルフレート・ローゼンベルク、またオスヴァルト・シュペングラーなどの有力な助力を得た。シュペングラーは一九二三年以来、ニーチェ文書館《アルヒーフ》の委員会の会員になった。Baeumler:「ニーチェと国家社会主義」"Nietzsche und Nationalsozialismus"『国家社会主義月刊誌』*Nationalsozialismus Monatshefte* 49, April 1934, 1-10. Rosenberg:『二〇世紀の神話』*Mythos des zwanzigsten Jahrhunderts* (1930).『二〇世紀の神話』はナチスのイデオロギーに多大な影響を与えた。シュペングラーは後にファシズムから転向する。それにもかかわらず『西洋の没落』*Der Untergang des Abendlandes* (1918) はファシズムの礎を築いた。

＊53　一八八五年七月五日付エリーザベト宛の手紙にニーチェは、「フェルスターがお前にユダヤ人の愛称をつけたことを聞いてびっくり仰天だよ」と辛辣に書いている。Elisabeth の Eli は「わたしの神」を意味する。

＊54　オスカー・レーヴィからクロスランド夫人宛一九〇八年八月七日付書簡。「どうしてあのような人にあのような妹がいるのか不思議に思いながら、一日中ヴァイマールの町中を眺めて歩きました！　しかしながら、自分の名声にあれほど大きな犠牲を払うあの女性がかわいそうになりました」Ben Macintyre:『忘れられた祖国　エリーザベト・ニーチェへの探索』S.168.

＊55　例えば、Laura Frost:『フリードリヒ・ニーチェの人格』*Die Persökenlichkeit Friedrich Nietzsches* (Königsberg, Hartung, 1906). この本は最初「婦人福祉団体」に紹介された。フロストは「ニーチェの最大の幸運はこのような愛する誠実な妹と母親をもったことだ」と述べている (S.23.)。これが当時のきわめて典型的な見方であった。

＊56　Janz:『フリードリヒ・ニーチェ伝』I, S.377.

＊57　Pletsch:『若きニーチェ』S.94.

＊58　Siegfried Mandel:「ニーチェとユダヤ人」"Friedrich and Jews". フリードリヒ・ニーチェ協会のロイヤル・ホロウェイ・アンド・ベッドフォード・ニューカレッジにおける第三回例会、エガム、ロンドン、一九九三年四月二四日講演。

＊59　Albrecht Bernoulli:『フランツ・オーヴァーベクとフリードリヒ・ニーチェ　ある友情』*Franz Overbeck und Friedrich Nietzsche, Eine Freundschaft*, 2 vols. (Jena,

Diderichs, 1908), I, S.336-351. イーダはこの二巻本に寄稿している。かの女の引用文は I, S.341.
＊60　R. J. Hollingdale:『ニーチェ』*Nietzsche* (London/Boston, Henley, Ark, 1985), S.70.
＊61　Janz:『フリードリヒ・ニーチェ伝』I, S.293.
＊62　Henry Walter Brann:『ニーチェと婦人たち』*Nietzsche und die Frauen* (Bonn, Bouvier, 1976), S.81.
＊63　Brann:『ニーチェと婦人たち』S.97-106; Bernoulli:『フランツ・オーヴァーベクとフリードリヒ・ニーチェ　ある友情』II, S.79-86; Karl Reinhardt:『アリアドネへのニーチェの嘆き』*Nietzsche Klage der Ariadne* (Furankfurt am Main, Vittorio Klostermann, 1936); Erich F. Podach:『ニーチェのノートの一瞥』*Ein Blick in die Notizbücher Nietzsches: Ewige Wiederkunft*, Wille zur Macht, Ariadne (Heidelberg, Rothe, 1963). ポーダッハはラインハルトの解釈を批判している。Satyrspiel（サテュロス劇）は文書館《アルヒーフ》には見つけられない偽造のテキストに基づいている、とかれは言う(S.169)。
※9　Hans von Bülow（1830-94）ドイツの指揮者、ピアニスト。職業指揮者の先駆。リストにピアノ演奏を称讃され、リヒャルト・ヴァーグナーに指揮を学ぶ。リストの娘コージマと結婚するが、コージマはヴァーグナーの許に走り再婚。
＊64　Ronald Hayman:『ニーチェ　ある批判的な生涯』*Nietzsche. A Critical Life* (New York, Oxford University Presss, 1980), S.108.
＊65　Gottfried Wagner（1917-66）コージマの孫。ジークフリートの死後バイロイト祝祭劇場監督を務め、楽劇の革新をおこなう。Gottfried Wagner:「ニーチェの妹とヴァーグナーの妻よ、自分たちの道を前に進んで創造することだ」“Niwtzsche's Sister and Wagner's Wife. Forging their Way Ahead”. フリードリヒ・ニーチェ協会での第四回年会の式辞、ユニバーシティ・カレッジ、スウォンジー、一九九四年四月一六日。
＊66　推定、一八八八年九月初旬。
＊67　Bernoulli:『フランツ・オーヴァーベクとフリードリヒ・ニーチェ　ある友情』II, S.85.
＊68　Hubert Treiber:「パウル・レー　ニーチェの友」“Paul Ree - ein Freund Nietzsches”『ビュントナー年報』*Bündner Jahrbuch* no.29, 1986, S.35-59, 40.
＊69　Treiber:「パウル・レー　ニーチェの友」『ビュントナー年報』S.41.

＊70　Bernoulli:『フランツ・オーヴァーベクとフリードリヒ・ニーチェ　ある友情』II, S.79.

＊71　Otto Weininger:『性と性格』*Geschlecht und Charakter* (London, Heinemann, 1906 [1903]), S.118. 本書第二章原註7を参照のこと。

＊72　ニーチェからオーヴァーベク宛書簡、一八八三年三月六日付。

＊73　Brann:『ニーチェと婦人たち』S.86-88.

＊74　Bernoulli:『フランツ・オーヴァーベクとフリードリヒ・ニーチェ　ある友情』II, S.81.

＊75　Brann:『ニーチェと婦人たち』S.99.

＊76　「イエーナ大学の病歴誌」の報告。Daniele Pia Volz:『病気の迷宮の中のニーチェ　医学的伝記研究』*Nietzsche im Labyrinth seiner Krankheit. Eine medizinische Untersuchung* (Würzburg, Königshausen/Neumann, 1990), S.392-394.

＊77　マリー・バウムガルトナーからニーチェ宛書簡、一八七九年一〇月三一日付 KGA II 6/2, S.1203.

＊78　ニーチェからマリー・バウムガルトナー宛書簡、一八七八年一一月一五日付 KSA 5, S.362-363.

＊79　マリー・バウムガルトナーからニーチェ宛書簡、一八七八年一一月一七日付 KGA II, 6/2, S.997.

＊80　Elisabeth Förster-Nietzsche:『フリードリヒ・ニーチェとかれの時代の婦人たち』S.68-69.

＊81　Janz:『フリードリヒ・ニーチェ伝』I, S.727.

＊82　Hollingdale:『ニーチェ』S.151.

＊83　KGA II, 5, S.179.

＊84　ニーチェからエリーザベト宛書簡、一八七六年八月一日付 KGA II, 5, S.181.

＊85　ニーチェからルイーゼ・オト宛書簡、一八七六年八月三〇日付 KSA 5, S.183-184. ／筑摩書簡集　別巻I、四〇二頁。

＊86　KSA 5, S.186. ／筑摩書簡集I、四〇四頁。

＊87　ニーチェからルイーゼ・オト宛書簡、一八七七年八月二九日付、KSA 5, S.281.

＊88　ルイーゼ・オトからニーチェ宛書簡、一八七七年九月一日付 KGA II, 6/2, S.685.

第二章　ニーチェと永遠に女性なるもの

＊1　Eda Sagarra:『一九世紀ドイツの紹介』*An Introduction to Nineteenth Century Germany* (London, Longman, 1980), S.232.

＊2　Barbara Franzoni:「職業選択権と女性の選択権」"Work Options and Women's Choices" は John C. Fout:『一九世紀のドイツの女性たち　一つの社会史』*German Women in the Nineteenth Century A Social History* (New York/London, 1984), S.257-269. 所収。（結婚していなければ）社会的により良い地位は女性教師になることであった、女家庭教師、病院の看護人。

＊3　JGB 4 [144] ／筑摩版11、一三七頁。

＊4　NL 一八七〇年末〜一八七一年四月7 [122] KSA 7, S.172. ／白水社版Ｉ 3、一三五頁。

＊5　NL 一八七〇年末〜一八七一年四月7 [122] KSA 7, S.173. ／白水社版Ｉ 3、一三六頁。

＊6　JGB 7 [238] ／筑摩版11、二五三頁。

※1　一八世紀中頃のロンドンの社交界で、男性会員が黒絹の靴下を着用していた。それに対し女性は芸術談話会で、青色の毛の靴下を着用した。それが通例差別的に文学・学問好きのインテリ女性と思われるようになった。

＊7　Weininger:『性と性格』S.290-291.

＊8　一八七〇年末〜一八七一年四月7 [122] KSA 7, S.172. ／白水社版Ｉ 3、一三五頁。

＊9　Carol Diethe:『ドイツ表現主義者の演劇における歪められた性の側面』*Aspects of Distorted Sexual Attitudes in German Expressionist Drama* (New York, Berne, Frankfurt, Paris, Peter Lang, 1988), 第一章を参照すること。

＊10　Volz:『病気の迷宮の中のニーチェ　医学的伝記研究』S.5, 392. ロザーリエはフランチスカに自分は「神経過敏」の傾向があると語った。それはフランチスカを当惑させ、とうとうかの女の母親が、それは「一般的な虚弱」と関係しているにちがいないとフランチスカに説明した。Adalbert Oehler:『ニーチェの母』S.30. 参照のこと。

＊11　Peter Gay:『ブルジョワジーの経験　ヴィクトリアからフロイトまで』*The Bourgeois Experience. Victoria to Freud* , 2 vols (New York/Oxford, Oxford University Press, I: 1984, II: 1986), II, S.336.

＊12　GM 16 ／筑摩版11、三八六頁。

＊13　JGB 7 [232]／筑摩版11、二四九頁。
＊14　JGB 7 [214-239]／筑摩版11、二一九〜二五八頁。
＊15　EH「何故わたしはこのようなよい本を書くのか」／筑摩版15、九〇頁。
＊16　JGB 7 [239]／筑摩版11、二五五頁。
＊17　JGB 7 [236]／筑摩版11、二五一頁。
＊18　JGB 7 [236]／筑摩版11、二四八頁。
＊19　一八八六年五月七日付 KSB 7, S.189.
＊20　Brann:『ニーチェと婦人たち』S.32.
＊21　FW 271／筑摩版8、一四二〜一四三頁。
＊22　GD「われわれが古代人に負うところのもの」4／筑摩版14、一五六頁。
＊23　AC 53／筑摩版14、二五四頁。
＊24　Biddy Martin:『ルー・アンドレアス＝ザロメの生きざま』*The Life of Lou Andreas-Salomé* (Ithaca/London, Cornell University Press, 1991), S.55.
＊25　Cornelia Koepcke:『ルー・アンドレアス＝ザロメ』*Lou Andreas-Salomé* (Frankfurt am Main, Insel, 1986), S.186. ケプケは、ウィーンにおけるルーとリヒャルト・ベーアー＝ホフマンの恋愛遊戯（一八九五〜九六）のことに触れている。
＊26　Angela Livingstone:『ルー・アンドレアス＝ザロメ』*Lou Andreas-Salomé* (London, Gordon Fraser, 1984), S.101.
＊27　Martin:『ルー・アンドレアス＝ザロメの生きざま』S.165.
＊28　Lou Andreas-Salomé:『その著作におけるフリードリヒ・ニーチェ』*Friedrich Nietzsche in seinen Werken*, ed. by Ernst Pfeiffer (Furankurt am M./Leipzig, Insel, 1994), S.242.『ルー・ザロメ著作集3』以文社、二五九頁。
＊29　Martin:『ルー・アンドレアス＝ザロメの生きざま』S.38.
＊30　Hubert Treiber:「一婦人をまじえたグループ」"Gruppenbilder mit einer Dame"『フォーラム』誌 *Forum* 35, 409-410, Jan/Feb 1988, S.40-54, 43.
＊31　Treiber:「一婦人をまじえたグループ」S.42.
＊32　Ernst Pfeiffer:『ニーチェ・レー・ルー　彼等の出会いのドキュメント』*Friedrich Nietzsche, Paul Rée, Lou von Salomé. Die Dokumente ihrer Begegnung* (Frankfurt am Main, Insel, 1970), S.239. 拙訳、未知谷、一九九九年、三五一〜三五二頁；Martin:『ルー・アンドレアス＝ザロメの生きざま』S.70-72; Hayman:『ニーチェ　ある批判的な生涯』S.246. を参照のこと。

＊33　Bernoulli:『フランツ・オーヴァーベクとフリードリヒ・ニーチェ　ある友情』I, S.336. オーヴァーベク夫人のイーダ・オーヴァーベクによると、ニーチェがバーゼルに短期間（一八八二年五月）いたときに、かれは、ローマで求婚したとルーが誤解しているかもしれないと心配していたという。ニーチェはルーに「ぼくは人々のゴシップからあなた（ルー）を守るために、あなた（ルー）に結婚を申し込む義務があると思う」と、ニーチェが言っていたとイーダ・オーヴァーベクは報告している。イーダは、きっぱりとルーへのニーチェのプロポーズを否定している。

＊34　Treiber:「一婦人をまじえたグループ」S.43.

＊35　ルー・ザロメのパウル・レーのための日記。Ernst Pfeiffer:『ニーチェ・レー・ルー　彼等の出会いのドキュメント』S.181-182. わたしが特に興奮したのは、同じ思想、同じ感情と考えが一緒に来たことである、わたしたちは半分の言葉でお互いに理解しあえる。

＊36　一八八二年一一月末、おそらくルー・ザロメ宛に意図された断章は、次の文言ではじまる。

フリッツ

「そう、あなたはそのつもりはありませんね
——マンフレド
——子供の帽子を冠った男！
——あの時わたしは恐ろしくて身動きもしなかった
（それは途方に暮れていたのだろう）
——わたしの著書に必ずしも匹敵しない
——父親も忠告者もいない
——ニルソン
——レー
等々」

＊37　Lou Andreas-Salomé:「ある黙示思想家」“Ein Apokalyptiker”『文学雑誌』*Das Magazin für Literatur*, 61, no.47, 19 Nov 1892, 753-755, S.754. この永劫回帰についての批評は、次号 (61, no.48, 26 Nov 1892, 777-779)。

＊38　ルーからの親称のDuの呼びかけ、そしてレーを自分の避難所と呼びかける。ルーに対するレーの愛称は「小さなカタツムリ」であった。

＊39　Livingstone:『ルー・アンドレアス＝ザロメ』S.51. レーはシュティベからルー宛のラブレターを書いていたが、それはプラトニックな恋人が書くことができる官能性のあるものだった。

＊40　Bernoulli:『フランツ・オーヴァーベクとフリー

ドリヒ・ニーチェ　ある友情』I, S.339.

＊41　Rudolph Binion:『ルー夫人　ニーチェのわがまな弟子』*Frau Lou. Nietzsches Wayward Disciple* (Princeton, Princeton University Press, 1968), S.97-99.

＊42　エリーザベトとルーの間の、そのままの詳細は、Peters:『ツァラトゥストラの妹』S.65. にある。このうえない侮辱は、ルーの発言であったように見える。つまりニーチェがちょっかいを出した、それに対して「ルーはニーチェに興奮もせず一晩中過ごした」という。

＊43　ニーチェよりエリーザベト宛書簡、一八八三年七月中旬直後 KSB 6, S.407.

＊44　Bernoulli:『フランツ・オーヴァーベクとフリードリヒ・ニーチェ　ある友情』I, S.340.

＊45　ニーチェからエリザベート宛書簡、一八八三年七月末 KSB 6, S.415.

＊46　Hayman:『ニーチェ　ある批判的な生涯』S.52.

＊47　Erich Podach:『フリードリヒ・ニーチェとルー・ザロメ　かれらの出会い一八八二年』*Friedrich Nietzsche und Lou Salomé. Ihre Begegnung 1882* (Zürich/ Leipzig, Max Niehans, 1938), S.45.

※2　KSA 6, S.247.

＊48　Podach:『フリードリヒ・ニーチェとルー・ザロメ　かれらの出会い一八八二年』S.45.

＊49　Lou Andres-Salomé:『生涯の回顧　回想録概観』*Lebensrückblick. Grundriss einiger Lebenserinnerung* (Zürich/ Wiesbaden, Insel, 1951), S.106.

＊50　『フランツ・オーヴァーベクとエルヴィン・ローデ往復書簡』*Franz Overbeck und Erwin Rohde Briefwechsel*, S.179. 1895. 3. 9.

＊51　Martin:『ルー・アンドレアス＝ザロメの生きざま』は、ルーについて、声高な説明ではないが、両性愛であったかもしれない可能性を示唆する (S.186.)。サド＝マゾヒズムについては、フロイトの「三つの性理論の論文」（一九〇五）GW V, S.27-145. と「女性の性について」（一九三一）GW XIV, S.515-537. と「女性」（一九三三）GW XV, S.121-123. を参照のこと。

＊52　Joachim Köhler:『ツァラトゥストラの秘密　フリードリヒ・ニーチェとかれの暗号化されたメッセージ』*Zarathustras Geheimnis. Friedrich Nietzsche und seine verschlüsselte Botschaft* (Nördlingen, Greno, 1989), S.245-247.

※3　Goch:『婦人に関するニーチェの意見』

※4　Frank Wedekind（1864-1918）ドイツの劇作家。ドイツ表現主義、不条理演劇の先駆者。代表作『春の目覚め』。

＊53　Martin:『ルー・アンドレアス＝ザロメの生きざま』S.178.

＊54　Lou Andreas-Salomé:『フェニチュカ　ふしだら』*Fenitschka. Eine Ausschweifung. Zwei Erzählungen* ed. by Ernst Pfeiffer (Frankurt, Ullstein, 1982, [1898]), S.39.

※5　Sidney James Webb（1859-1947）イギリスの政治家。ウェッブとショーは、一八八四年ロンドンに創立したイギリスの漸進的な社会主義知識人による団体、フェビアン協会に参加。

＊55　Richard von Krafft-Ebing:『精神病の性』*Psychopathia Sexualis* (New York, Ferdinand Enke, 1950 [1898]), S.68. の中で、女性の不感症は神経障害の素質、またはヒステリーの傾向に関係していると述べている。

＊56　Livingstone:『ルー・アンドレアス＝ザロメ』S.131. ルーは少なくとも愛人ゼメクによって一度妊娠していた。それは流産で終わり、またリルケの子供を堕胎した。

＊57　Martin:『ルー・アンドレアス＝ザロメの生きざま』S.176-177.「このテキストは男性の視点から語られているからこそ、ザロメの小説は女性に対する男性の映像を探求し、診断することに成功した。ザロメは女性の想像上の『神秘的なもの』についての社会的、文化的な構成要素にかの女自身の反省のいくつかを、自己批判的な男性人物像の考えの中へ入れる。その人物像によって、女性の謎が女性にとっても明らかにされる」

＊58　Lou Andreas-Salomé:『フェニチュカ』S.97.

※6　Ferdinand Tönnies（1855-1936）ドイツの社会学者。家族・血縁・地縁関係に基づく自然的有機的結合集団の Gemeinschaft（共同体）と会社・学校などの利益の合理的追究や経済的法的な相互関係に基づく人為的な結合集団の Gesellschaft（利益社会）に分類した。『ゲマインシャフトとゲゼルシャフト』岩波文庫、全二冊。

＊59　Treiber:「パウル・レー　ニーチェの友」S.51-53.

＊60　Lou Andreas-Salomé:『マー』*Ma* (Stuttgart, Cotta, 1901), S.193.

＊61　Livingstone:『ルー・アンドレアス＝ザロメ』S.131.

＊62　Lou Andreas-Salomé:「女としての人間」"Der Mensch als Weib"『エロス　四つの論文』*Die Erotik. Vier Aufsätze* (Müinchen, Ullstein, 1979), S.16.

＊63　Richard J. Evans :『ドイツにおけるフェミニスト運動　一八九四〜一九三三年』*The Feminist Movement in Germany 1894-1933* (London/Beverly Hills, Sage, 1976), S.177.

＊64　Hedwig Dohm:「女性運動における反動」"Reaktion in der Frauenbewegung"『未来』誌 *Die Zukunft*, 18 Nov 1899, 279-291, S.280. 使用された言葉は反女権運動家 Antifrauenrechtlerin である。

＊65　Lou Andreas-Salomé:「女としての人間」S.29.

＊66　Lou Andreas-Salomé:「女としての人間」S.36-37.

＊67　Dohm:「女性運動における反動」S.286.

＊68　Lou Andresu-Salomé:「新しい（めざめた）女性に反対する異端者的な考え方」"Ketzereien gegen die modern Frau"『未来』誌 *Die Zukunft* 7, no.26, 1888-89, 237-240, S.239.

＊69　Dohm:「女性運動における反動」S.290-291.

＊70　Gliman L. Sander:『ニーチェとの出会い』*Begegnung mit Nietzsche* (Bonn, Bouvier, 1985), S.303.

※7　Yahoo『ガリバー旅行記』に登場する人の形をした野獣、愚か者。

＊71　G.B.Shaw:『人と超人』*Man and Superman* (Harmondsworth, Pneguin, 1948), S.264.

＊72　James Woycke:『一八七一〜一九三三年のドイツにおける産児制限』*Birth Contorol in Germany 1871-1933* (London/New York, Routledge, 1988). 第四章「流産　下層社会」。

＊73　Richard J. Evans:「ドイツ帝国における売春、国家、社会」"Prostitution,State and Society in Imperial Germany"『過去と現在』誌 *Past and Present*, 70, 1976, 106-129, S.108.

＊74　MAM I, 第七章「女と子供について」424／筑摩版5、三六八頁。

※8　Gottfried Benn（1886-1956）ドイツ表現主義の代表的詩人。詩集『モルグ』、小説集『医師レンネ』、『静学詩篇』。

※9　Ernst Ludwig Kirchner（1880-1938）ドイツ表現主義の代表的画家。表現主義グループ〈橋《ブリュッケ》〉Die Brücke 創立者の一人。代表作《マルツェッラ》《街》《兵士としての自画像》。

＊75　JGB 7 [239]／筑摩版11、二五六頁。

＊76　Annemarie Pieper:『動物と超人の間に繋ぎ留められた綱　ニーチェ『ツァラトゥストラ』第一部の哲学的解釈』*Ein Seil geknüpft zwischen Tier und Übermensch. Philosophische Erläuterungen zu Nietzsches erstem "Zarathustra"* (Stuttgart, Klettcotta, 1990), S.312.

＊77　Z I「老女と若い女について」

※10　ホリングデイルの訳はカウフマンと対照的に "Do not forget your peitsche!" となっている。もし原文のドイツ文が吟味されれば、ニーチェが実際に書いたものは "Vergißß *die* Peitsche nicht!" なのである。ホリングデイルの "your" はカウフマンの "the" でなければならない。そうでないとホリングデイルの訳はカウフマンの「その鞭を忘れてはいけないね！」＝ "Do not forget *the* Whip" と著しく相違する。ピーパーによると鞭は女性に所属するものなのである。

＊78　Pieper:『動物と超人の間に繋ぎ留められた綱』S.310.

※11　Fritz Koegel（1860-1904）ニーチェの著作集大オクターブ版の編集者。

＊79　ペータースがこの小さな出来事を詳しく述べる。Peters:『ツァラトゥストラの妹』S.154-156.

＊80　Hermann Josef Schmidt:「『きみは女のところにいくのかね？』――ツァラトゥストラの鞭――ニーチェの鍵もしくは一世紀の空騒ぎ？」"'Du gehst zu Frauen?' - Zarathustra's Peitsche - ein Schulüssel zu Nietzsche oder einhundert Jahre lang Lärm um nichts ?"『ニーチェ研究』年鑑誌第１巻 ed. by H. M. Gerlach, R. Eichberg and H-J. Schmidt (Berlin, Akademie-Verlag, 1944), S.111-134. フランチスカにとって不幸なことに、ニーチェの想像された性ノイローゼの多くの責任がかの女のせいにされる。わたしは第一章でこのような方法の欠点を論議した。第一章の原註6、原註15～17を参照のこと。しかしながらシュミットは、かれの論文第一部で、文献上の起源と神話の起源への若干の有効な示唆をしており、またあの「悪名高い」写真の有用な洞察もしている。

＊81　Hinton Thomas: 補遺「ニーチェ　女と鞭」"Nietzsche, Women and the Whip", S.132-141. 引用文はS.134.

＊82　Z I「老女と若い女について」／筑摩版9、一一八頁。

＊83　EH 5「何故わたしはこのようなよい本を書くのだろうか」／筑摩版15、九〇頁。

＊84　GD「ある反時代的人間の遊撃」6／筑摩版14、九二頁。

＊85　ニーチェからガスト宛書簡、一八八七年一一月二四日付。「ルソーの信奉者にとってルソーを持ったという事実が懸念を抱かせる、少なくとも、わたしにとってこの男が評価したすべてが、少々疑わしい。同様にかれを評価した人すべて（――それはルソー一家のすべて、それにはシラーも、一部カントも、フランスのジョルジュ・サンド、それどころかサント＝ブーヴ、イギリスのジョージ・エリオットなども）も疑わしい。『道徳的な名誉』を必要とするだれもが、他によいものがないので、ルソーの讃嘆者の一人となり、それはわが国の人気者、自分の自叙伝にまさに一九世紀のルソーとして姿を現す趣味をもっていたデューリングにまで下がっていく」KSB 8, S.203.

＊86　Genevieve Lloyd:『理性の人　西洋哲学における《男性と女性》』*The Man of Reason «Male and Female» in Western Philosophy* (London, Methuen, 1984), S.50.

※12　テレーズ・ル・ヴァスールはルソーの下宿先の女中、ルソーと一生連れ添い、五人の子供を作るが、捨て子をした。

＊87　Mary Wollstonecraft:『女性の権利の擁護』*Vindication of the Rights of Woman* (Harmondsworth, Penguin, 1982 [1792]), S.204.

※13　Christiane Vulpius ヴァイマールの造花工場の女工、ゲーテの第一子アウグストの母親。

＊88　MAM II 第一部「さまざまな意見と箴言」298／筑摩版6、二〇三～二〇四頁。

＊89　JGB 7 [237]／筑摩版11、二三七頁。

＊90　『フリーゲンデ・ブレッター』誌 *Fliegende Blätter*, no.228, 1889, S.195.

＊91　例えば、一八八五年に創立されて、ベルリンで出版された上流婦人用の雑誌がある。この雑誌は宮廷の援助を受け、高邁な精神を証する女性育成の論説を発表した。

＊92　ルソーは、かれのパトロンであるデビネ夫人との絶交を説明し、かれの自叙伝『告白録』*The Confessions* 第九篇の中に詳しく話されている。(Harmondsworth, Penguin, 1953 [1781]).

＊93　JGB 7 [232]／筑摩版11、二五一頁。

＊94　J.J. Rousseau:『エミール』*Émile* trs. by Barbara Foxley (London Dent, 1963 [1762]), S.329.

＊95 Joel Schwartz:『ジャン＝ジャック・ルソーの性の政治学』*The Sexual Plotics of Jean-Jacques Rousseau* (Chicago, Chicago University Press, 1984), S.9.

＊96 Diana Behler:「ニーチェの古代ギリシアにおける女性観」“Nietzsche´s View of Woman in Classical Greece” N-S, 1989. 18, 359-376, S.373.

＊97 Behler:「ニーチェの古代ギリシアにおける女性観」S.372. 女性に平等の身分を認めるプラトンの奇抜さに対するニーチェの敵意を描き、ギリシア女性に持っていたニーチェの好みの繰り返しと「国家に対する自然の治癒力」を、ニーチェが信じていたことを描いている。

＊98 Rousseau:『告白録』S.333.「わたし（ルソー）は、一市民、一父親として行動し、自分自身をプラトンの国家の一員と見なしていた」

＊99 Wollstonecraft:『女性の権利の擁護』S.118.

＊100 Z I「老女と若い女について」KSA 4, S.85. ／筑摩版9、一一九頁。

＊101 Schwartz:『ジャン＝ジャック・ルソーの性の政治学』S.90.

＊102 Theodor Adorno:『ミニマ・モラリア　損なわれた生活』*Minima Moralia. Reflections from Damaged Life* (London, Verso, 1978 [1951]), S.96.

＊103 Sagarra:『一九世紀ドイツの紹介』S.235.

＊104 JGB 7 [231] ／筑摩版11、二四七頁。

第三章　ニーチェと「新しい（めざめた）女性」

＊1 Gordon A. Craig:『ドイツ一八六六～一九四五年』*Germany 1866-1945* (Oxford, Clarendon, 1978), S.207.

＊2 Lily Gyzycki（のちの Braun）：『文学における新しい婦人』*Die neue Frau in der Dichtung* (Stuttgart, T.H.W. Dietz, 1896), S.5.

＊3 Helene Stöcker:『愛』*Die Liebe* (München, Röst, 1922), S.385.

＊4 Stöcker:『愛』S.509-510.

＊5『かの女らは斬新かつ大胆　チューリヒ大学一二〇年の女子教育』*Ebenso neu als kühn. 120 Jahre Frauenstudium an der Universität Zürich*, ed. by Ktharina Beiser and others

(Zürich, eF-eF-verlag, 1988), S.195.

＊6　Janz:『フリードリヒ・ニーチェ伝』I, S.625.

＊7　Mathilde Weber:『医学部学生訪問　女子の大学勉学問題解明論集』*Ein Besuch bei den Stuierenden der Medizin. Ein Beitrag zur Klärung der Frage Des Frauenstudiums* (Stuttgart, Kohlhammer, 1888.9), S.11.『婦人の公益生活』誌 *Die Frau im gemeinnützigen Laben* 特集号。

＊8　『かの女らは斬新かつ大胆』S.193.

※1　KSB 6, S.276.

＊9　Elisabeth Förster-Nietzsche:『フリードリヒ・ニーチェとかれの時代の婦人たち』*Friedrich Nietzsche und die Frauen seiner Zeit* (München, Beck, 1935), S.81.

＊10　Elisabeth Förster-Nietzsche:『フリードリヒ・ニーチェとかれの時代の婦人たち』S.82.

＊11　Christine Lattak:『マルヴィーダ・フォン・マイゼンブークの「イギリス亡命の一八五二〜一八五九年」一つの肖像」*"Im englischen Exil 1852-59" in Malwida von Meysenbug. Ein Porträt,* ed. by Günter Tiez (Frankfurt am Main/Berlin-Wien, Ullstein, 1985), S.71-110.

＊12　JGB 7 [233]／筑摩版11、二四九頁。

＊13　Malwida von Meysenbug:『個性ある人々』*Individualitäten* (Berlin/ Leipzig, Shuster/Loeffer, 1901), S.37.

＊14　Malwida von Meysenbug:『個性ある人々』S.30.

＊15　Malwida von Meysenbug:『個性ある人々』S.36.

＊16　Berta Schleicher:『マルヴィーダ・フォン・マイゼンブークの往復書簡』*Briefe von and an Malwida von Meysenbug* (Berlin, Schuster/Loeffler, 1920), S.145.

＊17　Malwida von Meysenbug:『ある女性理想主義者の思い出』*Memoiren einer Idealistin* (Berlin/Leipzig, Shuster / Loeffer, 1905 [1876])、3vols, I, S.XLIV.（一八八一年増補）

＊18　Schleicher:『マルヴィーダ・フォン・マイゼンブークの往復書簡』S.113.

＊19　Schleicher:『マルヴィーダ・フォン・マイゼンブークの往復書簡』S.10.

＊20　Schleicher:『マルヴィーダ・フォン・マイゼンブークの往復書簡』S.111.

＊21　ニーチェからマルヴィーダ・フォン・マイゼンブーク宛書簡、一八八九年一月四日付 KSB 8, S.575.

＊22　Schleicher:『マルヴィーダ・フォン・マイゼンブークの往復書簡』S.147.

＊23　Meta von Salis:「ヨーロッパ女性の地位」"The Position of Women in Europa"は、Doris Stump:『好ましく

ない女性らしさ』*Die unerwünschte Weiblichkeit* (Zürich,Paeda Media, 1988), S.199-209. に所収。

＊24　Meta von Salis:『わたしの生涯から』*Aus meinem Leben*. この引用文は Doris Stump:『好ましくない女性らしさ』S.60. からの引用。メータのオリジナルのタイプ原稿はバーゼル大学図書館所属の文書館にある。

＊25　Meta von Salis:『わたしの生涯から』、Stump:『好ましくない女性らしさ』S.26.

※2　Agnes von Poitou（1025頃-1077）神聖ローマ帝国皇后。アキタニア公ギヨーム五世の娘で、ハインリヒ皇帝三世の二度目の皇后となる。皇帝死後、息子ハインリヒ四世の摂政となる。一〇六二年ローマに戻り、最後まで教会と密接な関係を保った。

＊26　Meta von Salis-Marschlins:『われわれの時代の選ばれた婦人たち』*Auserwählte Frauen unserer Zeit* (Marschlins/Graubünden, Own Press, 1900). Doris Stump:『かれらはわれわれの理想ではなく――われわれを殺す』*Sie töten uns- nicht unsere Ideen* (Zürich, Paeda Media, 1986), S.148. 所収からの引用、本章原註37を参照のこと。

＊27　この事件の詳細な報告は、Peter Metz:「法律のからくり。女流詩人メータ・フォン・ザーリス＝マルシュリンスの生涯の悲劇的な一挿話」"Im Räderwerk der Justiz. Eine tragische Episode im Leben der Dichterin Meta von Salis-Marschlins"『連邦年鑑』*Bündner Jahrbuch* 1981, S.46-59. を参照のこと。

＊28　Berta Schleicher:『メータ・フォン・ザーリス＝マルシュリンス』*Meta von Salis-Marschlins* (Zürich, Rotapfel, 1932), S.63.

＊29　Doris Stump:『かれらはわれわれの理想ではなく――われわれを殺す』S.157.

＊30　ドイツの読者には、ダヴィド・マルク・ホフマンの優れた David Marc Hoffmann:『ニーチェ文書館《アルヒーフ》の歴史について』*Zur Geschichte des Nietzsche-Archivs* (Berlin/New York,de Gryuter, 1991) があるが、イギリスでは文《アル》書館《ヒーフ》の館員としてのエリーザベトの活動を参照できない。ヴァイマールのゲーテ＝シラー文書館《アルヒーフ》はいまだエリーザベトの整理された浩瀚な書簡索引を所持していない。エリーザベトが一八九五年にフィン夫人に近づいたときにはじまった書簡は、フィン夫人から二五通、かの女の娘エミリからの一九〇九年母親の死去の知らせで終わる。ゾフィー・リッチュルはエリーザベトに二通の手紙（一八九四年二月一八日付と一八九五年九

月二七日付）で答えたが、ほとんど中味のないものだった。一八九七年にエリーザベトがズィルバーブリク荘に移ったのち網の目を広げて、魅力ある後援者と客員講師を募りはじめた、これによってエリーザベトは、ニーチェの知らなかった女性たちに近づいた。例えば、一八九八年初頭のヘレーネ・シュテッカー、それからエレン・ケイである。

＊31　未刊のメータ・フォン・ザーリスからエリーザベト・フェルスター＝ニーチェ宛書簡、一八九八年一月一日付を参照のこと。またH. F. Peters:『ツァラトゥストラの妹』S.150. も参照のこと。

＊32　Meta von Salis-Marschlins:『哲学者と高貴な人　フリードリヒ・ニーチェの性格特性に関する一論考』*Philosoph und Edelmensch. Ein Beitrag zur Charakteristik Friedrich Nietzsches* (Leipzig, Naumann, 1897), S.20.

＊33　Meta von Salis-Marschlins:『哲学者と高貴な人』S.22.

＊34　Meta von Salis-Marschlins:『哲学者と高貴な人』S.59.

＊35　Meta von Salis-Marschlins:『哲学者と高貴な人』S.74.「かれは女の敵ではけしてない」

＊36　Meta von Salis-Marschlins:『哲学者と高貴な人』S.22.

＊37　Meta von Salis-Marschlins:『われわれの時代の選ばれた婦人たち』、Doris Stump:『かれらはわれわれの理想ではなく――われわれを殺す』S.145. 所収。

＊38　Meta von Salis:「ヨーロッパ女性の地位」、Doris Stump:『好ましくない女性らしさ』S.205. 所収。

＊39　Meta von Salis-Marschlins:『哲学者と高貴な人』S.22.

＊40　Meta von Salis-Marschlins:『守護天使』*Die Shutzengel*, 2 vols (München, Carl Merhoff, I: 1889, II: 1891), II, S.186.

＊41　Meta von Salis-Marschlins:『守護天使』II, S.112;『哲学者と高貴な人』S.43.

＊42　Doris Stump:『かれらはわれわれの理想ではなく――われわれを殺す』S.149. メータとヴェールマン男爵夫人との親密な友情の反響がこの場面において見られる（バーゼルで一九一八年私家版として刊行された『ジェンマ』*Gemma*, S.38-39 参照）。それゆえシュトンプは、一八七八～七九年のメータとテオ・シュキンクの友情（レズビアン？）に注目している (S.150.)。そのためブランは二度、メータの男性的な外貌を示唆

することで、かの女がレズビアンであったのではと推測する(S.171, 173.)。メータの性の好みがどうであれ、小説の中で死に瀕死しているファルコーニアがニーチェと類似する。ニーチェはこの小説第二巻が一八九一年に書かれるまでに、精神崩壊に落ち込んでいた。

＊43　Schleicher:『マルヴィーダ・フォン・マイゼンブークの往復書簡』S.156.

＊44　Meta von Salis-Marschlins:『守護天使』S.182-183. ファルコーニアがイーザに語る。「女性は常により繊細で、よりきれいで、もっと並外れていなければならないという考えを、わたしは捨てきれません。ゆえに、もっと歪みやすく、もっと傷つきやすいから、依然として保護が必要であるという考えにつきまとわれることから脱しきれないのです。わたしが将来の女性について考えるとき、このことと強さの概念を、どういうふうに結びつけることができるでしょうか?」

＊45　Elisabeth Förster-Nietzsche:『フリードリヒ・ニーチェとかれの時代の婦人たち』S.74.

＊46　ニーチェよりオーヴァーベク宛書簡、一八八五年三月三一日付 KSB 7, S.35.

＊47　Janz:『フリードリヒ・ニーチェ伝』II, S.307.

＊48　Schleicher :『メータ・フォン・ザーリス＝マルシュリンス』S.55.

＊49　ニーチェよりエリーザベト宛一八八七年一〇月一五日付書簡 KSB 8, S.167.

＊50　H. F. Peters:『ツァラトゥストラの妹』S.150.

※3　Henry Van de Velde（1863-1957）ベルギーの建築家。近代的機能的な建築様式の創始者。バウハウスの前身ヴァイマール工芸学校の校長。

＊51　メータ・フォン・ザーリスからエリーザベト・フェルスタ＝ニーチェ宛の未刊書簡、一八九八年一月一日付は、H. F. Peters:『ツァラトゥストラの妹』S.164. に所収。

＊52　ヤンツはイタリアにおけるルー、レー、ニーチェの三人の関係を読者に思い出させる。Janz:『フリードリヒ・ニーチェ伝』II, S.150.

＊53　Resa von Schirnhofer:「人間ニーチェについて」（一九三七年執筆）"Vom Menschen Nietzsche" は ed. by Hans Lohberger『哲学研究誌』*Zeitschrift für philosophische Forschung*, 22, 1969, 250-260, 441-458. に所収。タイトル「フリードリヒ・ニーチェとレーザ・フォン・シルンホーファー」で所収。ローベルガーの註が S.249-250.

にあり、そのうえ、かれは S.451-458. に関係する手紙を付け加えてある（レーザ宛のニーチェの手紙と、他者宛の手紙にあるかの女に関するニーチェの発言、また、ヴァイマールのゲーテ＝シラー文書館《アルヒーフ》に保存されているレーザからニーチェ宛の二通の書簡の概要）。

＊54　ギルマンは全作を印刷するが、四つに異なって区分する。（1）四七三～四八五頁（「人間ニーチェについて」S.251-260.）、（2）四八九～四九四頁（「人間ニーチェについて」S.441-450.）、（3）五七一～五七四頁（「人間ニーチェについて」S.445-448.）、（4）六九五～六九九頁（「人間ニーチェについて」S.448-451.）。偶然、手に取った読者は、ギルマンが長い著作から断片を抜粋したという印象を与えるだろう。そうではないのだが。

＊55　Resa von Schirnhofer:「人間ニーチェについて」『哲学研究誌』22, S.441.「ツァラトゥストラの岩場」を「聖なる岩場」と呼んでいる。

＊56　Resa von Schirnhofer:「人間ニーチェについて」『哲学研究誌』22, S.434-444. レーザは頭痛がニーチェに与える影響を恐れていた。このとき（一八八四年シルス＝マリーア）、ニーチェはかの女に自分の父親が脳病死したと話した。

＊57　Elisabeth Förster-Nietzsche:『フリードリヒ・ニーチェとかれの時代の婦人たち』S.74.

＊58　GSA, 72/588.

＊59　レーザは強く「自分は結婚そのものの反対者ではありません」と主張する。

＊60　GSA, 72/588.

＊61　KSB 6, S.521. オーヴァーベク宛書簡、一八八四年八月一八日付。「この人は、わたしを笑わせ、わたしによくなついてくれる人なのだよ。今年の冬にパリで自分の哲学の研究を続けるだろう」

＊62　Resa von Schirnhofer:「人間ニーチェについて」S.445. かの女の報告によると、ニーチェは眼に涙をうかべて、「もっと長く滞在できたらいいのにね、君の生き生きした笑い声をいつまた聞けるのかな?」と言ったという。

＊63　マルヴィーダ・フォン・マイゼンブーク宛書簡、一八八四年九月一日付 KSB 6, S.523.

＊64　GSA, Gethe-Schiller Archive, Weimar, 72/588.

＊65　一九〇六年一〇月二二日、手紙をエリーザベトに送付した。七通届いたが、一通はスーツケースにま

ぎれこんでしまい、その後発見された。それでエリーザベトは八通を『フリードリヒ・ニーチェとかれの時代の婦人たち』に収めた。この手紙では（大事なものがスーツケースにまぎれ込んでしまったのだ！）同じくかの女の旅行生活も苦情の原因で、またレーザは、ニーチェからのかの女宛の手紙の出版問題に神経過敏になっていることを語っている。だが、むろんエリーザベトはこの私物の最終的な願いを一蹴した。

＊66　Resa von Schirnhofer:「人間ニーチェについて」『哲学研究誌』22, S.449.

＊67　Resa von Schirnhofer:「人間ニーチェについて」『哲学研究誌』22, S.445.

＊68　一八七七年三月三一日付 KSB 5, S.227.

＊69　Janz:『フリードリヒ・ニーチェ伝』II, S.353.

＊70　Helene von Druskowitz（偽名 E. Rene）:『インターナショナル』*International* (Wien, Metzger/Wittig, 1890), S.37.

＊71　Janz:『フリードリヒ・ニーチェ伝』II, S.353.

※4　Elizabeth Barrett Browning（1806-61）イングランドの詩人。詩人ロバート・ブラウニングの妻。代表作『ポルトガル語からのソネット』『オーローラ・リー』。

※5　Joanna Baillie（1762-1851）スコットランドの劇作家・詩人。抒情詩集『亡命者詩集』。

※6　Perscy Bysshe Shelley（1792-1822）イギリスロマン派の詩人。代表作『女王マップ』。

＊72　Janz:『フリードリヒ・ニーチェ伝』II, S.354.

＊73　ニーチェよりシュピッテラー宛書簡、一八八七年九月一七日付 KSB 8, S.159.

＊74　Helene von Doruskowitz:『新説に関する諸考察』*Zur neuen Lehre. Betrachtungen* (Heidelberg, Weiss, 1888), S.23.

＊75　Janz:『フリードリヒ・ニーチェ伝』II, S.354.

＊76　Helene von Druskowitz:『オイゲン・デューリングかれの評価のための一論文』*Eugen Dühring. Eine Studie zu seiner Würdigung* (Heidelberg, Weiß, 1899), S.133. クリュンメルはこの『オイゲン・デューリング』が一八八八年秋に刊行されたとしている。Richard Frank Krummel:『ニーチェとドイツ精神』*Nietzsche und Der Deutsche Geist,* 2vols (Berlin/New York, de Gryuter, I: 1974, II: 1983), I, S.71.

＊77　Meta von Salis-Marschlins:『女性の将来』*Die Zukunft der Frau* (München, Buchholz, 1886), S.103

＊78　Meta von Salis-Marschlins:『哲学者と高貴な人』

S.40.

＊79　Elisabeth Förster-Nietzsche:『フリードリヒ・ニーチェとかれの時代の婦人たち』S.138.

＊80　Meta von Salis-Marschlins:『哲学者と高貴な人』S.61

＊81　Sander L. Gilman, ed.:『ニーチェとの出会い』*Begegnungen mit Nietzsche* (Bonn, Bourvier, 1981), S.535. 所収の、エミリ・フィンの手紙のフランス語の引用文である。

＊82　Helen Zimmern:「ニーチェの思い出」"Nietzsche Erinnerungen"『フランクフルト総合新聞』*Frankfurter Generalanzeiger*. 一九二六年一一月一六日付。

＊83　Resa von Schirnhofer:「人間ニーチェについて」S.252.

＊84　Meta von Salis-Marschlins:『哲学者と高貴な人』S.22.

＊85　ニーチェよりエリーザベト宛書簡、一八八四年一〇月二二日付 KSB 6, S.549.

〈第二部〉

第四章　創造的な女性たちに与えたニーチェの影響

＊1　ニーチェが病気であったとき、ニーチェに会ったロイターとシュテッカーを除いて、第二部の女性たちのだれ一人としてニーチェを知らなかったので、かの女たちの家族名が使用される。

＊2　Steven Aschheim:『一八九〇～一九九〇年のドイツにおけるニーチェの遺産』*The Nietzsche Legacy in Germany 1890-1990* (Berkeley, Los Angeles/Oxford, University Press of California, 1986).

※1　〈橋〉Die Brücke 一九〇五年キルヒナー、シュミット＝ロットルフ、エーリッヒ・ヘッケルらの表現主義的傾向の若いドイツ人画家たちによってドレスデンで結成された芸術家グループ。一九〇六年にはノルデ、ペヒシュタインが参加。

※2　Paul Anton de Lagarde（1827-91）ドイツの言語学者、東洋学者。ゲッティンゲン大学東洋語教授。ギ

リシア語、カルデア語、アラビア語、シリア語、コプト語の原典を翻訳出版した。

※3 Julius Langbehn（1851-1907）ドイツの著述家。合理的自然主義の時代に非合理主義を唱える。ドイツ精神の内面化を主張し、当時の芸術に影響を与えた。

＊3 Julius Langbehn:『教育者としてのレンブラント』*Rembrandt als Erzieher* (Leipzig, Hirschfeld, 1891 [1890]), S.328. この本はベストセラーとなり、最初の一年で四〇版を重ねた。当初ラングベーンは匿名で出版し、書名も『あるドイツ人による』であった。

＊4 Jean Favrat:『ポール・ラガルドの思想 一八二七〜九一年』（リール大学博士論文）*La Pensée de Paul Lagarde 1827-1891* (Paris, Librairie Honore Champion, 1979), S.491.

＊5 William S. Bradley:『エミール・ノルデとドイツ表現主義 国土の予言者』*Emil Nolde and German Expressionism. A Prophet in His Own Land* (Michigan, Ann Arbour Press, 1986 [1981]), S.19-27.

＊6 Janz:『フリードリヒ・ニーチェ伝』Ⅲ, S.95.

＊7 ニーチェよりローデ宛書簡、一八七三年一月三一日付 KSB 4, S.121.

＊8 ニーチェよりテオドーア・フリチュ宛書簡、一八八七年三月二三日付 KSB 8, S.46.

＊9 オーヴァーベクよりローデ宛書簡、一八九〇年一月二七日付。『フランツ・オーヴァーベクとエルヴィン・ローデ往復書簡』S.139.「たいへんに凶暴な人のように見える——芸術史家、シュレースヴィヒ＝ホルシュタイン人で、明らかにプロの反ユダヤ主義者のようだ……」

＊10 Edith Krull:『女性の芸術 四世紀間の女流美術家の職業像』*Kunst von Frauen. Das Berufsbild der Bildenden Künstlerinnen in vier Jahrhunderten* (Frankfurt am M., Weidlich, 1984), S.151.

＊11 Krull:『女性の芸術』S.151.

＊12 Friedrich Pecht:「ベルリンの女性絵画について」"Über Berliner Damenmalerei"『万人のための芸術』誌 *Die Kunst für Alle*, 6, no.4, 15 Nov 1890, 49-52, S.50. この雑誌はミュンヘンで一八八四〜一九四四年の間、出版された。

＊13 Gustav Pauli:『パウラ・モーダーゾーン＝ベッカー』*Paula Modersohn-Becker* (Leipzig, Kurt Wolff, 1919), S.22.

＊14 Sophie Gallwitz, ed.:『パウラ・モーダーゾーン＝

ベッカー　手紙と日記』*Paula Modersohn-Becker. Briefe und Tagebuchblätter* (Berlin, Der neue Geist, 1949), S.270. パウラよりミリ宛ヴォルプスヴェーデからの書簡、一九〇六年一月一七日付。

＊15　Gallwitz, ed.:『パウラ・モーダーゾーン＝ベッカー　手紙と日記』S.271.

※4　Fritz Mackensen（1866-1953）ドイツ表現主義の画家。ヴォルプスヴェーデという村の絵画的な魅力を最初に発見した。

※5　Fritz Overbeck（1869-1909）ドイツ表現主義の画家。一八九三年ヴォルプスヴェーデの芸術家村に住む。

※6　Hans am Ende（1864-1918）ドイツ表現主義の画家。ヴォルプスヴェーデの芸術家村に住む。

※7　Johann Heinrich Vogeler（1872-1942）ドイツ表現主義の画家、建築家。フリッツ・オーヴァーベクの友人で一八九四年ヴォルプスヴェーデの芸術家村に住む。

※8　Carl Vinnen（1863-1922）ドイツ表現主義の画家。ヴォルプスヴェーデの芸術家村に住む。

※9　Otto Modersohn（1865-1943）ドイツ表現主義の画家。一九〇一年パウラ・モーダーゾーン＝ベッカーと結婚。ヴォルプスヴェーデの芸術家村の創設者のひとり。

※10　Clara Westhoff（1878-1954）ドイツの彫刻家。夫は作家ライナー・マリア・リルケ。ヴォルプスヴェーデに住む。

＊16　Pauli:『パウラ・モーダーゾーン＝ベッカー』S.14.

＊17　モーダーゾーン＝ベッカーがベルリンを去ろうと計画していたときに、母親の電報で出発が遅らされた。かの女は婚約者のモーダーゾーンに一九〇一年三月八日に手紙を出した（Gallwitz, ed.:『パウラ・モーダーゾーン＝ベッカー　手紙と日記』S.198.）。「ここに留まって料理、料理、料理と言われている。でもわたしはそれができないし、したくもないの、もう金輪際やらないわ……」。同じ日に母親宛にも手紙を書いたが、むしろもっと穏やかであった。

※11　Julius Hart（1859-1930）兄 Heinrich Hart（1855-1906）と共にドイツ自然主義文学運動を推進した作家。

＊18　Aschheim:『一八九〇〜一九九〇年のドイツにおけるニーチェの遺産』S.217. アシュハイムは「エーリヒ・ミューザム、シオニストのマルティン・ブーバ

ー、社会主義民族主義的な無政府主義者グスターフ・ランダウアーがこのサークルのメンバーであった」と述べている。

＊19　Jill Lioyd:『ドイツ表現主義　原始主義とモダニズム』*German Expressionism. Primitivism and Modernity* (Newhaven/ London, Yale University Press, 1991), S.109. ハインリヒ・プードァーの例が掲載され、ドレスデン出身のインテリのボヘミヤンがすでに一八九〇年代にヌーディストのパンフレットを出していて、ラングベーンとニーチェをその着想の源と主張した。「プードァーの英雄の金髪の赤い唇、青銅の肉体のゲルマン的な男性の未来像は国家社会主義（ナチス）の理想を予測していた」

※12　Havelock Ellis（1859-1939）イギリスの医師・性科学者・心理学者・社会運動家・文芸評論家。大著『性の心理』はイギリスで発禁、アメリカで刊行。性科学（セクソロジー）の創始者。

＊20　ベルリンから夫オト宛書簡、一九〇一年一月二六日付 Gallwitz, ed.:『パウラ・モーダーゾーン゠ベッカー　手紙と日記』S.185.

※13　〈ユーゲントシュティール〉Jugendsril アール・ヌーヴォーのドイツでの呼称。一八九六年にミュンヘンで創刊された雑誌『ユーゲント』から命名。

＊21　スーザン・メイによって書かれたパンフレットは、ロンドンのヘイウッド美術館の展覧会「ドイツ芸術におけるロマンティック精神　一七九〇～一九九〇年」（一九九四年九月二九日～一九九五年一月八日）の客すべてに手渡された。「ロマン主義の大変暗い時代が第三帝国時代にやってきた。国家主義はナチのイデオロギーによって腐敗した……ヒトラーはドイツ・ロマン派をわが国民の真に本質的な価値のあるもっとも偉大な主唱者として選抜した。そして偉大なドイツ芸術は『教会、子供たち、家庭』を描かなければならないと主張した」。次に多くの放送と新聞記事が一九九四年秋の間つづき、その中に『国家主義的な』ドイツ・ロマン派は第三帝国の先駆者と考えられた。同じようなやり方でニーチェ哲学は、ヴァルター・カウフマンが一九五〇年代にニーチェの名誉回復をはじめるまで、ヒトラーに対して責任あるものと考えられた。

※14　Ottilie Reylaender (1882-1965) ドイツの女流画家。ドイツモダンアートの草分け。ヴォルプスヴェーデの芸術家村に住む。一九一〇年メキシコに移住。

※15 Charles Cottet（1863-1925）フランスの画家。写実主義的、悲劇的表現でブルターニュの漁師の寒村を描く。代表作《ブルターニュの葬式》《祭りの日》。

※16 Lucien Simon（1861-1945）フランスの画家。一九〇〇年万博で名声を博す。印象派的な明るい色彩及び伝統的写実主義でブルターニュの風俗を描く。

＊22 ベルンハルト・ヘトガーはモーダーゾーン＝ベッカーの作品の幾つかを論評した。例えば、Bernhard Hoetger:「パウラ・モーダーゾーン＝ベッカーの思い出」"Erinnerungen an Paula Modersohn-Becker" は C. E. Uphoff：『パウラ・モーダーゾーン＝ベッカー』*Paula Modersohn-Becker* (Leipzig, Klinkhard/ Biermann,1920), S.12-15. 所収。

※17 Arnold Böcklin（1827-1901）スイスの象徴主義の画家。作品は神話の題材を取ったものが多い。ブルクハルトやケラーやヒルデブラント等の友人。代表作《死の島》。

※18 Marie Bashkirtseff（1860-84）ロシアの女流画家、音楽家、作家。かの女の『日記』（一八八七）は日記文学の傑作とされている。

＊23 Marie Bashkirtseff:『日記』*Journal* (Paris, Charpentier, 1903), 2vols, I, S.13.「もしわたしが有名になるまで生きながらえないとしても、この日記は科学者の興味を引くだろう。いち女性の日記は、一日一日を正直に書き記せば、つねに興味を呼び起こす……わたしはあらゆることを絶対に書こうと思う。それなくして、この日記はなんの意味があるだろう。とにかくわたしが書くすべてを、人ははっきりと見るだろう」。マリが一八八四年にこの文章を書いたとき一二歳であった（いまだ大人の女性ではなかった）。かの女は一八八四年に亡くなった、享年二五歳だった。

＊24 J. Diane Radycki:『パウラ・モーダーゾーン＝ベッカーの手紙と日記』*The Letters and Journals of Paula Modersohn-Becker* (Matuchen, New Jersey/London, 1980), S.168. 註9参照のこと。

＊25 Krummel:『ニーチェとドイツ精神』II S.48.

＊26 Gallwitz, ed.:『パウラ・モーダーゾーン＝ベッカー 手紙と日記』S.109. 一八九九年三月、正確な日付はない。

＊27 Oscar Schürer:「パウラ・モーダーゾーン＝ベッカーの作品」"Das Werk der Paula Modersohn-Becker" は『案内書』*Der Cicerone*, 15, 1923, 813-826, S.825. 所収。

＊28 Shulamith Behr:『女流表現主義者』*Women Expressionists*

(Oxford, Phaidon, 1988), S.24.

＊29　Maria Hecht:「婦人たちに与えたニーチェの影響」"Friedrich Nietzsche Einflußauf die Frauen"『婦人』*Die Frau*, 6, no.8, 1898-1899, S.486-491. これは『世紀転換期の文学的な声明　一八九〇～一九一〇年』*Literarische Manifeste Jahrhundertwende 1890-1910*, ed. by Erich Ruprecht and Dieter Bansch (Stuttgart, Metzler, 1970), 545-549, S.546. に所収。

＊30　Maria Hecht:『世紀転換期の文学的な声明　一八九〇～一九一〇年』S.549. の註16は、以下のように書いてある。「実際にニーチェの哲学は婦人界の内部では、急進派フェミニストの要求からの方向転換を意味した。ニーチェ哲学は新たにフェミニストを生物学的な役割に縛りつけ、新たに男性支配を理想化した」

＊31　ベルリンよりモーダーゾーン＝ベッカー宛書簡、一九〇一年一月三一日付。Gallwitz, ed.:『パウラ・モーダーゾーン＝ベッカー　手紙と日記』S.189.

＊32　例えばグスタフ・クリムトの一九〇三年の絵《妊娠》、Adèle Schreiber:『母性』*Mutterschaft* (München, Langen, 1912). この本には妊婦と母性の美化された造形的な描写が入っている。ヨーロッパ芸術の女性の裸体画を議論するには、John Berger:『見方の方法』*Ways of Seeing* (Harmondsworth, Penguin, 1972), S.63. を参照のこと。

＊33　Karl Scheffler:「新しい本」"Neue Bücher"『芸術と芸術家』誌 *Kunst und Künstler*, 19, 1921, 331f, S.331.

＊34　Scheffler:「新しい本」『芸術と芸術家』誌 S.332.

※19　〈青騎士〉der Blaue Reiter は〈橋《ブリュッケ》〉Die Brücke に続くドイツ表現主義の運動。ミュンヘンでカンディンスキーとマルクが作った。クレーも加わる。

＊35　Peter Lahnstein:『ミュンター』*Münter* (Neuberg, Etal, 1971), S.15. 多数のドイツ人批評家たち同様に、ヴェレフキンを貴族と呼ぶ間違いを犯す。

※20　Alexej von Jawlensky（1865-1941）モスクワ生まれ、ドイツ表現主義の代表的画家。レーピンに学ぶも、カンディンスキーと交友し表現主義に傾倒。〈ミュンヘン新芸術家協会〉や〈青騎士〉に参加。

※21　Wassily Kandinsky（1866-1944）ロシア出身の画家。抽象絵画の創始者。フランツ・マルクと〈青騎士〉結成。教育者としてもバウハウスで教鞭を執る。代表作《コンポジション》シリーズ。

※22　Elisabeth Epstein（1879-1956）ウクライナ生まれ。ロシア・ドイツ・フランス・スイスで活躍したロシア

の画家。

※23　Maria Marc（1876-1955）ドイツの画家。フランツ・マルクのパートナー。

※24　Natalia Sergeevna Goncharova（1881-1962）ロシア・アヴァンギャルドの画家、デザイナー。ミハイル・ラリオーノフとともに立体未来主義を提唱。〈青騎士〉創設メンバー。

＊36　Karl Scheffler:『婦人と芸術』*Die Frau und Die Kunst* (Berlin, Julius Bard, 1908), S.38

＊37　Scheffler:『婦人と芸術』S.98.

＊38『ユーゲント』誌 *Jugent*, 13, 1909, S.268.「ハンス・フォン・マレーの展覧会の女たち」を参照すること。本書一九九頁右上図版。

※25　Ernst Von Wolzogen（1855-1934）ドイツの作家。ヴァーグナー理解のために多数の文を書く。

＊39　Baron Ernst von Wolzogen:『第三の性』*Das dritte Geschlecht* (Berlin, Eckstein, 1899), S.94.

＊40　Wolzogen:『第三の性』S.92.

＊41　ラーンシュタインはヴェレフキンを次のように中傷する。「……情熱的な女性、しかも、なおあらゆる自然の成就を放棄している人は、一個の人間の中に貴婦人、予言者、魔女を兼ね備えている」(Lahnstein:『ミュンター』S.15.)。かれは、またミュンターが描くヴェレフキンに触れ、「この女性は身体に、なにか具合が悪いところがある」かのように、いくぶん斜めに立っている (S.15.)。このなにかは性に関するものなのか、それともロシアにいたときの乗馬事故によって不自由になったかの女の左手に関係しているものなのか、ラーンシュタインは未解決のままである。

＊42　Emil Marriot:「ニーチェと〈新しい女性〉」"Nietzsche und das neue Weib", *NWT* 121, 3 May 1903. これは Krummel:『ニーチェとドイツ精神』II, S.116. に引用された。マリオトは、ニーチェの理想的な少女は「ハーレムの少女にほかならない」とし、東洋の条件はドイツには存在しないだろう、と付け加える。

＊43　Anne Mochon:『ガブリエレ・ミュンター　ミュンヘンとムルナウの間に』*Gabriele Münter. Between München and Murnau* (Cambridge, Busch-Reisinger, 1980), S.43. の註2の中で、モッホンは女性出品者を報告している。一九〇九年：エルマ・ボッシ、エミー・ドレスラー、カーラ・ポール、ガブリエレ・ミュンター、マリアンネ・ヴェレフキン。一九一〇年：エルマ・ボッシ、マ

リアンネ・ヴェレフキン、ガブリエレ・ミュンター。
一九一一年：エルマ・ボッシ、マリアンネ・ヴェレフキン。

＊44 Gabriele Kleine:『ガブリエレ・ミュンターとヴァシリー・カンディンスキー 二人の伝記』*Gabriele Münter and Wassilz Kandinsky. Biographie eines Paares* (Frankfurt am Main, Insel, 1990), S.680. の註4を参照のこと。フランクフルトは例外であった。画家ヨハン・クリスチャン・ヘールトは、一八五〇年代に自分の娘を芸術院に受け入れるよう要求した。だが他のドイツの都市（ベルリン、デュッセルドルフ、ドレスデン、カールスルーエ、ケーニヒスベルク、ヴァイマール）の芸術院は、女性の入学を拒否した。

※26 Wilhelm Hüsgen（1877-1962）ドイツの彫刻家。カンディンスキーらによってミュンヘンで結成された〈ファランクス〉に参加。

＊45 Mochon:『ガブリエレ・ミュンター』S.34.

＊46 Johannes Eichner:『カンディンスキーとガブリエレ・ミュンター 近代芸術の起源について』*Kandinsky und Gabriele Münter:vom Ursprunge moderner Kunst* (München, Ania, 1954), S.40-42.

＊47 ミュンターはヘアヴァルトとネル・ヴァールデン（1878-1941 ドイツの芸術評論家。『嵐』誌 *Strum* で表現主義を推し進めた）と親しくなり、かの女の作品はベルリンの嵐画廊で展示された。ナチス時代、かの女は仕事を禁じられたが、戦後になるとかの女の作品を理解する記事が定期的に掲載され、特に『芸術作品そして芸術と美しき故郷』誌 *Das Kunstwerk and Die Kunst und das schöne Heim* に載せられた。またかの女は海外、とりわけアメリカで有名になった。

＊48 Sixten Ringbom:『鳴り響く宇宙 カンディンスキーの霊化と抽象画の起原研究』*The Sounding Cosmos. A Study in the Spiritualisation of Kandinsky and the Genesis of Abstract Painting* (Abo, Academia, 1970), S.64.

＊49 Wassily Kandinsky:『芸術における精神について』*Concerning the Spiritual in Art*, trs. by M. T. H. Sadler (New York, Dover, 1977), S.14.

※27 Blavatsky（1831-91）ウクライナ生まれ。神智学の創始者。インドで神智学研究を続ける。

＊50 Kandinsky:『芸術における精神について』S.40.「明るい温かな赤は……強さ、活力、決断力、勝利の感情を告げる。音楽では、それはトランペットの音、強く、

厳しく、鳴り響く音である」。また Shulamith Behr:『女性表現主義者』S.42. で、ベーアは、この絵の左側のいくつかの青い楕円形は、綱に吊るされた洗濯ものであるという。しかし、わたし（著者）は、屋根と地面の上の雪は墓石に違いないと思う。

＊51　ZⅢ「古い石の板と新しい石の板について」

＊52　Margarete Susman:「ニーチェ理解に向けて」"Zum Verständnis Nietzsches", *FZg* 339, 7 Dec 1912. これは Krummel:『ニーチェとドイツ精神』I, S.504. に所収。

※28　Emil Nolde（1867-1956）ドイツ表現主義の画家。〈橋〉に参加し、木版画や水彩画の名手。

※29　Stefan George（1868-1933）ドイツの詩人。芸術至上主義を主張、大きな影響力をもった。

※30　Karl Wolfskehl（1869-1948）ドイツの詩人、文化哲学者。反主知主義者、ナチス支配と共にイタリア、ニュージーランドに亡命。

＊53　Kleine:『ガブリエレ・ミュンターとヴァシリー・カンディンスキー』S.97.

※31　Ludwig Klages（1872-1956）ドイツの哲学者。生の哲学者の有力な代表者。

※32　Alfred Schuler（1865-1923）グノーシス派の神秘主義者、空想家。自分自身をローマ人の生まれ変わりとみなす。宇宙論サークルの中心人物で、生涯本を出版することはなかったが、シュテファン・ゲオルゲとルートヴィヒ・クラーゲスは、彼に強く影響された。

＊54　Kleine:『ガブリエレ・ミュンターとヴァシリー・カンディンスキー』S.98.「両人はクラーゲスとシューラーを疑わしい」と言っている。

＊55　Jelena Hahl-Koch:『マリアンネ・ヴェレフキンとロシア象徴主義　美学と芸術理論の研究』*Marianne Werefkin und der Russische Symbolismus. Studien zur Ästhetik und Kunsttheorie* (München, Otto Sanger, 1967), S.17.

※33　Iliya Efimvoich Repin（1844-1930）ロシアの画家。ウィーンとパリで学び、ロシア帝政時代、アカデミズムに抗し移動展方式で一般民衆のためを謳った〈移動派〉Wnderer-peredvischmiki に参加した。

＊56　Bernd Fäthke:『マリアンネ・ヴェレフキン　生涯と作品一八六〇～一九三八年』*Marianne Werefkin. Leben und Werk1860-1938* (München, Prestel, 1988), S.45.

＊57　Fäthke:『マリアンネ・ヴェレフキン』S.43.

＊58　Fäthke:『マリアンネ・ヴェレフキン』S.44.

＊59　Fäthke:『マリアンネ・ヴェレフキン』S.42.

＊60　Behr:『女性表現主義者』S.40.

※34　Wladimir Solowjev（1853-1900）ロシアの哲学者、神学者、詩人。ローマ教会と東方正教会を統一する普遍教会を提出。科学と哲学の統合を考えた。ドストエフスキー、象徴派の詩人などにも深い影響を与えた。

＊61　Hahl-Koch:『マリアンネ・ヴェレフキンとロシア象徴主義』S.15.

＊62　Wladimir Solowjev:「戦争、進歩、短い反キリスト者の話を含んだ世界史の終末に関する三つの会話」"Drei Gespräche über Krieg, Fortschritt ,und das Ende der Weltgschichte mit Einschluss einer kurzen Erzählung vom Antichrist"『ドイツ語版全集』*Deutsche Gusamtausgabe* (München, Erich Wewel Verlag, 1980), 8vol, Ⅷ, S.608. の註 S.375.

※35　Georgiu（270頃-303頃）ローマ軍人、聖人。ディオクレティアヌス帝のとき斬首される。カッパドキアの都ラシアで龍退治をした伝説がある。

＊63　Wladimir Solowjev:『反キリスト者の短い物語』*Kurze Erzählung vom Antichrist*, ed. and trs. by Ludolf Müller (München, Erich Wewel Verlag, 1986), S.63. の Ludolf Müller:「編集者あとがき」。

＊64　Marianne Werefkin:『未知の人への手紙　一九〇一〜一九〇五年』*Briefe an einen Unbekannten 1901-1905*, ed. by Clemens Weiler (Cologne, Verlag M. duMont, 1960), S.58.

＊65　GM「序言」1／筑摩版11、三五九頁。

＊66　Werefkin:『未知の人への手紙　一九〇一〜一九〇五年』S.68.

＊67　Hahl-Koch:『マリアンネ・ヴェレフキンとロシア象徴主義』S.9.

＊68　Hahl-Koch:『マリアンネ・ヴェレフキンとロシア象徴主義』S.88.

＊69　Carol Diethe:『ゲーテ時代の女流作家たち』*Women Writers of the Age of Goethe VI* (Lancaster University, Modern Languages Occasional Papers VI, 1994), S.3-19. 所収の「ベッティーナ・フォン・アルニムと永遠の子供らしさ」"Bettina von Arnim and the Ewig-Kindliche" を参照のこと。

＊70　Werefkin:『未知の人への手紙　一九〇一〜一九〇五年』S.50. ヴェレフキンは自分の人格の中に、男性的な性質が優勢であったと思った。かの女はより孤独となる運命であった。というのもかの女を正しく評

価できるさらに強い人を、見つけることができなかったからだ。かの女が自分自身で発見した女性的な性質は、気に入られることと同情だった。

＊71　Werefkin:『未知の人への手紙　一九〇一～一九〇五年』S.34.

＊72　Franziska zu Reventlow:『エレン・オレスティエルネ　ある伝記』*Ellen Orestjerne. Eine Lebensgeschichte* (München, Marchlewski, 1903), S.575.

＊73　Franziska zu Reventlow:『日記　一八九五～一九一〇年』*Tagebücher 1895-1910* (München/Wien, Langen-Müller, 1971), S.42.

※36　ヴァーグナー楽劇『ニューベルゲンの指輪』第二部。ヴォータンに背いてジークムントに加勢したことで火に囲まれた山の上に眠らされた。

＊74　Franziska zu Reventlow:「男まさりの女かそれとも高級娼婦か」"Viragines oder Hetären"『チューリヒ論争』誌 *Züricher Diskussionen* 2, no.22, 1899, S.7.

＊75　Kleine:『ガブリエレ・ミュンターとヴァシリー・カンディンスキー』S.100.

※37　Rudolf Pannwitz（1881-1969）ドイツの小説家、文明批評家。「豊かな精神生活こそ人間の生の意味である」との信念でヨーロッパ文化の将来を提言した。

＊76　Rudolf Pannwitz:『ニーチェ入門』*Einführung in Nietzsche* (München, Verlag Hans Karl, 1920), S.5-8.

＊77　Johannes Szekely:『フランチスカ・ツー・レーヴェントロー伯爵夫人　生涯と作品』*Franziska Gräfin zu Reventlow. Leben und Werk* (Bonn, Bouvier, 1971), S.79-81.

※38　モレク、モロク、セム族の神で、神をなだめるために親が自分の子供を生け贄にした。『聖書』レビ記一八章二一節、列王記下二三章一〇節、エレミヤ紀三二章三五節。

＊78　Franziska zu Reventlow:『ミスター貴婦人の手記または町の注目すべき地区の出来事』*Herrn Dames Aufzeichnungen oder Begebenheiten aus einem Merkwürdigen Stadtteil* ed. by Walter Rösler (Berlin,Der Morgen, 1990 [1913]), S.69.

※39　Ludwig II（1845-86）ヴァーグナーの後援者。プロイセン＝オーストリア戦争（一八六六年七週間戦争）ではオーストリアに味方したが、普仏戦争（一八七〇～七一）後、ヴィルヘルム一世の戴冠式でのドイツ皇帝の帝位には同意した。ノイシュヴァンシュタイン城などの壮大な建築物を造る。一八八六年精神病に

なり、シュタンベルク湖で水死した。

＊79　Reventlow:『ミスター貴婦人の手記』のヴァルター・レスラー「あとがき」S.194. シュテファン・ゲオルゲとヴォルフスケール・サークルのユダヤ人たちは、反ユダヤ主義の発表に個人的に脅かされているとは感じなかった。他方で宇宙論のグループはかれらの原則に同意していたから、活況を呈していた。

＊80　Reventlow:『ミスター貴婦人の手記』のヴァルター・レスラー「あとがき」S.211.

＊81　Reventlow:『ミスター貴婦人の手記』S.74. クリユンメルは『ニーチェとドイツ精神』II, S.505. で、この小説のニーチェの卓越性を軽く扱っていながらも、この文章を引用する。なるほどそれは正当かもしれないが、それでもわたしは、多種多様なニーチェへの寄せ集めの言及がそっくりそのまま重要な恩義となっている文化的な傾向を伝えたい。

＊82　Reventlow:『ミスター貴婦人の手記』S.150.

＊83　Helmut Fritz:『性の反乱　フランチスカ・ツー・レーヴェントローの生涯』*Die erotische Reblion. das Leben der Franziska zu Reventlow* (Frankfurt am Main, Fischer, 1980), S.90.

＊84　Käthe Schirmacher:『近代の女性運動』*Die moderne Frauenbewegung* (Leipzig, Teubner, 1909), S.83.

＊85　R. Hinton Thomas:『ドイツ政治と社会におけるニーチェ　一八九〇～一九一八年』*Nietzsche in German Politics and Society 1890-1918* (Manchester, Manchester University Press, 1983), S.86. で議論される。

＊86　Carl Bleibtreu:『ゲーテから現在までのドイツ国民文学史』*Geschichte der deutschen National-Literatur von Goethes Tod zur Gegenwart*, ed. by Georg Gellert, 2 vols (Berlin, Herlet, 1912), I, S.158.

＊87　Grete Meisel-Heß:『体験としての婚姻』*Die Ehe als Erlebnis* (Halle, Diekmann, 1919), S.236-237.

＊88　MAM I 7 [394]／筑摩版5、三五三頁。

＊89　Helene Lange and Gertrud Bäumer:『婦人運動の手引き書』*Handbuch der Frauenbewegung*, 5 vols (Berlin, W. Möser, 1901-1906, I: 1901), S.106

＊90　Laura Marholm:「才能の大地」"Der Erdboden des Talents"『自由劇場』誌 *die freie Bühne* I, no.7, 19 Mar 1890, S.201-205. Krummel:『ニーチェとドイツ精神』I, S.84. に引用。

※40　Ola Hansson（1860-1925）スウェーデンの詩人、

小説家。ニーチェの影響を受ける。自然主義に反対し、新ロマン主義を唱える。

※41 Johan August Strindberg（1849-1912）スウェーデンの劇作家。自然主義の代表的作家。代表作『島の農民』『令嬢ユリエ』『大海のほとり』。

＊91 Marilyn Scott-Jones:「ラウラ・マルホルムと女性の本質の問題」"Laura Marholm and the Question of the Female Nature"『永遠なる女性を超えて』*Beyond the Eternal Feminine* ed. by S. L. Cocalis and K. Goodman (Stuttgart, Hans-Dieter Heinz, 1982), 203-223, S.211.

※42 Heinrich Hart（1855-1906）ドイツの作家。弟 Julius（1859-1930）と共同でいくつもの雑誌を刊行し、自然主義文学運動を起こした。

※43 Arno Holz（1863-1929）ドイツの作家・理論家。シュラーフと共に徹底自然主義を唱える。雑誌『自由劇場』主幹、自由劇場創設の一人。『ハムレット親爺』『ゼーリケ一家』をシュラーフと共に創作した。

※44 Wilhelm Bölsche（1861-1939）ドイツの哲学者、ダーウィンの進化論を取る。

※45 Ola Hansson:『ニーチェ、その人物と体系』*Nietzsche, seine Persönlichkeit und sein System* (Leipzig, 1910).

※46 Max Dauthendey（1869-1918）ドイツの詩人。日本にも来日した。象徴派から印象派に移行。異国情緒に富んだ作品を書く。

※47 Edvard Munch（1863-1944）ノルウェーの画家。表現主義的な作風で知られる。作品《叫び》は富に知られる。版画にも独特な作品を残した。

※48 Otto Julius Bierbaum (1865-1910) ドイツの詩人・小説家。雑誌『自由劇場』『牧神』を創刊。

＊92 G. Schulz:「自然主義」"Naturalism"『ドイツ文学における諸時代』*Periods in German Literature*, ed. by J.M. Ritchie (London, Wolff, 1966), S.218.

＊93 Scott-Jones:「ラウラ・マルホルムと女性の本質の問題」『永遠なる女性を超えて』S.222-223.

＊94 Scott-Jones:「ラウラ・マルホルムと女性の本質の問題」『永遠なる女性を超えて』S.215.

※49 Richard Dehmel（1863-1920）ドイツの詩人。ニーチェとリーリエンクローンに多大な影響を受ける。その作風は自然主義に陥ることなく神秘的形而上学への強い傾向がある。衝動を肯定し、官能的な愛を描いた。詩『救済』、小説『二人の人間』。

＊95 Albert Soergel:『現代の文学と詩人』*Dichtung und*

Dichter der Zeit (Leipzig, Voigtländer, 1911), S.620.

＊96　Soergel:『現代の文学と詩人』S.620.

＊97　Laura Marholm:『女性の心理学について』*Zur Pschyologie der Frau*, 2vols (Berlin, Carl Duncker Verlag, I: 1897, II: 1903), I, S.305.

＊98　Laura Marholm:『社会運動の中の婦人たち』*Die Frauen in der socialen Bewegung* (Mainz, Franz Kirchheim, 1900), S.172.

＊99　Marholm:『女性の心理学について』II, S.42-56.

＊100　Scott-Jones:「ラウラ・マルホルムと女性の本質の問題」『永遠なる女性を超えて』S.222.

＊101　Laura Marholm:『婦人たちに関する本』*Das Buch Der Frauen* (Paris and Leipzig, Langen, 1895), S.218. また第三章原註37を参照のこと。

＊102　Gabriele Reuter:『子供から大人へ　わたしの青春物語』*Vom Kind zum Menschen. Die Geschichte meiner Jugend* (Berlin, Fischer, 1921), S.451.

＊103　Gabriele Reuter:『良家の出身』*Aus guter Familie* (Berlin, Fischer, 1895), S.220.

＊104　Reuter:『良家の出身』S.309.

＊105　Richard Johnson:「ガブリエレ・ロイター　ロマン派作家と写実主義作家」"Gabriele Reuter. Romantic and Realist"『永遠なる女性を超えて』225-244. S.243.

※50　ニーチェはこのとき既に一八八九年一月三日に発狂していたから、ロイターがニーチェに会ったときは、三年余が経過していた。ロイターのニーチェ訪問は以上のような背景を念頭に置いて欲しい。

＊106　Reuter:『子供から大人へ』S.458-460.

＊107　Gabriele Reuter:「幸福のための教育」"Die Erziehung zum Glück"『北と南』誌 *in Nord und Süd* 32, 1910, 45-67, S.55.

＊108　Gabriele Reuter:『レックリンクのリーゼロッテ』*Liserotte von Reckling* (Berlin, Fischer, 1903), S.141.

＊109　Reuter:『レックリンクのリーゼロッテ』S.144.

＊110　Reuter:『レックリンクのリーゼロッテ』S.145.

＊111　ロイターの他の小説『牧場のエレン』*Ellen von der Weiden* (1900)、『アメリカ人』*Der Amerikaner* (1906)、『涙の家』*Das Tränehaus* (1909) も同様である。

＊1　Linda Alcoff:「文化フェミニズム対ポスト構造主義　理論に於ける同一性の危機」“Cultural Feminism versus Post-structualism. the Identity Crisis in Theory”『文化と社会の女性雑誌』*the Journal of Women in Culture and Society*, 13, 1988. no.3, S.405-436. アルコフは二種類のフェミニズム――本質主義と唯名論を論じる。それは一九七〇年代のリベラル・フェミニズムの終末後に明確化された。かの女は本質主義に、新しいゲットー形成の危険をみるし、唯名論に、女性理論家が肉体の同一性の所有すら忘れる危険性を見る。

＊2　Heide Schlüpmann:「昨今の婦人運動のニーチェ受容の問題について」“Zur Frage der Nietzsche-Rezeption in der Frauenbewegung gestern und heute”『今日のニーチェ　一九六八年以降のニーチェ著作の受容』*Nietzsche Heute. Die Rezeption seines Werkes nach 1968*, ed. by Susan L. Cocalis and Sara Lennox (Berne/Stuttgart, Francke , 1988), S.177-193. いまや理論派のフェミニズムはシュテッカーのような初期のフェミニスト実践派に譲歩しなければならなくなったことを、シュリュプマンは弁護している。わたしは本第五章の終わりでシュテッカーを論じる。

※1　Gottfried Kinkel（1815-82）ドイツの詩人。バーデンの反乱に参加、捕えられる。無期刑の判決後脱獄し、イギリスに亡命した。

※2　Bettina von Arunim（1785-1859）ドイツの女流作家。ブレンターノの妹で、アヒム・フォン・アルニムの妻。『ゲーテと子供との往復書簡』。

＊3　現在ベルリンにベッティーナ・フォン・アルニム協会があり、『ベッティーナ・フォン・アルニム協会年間国際雑誌』を発行している。

※3　August Bebel（1840-1913）ドイツの社会主義者。ドイツ社会民主党を創設（一八七五）。何度も入獄するが、筋金入りの社会主義者。主著『女性と社会主義』『自叙伝』。

＊4　Helene Lange:「フェミニストの思想混乱」“Feminisitische Gedankenanarchie” (1908) は、『闘争時代、四〇年間の論文と講演』*Kampfzeiten.Aufsätze und Reden aus vier Jahrzehten*, 2 vols (Berlin, F. A. Herbig, 1928), II, S.i-8. に所収。

＊5　Richard J. Evans:「ドイツ帝国における売春、国

家、社会」『過去と現在』誌 S.226-227.

＊6 Evans:「ドイツ帝国における売春、国家、社会」『過去と現在』誌 S.24.

＊7 Evans:「ドイツ帝国における売春、国家、社会」『過去と現在』誌 S.26.

＊8 Evans:「ドイツ帝国における売春、国家、社会」『過去と現在』誌 S.41.

＊9 Hedwig Dohm:『ズィビラ・ダルマー』*Sibilla Dalmar* (Berlin, Fischer, 1896), S.68.「かの女は、現実に結婚するか、もしくは、数十年経てば夢のような二千マルクの金額をもらえる教師になる選択しかないのではないか――どうだろうエラ・リート？」。エラ・リートはズィビラのオールドミスの従姉妹である。『戸外』*Plein Air* は一八九一年にベルリンで出版された。

＊10 Hinton Thomas:『ドイツ政治と社会におけるニーチェ 一八九〇～一九一八年』S.81.

＊11 Thomas:『ドイツ政治と社会におけるニーチェ 一八九〇～一九一八年』S.89.

＊12 Thomas:『ドイツ政治と社会におけるニーチェ 一八九〇～一九一八年』S.89-90. これから説明されるドームの小説『なんじあるところのものとなれ！』*Werde, die Du bist!* (Breslau, Schottländer, 1894) は、トマス自身のきわめて概括的な要約説明であることに注意すること。

＊13 Dohm:『なんじあるところのものとなれ！』S.151.

※4 白鳥が死ぬ時に歌うとされた辞世の歌。

＊14 Dohm:『なんじあるところのものとなれ！』S.236.

＊15 Hedwig Dohm:「ニーチェと婦人たち」"Nietzsche und Die Frauen"『未来』誌 *Die Zukunft*, 1898, S.534-543.

＊16 Peter Gay:『ブルジョワジーの経験 ヴィクトリアからフロイトまで』I, S.165.

＊17 Dohm:『なんじあるところのものとなれ！』S.203.

＊18 JW II, 60. ／筑摩版8、一三五～一三六頁。

＊19 Dohm:『なんじあるところのものとなれ！』S.229.

＊20 Michaela Wiesner:『その本来の意味おける生――ルー・フォン・ザロメの性欲に関するエッセイ』*Life in its Original Meaning - Lou Andreas-Salomés Essays on Eroticism*,『リルケ協会誌』11/12, 1984/1985, S.39-41.

＊21　Hedwig Dohm:「主人道徳」"Herrenrechte"『未来』誌 *Die Zukunft* ,14, 1896, 508-512.

＊22　Dohm:「ニーチェと婦人たち」『未来』誌 S.535.

＊23　JGB 7 [238]／筑摩版11、二五二〜二五三頁。

＊24　Dohm:「ニーチェと婦人たち」『未来』誌 S.537.

＊25　JGB 7 [232]／筑摩版11、二四八頁。

＊26　Dohm:「ニーチェと婦人たち」『未来』誌 S.540.

＊27　Dohm:「ニーチェと婦人たち」『未来』誌 S.543.

＊28　Thomas:『ドイツ政治と社会におけるニーチェ 一八九〇〜一九一八年』S.82.

＊29　Helene Lange:『回想録』*Lebenserinnerungen* (Berlin, F. A. Herbig, 1921), S.273.

＊30　Thomas:『ドイツ政治と社会におけるニーチェ 一八九〇〜一九一八年』S.86.

＊31　Alfred G. Meyer:『フェミニズムとリリ・ブラウンの社会主義』*The Feminism and Socialism of Lily Braun* (Bloomington, Indiana University Press, 1985), S.34.

＊32　この情報は、ゲーテ＝シラー文書館《アルヒーフ》のエリーザベト・フェルスター＝ニーチェ宛のエレン・ケイの未刊の手紙から拾い上げられた。これは、ケイが語ったという趣旨で、ニーチェ文書館《アルヒーフ》に展示される間違った説明文と混同されるべきではない。

＊33　Gertrud Bäumer:『女性と精神生活』*Die Frau und das geistige Leben* は、ヒントン・トマスに引用される。Hinton Thomas:『ドイツ政治と社会におけるニーチェ 一八九〇〜一九一八年』S.82. 註17。

＊34　Helene Lange:「女性運動と現代の結婚批判」"Die Frauenbewegung und die modern Ehekiritik"『戦いの時代 四〇年間の論文と講演』*Kampfzeiten. Aufzätze und Reden aus vier Jahrzehnten*, 2 vols (Berlin, Herbig, 1928), I, S.8-29.

＊35　Helene Lange:「フェミニストの思想の無政府」"Feministische Gedankenanarchie", S.1.

＊36　グレーテ・マイセル＝ヘスは小説家でもあった。また性の問題について筆を執った。『性の危機』*Die sexuelle Krise* (1909)、『性の本質』*Das Wesen Der Geschlechtlichkeit* (1916)、『一夫一婦制の意味』*Die Bedeutung der Monogamie* (1917)。

＊37　Meyer:『フェミニズムとリリ・ブラウンの社会主義』S.23.

＊38　Meyer:『フェミニズムとリリ・ブラウンの社会主義』S.16.

＊39　Meyer:『フェミニズムとリリ・ブラウンの社会

主義』S.34.

＊40 『ユーゲント』誌 *Jugend*, 2 Sep 1899, no.36.（頁の記載なし）

※5 Theodor Gomperz（1832-1912）オーストリアの言語学者にして哲学者、ウィーン大学教授。著書『ギリシアの思想家たち』全三巻。

＊41 Meyer:『フェミニズムとリリ・ブラウンの社会主義』S.101.

※6 Spartakusbund（英名 Spartakus League）K・リープクネヒトとR・ルクセンブルクによって一九一七年に創設された。ドイツ共産党の前身。

＊42 Meyer:『フェミニズムとリリ・ブラウンの社会主義』S.101.

＊43 Lili Braun:『ある女性社会主義者の回想』*Memoiren einer Sozialisten*, 2 vols (München, Langen, I: 1908, II: 1911), II, S.653.

＊44 Heide Schlüpmann:「昨今の婦人運動のニーチェ受容の問題について」『今日のニーチェ』S.177-193.

※7 Wilhelm Dilthey（1833-1911）ドイツの哲学者。主著『体験と創作』。

＊45 Richard Evans:『ドイツにおけるフェミニスト運動 一八九四～一九三三年』*The Feminist Movement in German* (London/Beverly Hills, Sage, 1976), S.117

＊46 Paul Weidling:『国家統一とナチズム間の健康、人種、ドイツ政治 一八七〇～一九四五年』*Health, Race, and German Politics Between National Unification and Nazism 1870-1945* (Cambridge, Cambridge University Press, 1989), S.254

＊47 GSA 72/124b.

＊48 Weidling:『国家統一とナチズム間の健康、人種、ドイツ政治 一八七〇～一九四五年』S.253.

＊49 Weidling:『国家統一とナチズム間の健康、人種、ドイツ政治 一八七〇～一九四五年』S.254.

＊50 Weidling:『国家統一とナチズム間の健康、人種、ドイツ政治 一八七〇～一九四五年』S.255.

＊51 Jeffrey Weeks:『性、政治、社会 一八〇〇年以降の性規定』*Sex, Politics and Society, The Regulation of Sexualty since 1800* (London/New York, Longman, 1982), S.43.

＊52 Roger Chickering: "'Casting Their Gaze More Broadly'. Women's Patriotic Acktivism in Imperial Germany"『過去と現在』誌 *Past and Present*, Feb 1988, 156-185.

※8 Patrick Galton（1822-1911）イギリスの遺伝学者、

優生学の創始者。ダーウィンの従弟。犯罪者の認定に指紋調査を唱えた。

＊53　Amy Hackett:「ヘレーネ・シュテッカー　左派の急進派と性の改革者」“Helene Stöcker. Left-Wing Radical and Sex Reformer”『ヴァイマールの女性たちとナチスドイツ』*Women in Weimar and Nazi Germany.* ed. by Renate Bridenthal, Atina Grossmann and Marion Kaplan (New York, Monthly Review Press, 1984), 109-130.「ニーチェによってシュテッカーは優生学により強く引きつけられた。ニーチェの『超人』への希望、そして子孫の量よりむしろ質の高さに注意するようにというニーチェの厳しい命令、その上、将来の配偶者の試金石は子供を一緒に創るという願望であるべきだとするニーチェの考えは、普通の社会ダーウィニズムよりもはるかに野心的であった」S.119.

＊54　Evans：『ドイツにおけるフェミニスト運動　一八九四〜一九三三年』S.134-136.

＊55　なかでもシュテッカーは〈母性保護連盟〉*Bund für Muttenschutz* の資金の不正使用の廉で告訴された。シュテッカー支援を誓った運動に、グレーテ・マイセル＝ヘスの名前も含んでいた。一九一〇年二月二七日付の『ドイツ新聞』*Die Deutsche Zeitung* の記事によると、戦いはこのようにしてはじまった。「一月一〇日の年一度の総会に、シュプリンガー博士はアデーレ秘書を不道徳の廉で告発した。それでかの女はシュプリンガー博士の横面をはたいた……博士はヘレーネ・シュテッカーに不倫関係があるという噂を秘書が漏らしたと訴えた。秘書は、人が一緒に生活していて休日に一緒に出かければ当然ゴシップを予想するでしょう、とやり返した。シュテッカー自身は異議申し立てをしなかったが、しかしそれで〈母性保護連盟〉は傷ついた。ヘレーネ・ランゲは激怒した、それから会合は大騒ぎとなった」。当然、ドイツの大衆読者はこのことをたいそうおもしろがった

＊56　Christl Wickert:『ヘレーネ・シュテッカー一八六九〜一九四三年　女性の女権論者、性改革論者、平和論者』*Helene Stöcker1869-1943. Frauenrechtlerin, Sexualreformerin und Pazifistin. Eine Biographie* (Bonn, J. H. W. Dietz Nachfolger, 1991), S.58.

＊57　Helene Stöcker:「ニーチェと婦人たち」“Nietzsche und die Frauen”『テェークリヒェ・アンツァイガー・フューアー・ベルク・ウント・マルク』*der Tägliche Anzeiger für*

Berg und Mark, 19 Apr, 1903.
＊58　David Hoffmann:『ニーチェ文書館《アルヒーフ》の歴史について』*Zur Geschichte des Nietzsche-Archivs* (Berlin/New York, de Gryuter, 1991), S.XIII.
＊59　Helene Stöcker:「ルー・アンドレアス゠ザロメ七〇歳記念」"Lou Andreas-Salomé zum 70. Geburtstag"『ベルリン日報』*Berliner Tageblatt,* 13 Feb 1931; Helene Stöcker:『ルー・アンドレアス゠ザロメ七五歳記念』"Lou Andreas-Salomé zum 75. Geburtstag"『ブント』*Der Bund,* Berne, 14 Feb 1936.
＊60　Helene Stöcker:「ニーチェ問題のニュース」"Neues zum Nietzsche-Problem"『日曜版バーゼル日報』*Sonntagsblatt Baseler Nachrichten*, 28 Aug 1938, 139-140, S.139.
※9　Friedrich von Bernhardhi（1849-1930）ドイツの軍人。プロイセンの軍国主義を喧伝した。
＊61　Helene Stöcker:『愛することか憎むことか?』*Lieben oder Hassen?* (Melle/Hannover, F. E. Haag, 1915), S.19.『新世代』*Die Neue Generation* 特別版。
＊62　A. Fenner Brockway:『ヘレーネ・ランゲ六〇歳記念　論文と講演』*Artikel und Reden zu Helene Langes 60. Geburtstag,* extract no.xvii (Berlin, Verlag der Neuen Generation, 13 Nov, 1929), S.30.
＊63　Evans :『ドイツにおけるフェミニスト運動　一八九四～一九三三年』S.264-265.
※10　Oscar Levy（1867-1946）ドイツ生まれの医師にして出版者。ユダヤ人であるがゆえにイギリス、スイス、フランスに亡命し、一九四六年にオックスフォードで死去した。一九〇〇～一九一三年ニーチェの英訳全一八巻を出版した。これは英語圏最初の英語版ニーチェで、同じく米国のユダヤ系ドイツ人ヴァルター・カウフマンの英訳に先駆けている。両人ともにユダヤ人でありながらニーチェの理解ある心酔者である。後者と違ってドイツでもほとんど無名である。
＊64　イタリアの日刊紙『トリブーナ』*La Tribuna* は一九二九年五月八日付で、ローマ教皇庁の契約署名をきっかけにして、教皇とムッソリーニの仲違いを解消させるため、エリーザベトからかれ宛ての祝いの手紙を印刷した。オスカー・レーヴィはこの手紙に対し、「エリーザベト・フェルスター゠ニーチェ夫人に宛てた公開文書」『日記』*Das Tagebuch*, 10, no.21, S.858-860. 一九二九年五月二五日で、次のように答えた。ムッソ

リーニがニーチェから多数の自分の思想を引き出していることにエリーザベトと共にレーヴィは同意した。しかし、カトリック教会と直接関係のある事件と、ニーチェの名前が引き合いに出される問題とに関連性はないと、かれは考えた。「先生（ニーチェ）の本当の弟子は、キリスト教と関係がないでしょう。祝いの言葉は、それがふさわしいときにだけ、述べられるものです」。ゲーテ＝シラー文書館《アルヒーフ》にはエリーザベトのムッソリーニへの讃辞の記録が保管されている。

＊65 Helene Stöcker:『愛と女性たち』*Die Liebe und die Frauen* (Westfalen, J. C. C. Brun, 1906), S.69

＊66 Helene Stöcker:「将来の愛」"Die Liebe der Zukunft"『ドイツの革命』*Deutsche Revolution*, ed. by H. H. Houben, E. Menke-Glückert, vol.VII (Leipzig, Werner Klinkhard, 1922), S.3-13.

＊67 シュテッカーからエリーザベト・フェルスター＝ニーチェ宛書簡、一八九五年五月二八日付、未刊書簡 GSA 72/114a。

＊68 Helene Stöcker:「ニーチェと婦人たち」S.857.

＊69 マリー・ルイーゼ・ヤンセン＝ジュリートは、エルンスト・ヘッケルの一元論者の原理を述べている。ヘッケルは『宇宙の謎』*Das Welträtsel* (1899) の中で一元論者の原理を説明し、「民族生物学」「性革命」「出生率の低下」及び人口政策と世紀転換期の女性運動の関係に関連して、シュテッカーに影響を与えた。Marie Louise Janssen-Jurriet:「民族生物学、性革命、出生率低下――人口政策と世紀転換期の女性運動の諸関係について」"Nationalbiologie, Sexualreform und Geburtenrückgang - über die Zusammenhänge von Bevölkerungspolitik und Frauenbewegung um Jahrhundert-wende"『沈黙の克服　新しい女性運動からのテキスト』*Die Überwindung der Sprachlossigkeit. Texte aus der neuen Frauenbewegung*, ed. by Gabriele Dietz (Darmstadt, Luchterhand, 1979), S.139-175.

＊70 Stöcker:「ニーチェと婦人たち」S.860.

結び

ニーチェの女性観のフェミニスト解釈における脱構築の使用を、わたしは他のところで批判した。[*1] わたしの立場は、デリダがその独創豊かな『拍車』（一九七八）のなかで、父権的な論議の遥か彼方に女性をおいているので、女性は「距離」そのものと見られるから、女性に代わって実際に多くを語ったかどうか問題であると要約している。デリダは、申し分のない機知と巧みさでニーチェの『喜ばしき知識』からこの流動の見方を引き出し、[*2] 偉大にして永遠な流動に女性の「異種性」を帰し、戦術的な効果を利用する偉大な不変の流動性の立場を女性に認め、その見方を引き続きかれは説明した。[*3] しかしながら、デリダのゴール・ポストと共に、同時にまたゴールをも取り除くという暗示が、すくなくともそこにはなかった。[*4] 言い換えれば、「女性」は立ち去って、遊びのために話していたのだろうか？[*5]

女性が男と異なる生理学を持つというのは否定できない。しかし、女性がその内的な本質に従って異なる思考をし、異なる行動をするという考えがむしろ問題にされるべきだと、わたしは思っている。

西洋の社会は依然として深刻に父権的で、権力ある地位にいる女性はごくごく少数である。これは、女性が男たちとの競争を選択しないと単純に決定したであろう女性の異質性にあるのではなく、男性をこのままトップの座に維持しようと目論むさまざまな社会的な要因（父権的なさまざまの社会構造）がそこに重なっているからである。この種の諸表明は、性差別論者の冗談のように無害であるか、イギリスの男性の婦人科医の、一九八〇年代にウェンディ・サヴェージが主唱する助産術の実践に対する報復のように複雑なものもあった。

ポスト＝フェミニズムという言葉そのものが、女性は平等に達し、エプロンを投げ捨てることができるかのような印象を与える。しかるに、家族を持つ若い働く女性たちはいずれも、子供の世話にかかる充分な収入を稼ぐ問題に関し今日よく考えられるようになったとしても、二重の重荷は元のままだと確信しているだろう。

わたしは本書で、ニーチェの女性観の同時代の哲学的な読み物に取って代わろうとするつもりはなく、むしろこれらの討論の背景にあるものを提供するつもりである。わたしがはじめから意図したことは、ニーチェと女性との現実の関係を説明し、ニーチェの言葉と行為の間の矛盾がどこにあるかを示すことであった。すでに指摘したように、これらの矛盾は矛盾自身の変動性を形成する。

ニーチェは「ぼくは母が好きではない」という。しかし言うほどにはそれは単純なものではなかった。しかしこれについてはそのくらいしておこう。かれがこう発言した二ヶ月後に、母宛の手紙で、新しいペン先を何本か送ってくれるように頼んでいた。*6

またわたしは、ニーチェ世代の多くの女性たちが、かれを個人的に知る知らないにかかわらず、どうして、ニーチェの女嫌いの発言を、例えばあの有名な鞭の文章をすすんで無視し、それらを飛び越えて見ているのかを示したいと思った。その答えはかの女たちの全生活に及ぼしたニーチェの人を自由にする影響にある。そのことに関しかの女たちは明らかに深い感謝の思いをもっていた。この個人の自由の問題は、ニーチェと女性のいずれの議論でもその根底に、今日でも欠くべからざる問題であるように見える。女性を家庭内の従属関係に置くかれの考えは現実離れしているので、ニーチェの他の著述によく表現されている個人の自由観と（個人の自己克服の責任とも）矛盾した女性の役割と女性の本質をかれに声明させると、わたしは思う。このテーマのあいまいさは、ニーチェがかれの世代の女性に与えた影響の議論を、とりわけ込み入ったものにさせる。

それにもかかわらず、すでに見たように、ヴィルヘルム皇帝時代の社会で、芸術や教育学や政治の領域において指導的立場の多くの女性たちは――皮肉にもたぶん――その世代の多くの男性と同じように、かれらを含む生を肯定するニーチェの招きを信じて、世紀転換期の頃（ふくらみつつある民衆の熱狂の中でも、ニーチェにはほとんど関係がなかった）、「ニーチェ哲学信奉者」と見られたすべての人たちに対して高らかに響き渡る肯定の「イエス」を言ったのである。一方で、他の人たちはもっと用心深く「イエス、しかし――」と言うが、きわめてまれに「ノー」と言った。

＊1　Paul Patten:「ニーチェ、フェミニズムと政治理論」"Nietzsche, Feminism and Political Theory"『ニーチェ研究』誌 *the Journal of Neitzsche Studies*, 8, Aut 1994, 123-127. への、わたしの指摘を参照。

＊2　JW II, 60.

＊3　問題のこの文章は、Jacques Derrida:『拍車　ニーチェのスタイル』*Spurs. Nietzsche's Styles, trs.by Barbara Harlow*, (Chicago, University of Chicago Press, 1978, [1977]), S.49. に見つけられる。

＊4　この特殊な点の充分な批評として、Linda Alcoff:「文化フェミニズム対ポスト構造主義　理論に於ける同一性の危機」『文化と社会の女性雑誌』S.417.

＊5　Carol Diethe:「ニーチェの一世紀後の新しい女性」"Nietzsche's New Woman after A Century" ヨーロッパ思想研究協会の第三回国際会議講演、グラーツ、一九九四年八月二二～六日。

＊6　ニーチェからフランチスカ・ニーチェ宛書簡、一八八三年五月一三日付、KSB 6, S.376.

訳者解説

Carol Diethe: *Nietzsche's Women. Beyond the Whip*, Berlin /New York, Walter de Gruyter, 1996. の全訳である。適宜、ドイツ語訳の *Carol Diethe: Vergiss die Peitsche. Nietzsche und die Frauen*, Europa Verlag GmbH Hamburg/Wien, März, 2000. を参照した。

帝国主義ヴィルヘルム時代の女性観とニーチェ

本書は哲学者ニーチェに関する翻訳書であるとはいえ、ニーチェと女性たち、特にフェミニストたちと関係する歴史的記述であるので、哲学固有の煩瑣な抽象論が展開されるわけではなく、また哲学特有の難解な文章は少ない。とはいえ、ニーチェの女性論は、女性の権利擁護者なのか、その反対論者なのか、または女性解放運動の擁護者なのか反対者なのか、その立場のかれの見解が相矛盾していて、判然としないところがある。

その複雑さは哲学の込み入った抽象理論によるのではなく、むしろかれの生きた時代――ヴィルヘルム一世皇帝（1798-1888, 在位 1861-88 一八六二年ビスマルクを宰相に任命、一八九〇年その子ヴィルヘルム二世に辞職させられるまで二八年間、ビスマルクはドイツ政治を指揮）とヴィルヘルム二世皇帝（1859-1941, 在位 1888-1918 第一次世界大戦の敗北で退位）――の、今日から見るとびっくりするような家父長的な社会の習慣や慣例や法規制などの伝統に、ニーチェが足を取られているところから来る。ニーチェの視点は女性論のみならず社会批判や文明批判に、おしなべて社会科学的な視点が欠けているのが特徴である。

ヨーロッパでは労働運動や革命運動の激しい交代劇のなかで、女性の家庭と社会生活における従来の身分関係、位置関係をも動揺し始める。

ヴィルヘルム時代の女性の男女の父権的な性差別は以下のようにまとめられる。

1　女子の高等教育を認めない。したがって大学入学は不許可（ニーチェの見解ではその理由は、高等教育は子供の出産減少につながるというものであった）で、女子の高等教育制度は公的制度として存在しなかった。女子の大学入学許可は一般的には第一次世界大戦後である。

2　女性は家庭内で働くもの、専業主婦でなければならない。男は外、女は内（家庭）で働く性別役割分担が固定化されていた。これは今日でも日本には根強く残っている。職業婦人は存在しなかった（皮肉にも売春制度は公的機関から認められた職業であった）。

3　ヴィルヘルム時代はプロイセンでは女性の政治的な集会は禁じられていた。婦人参政権は欧米では第一次世界大戦前後（ドイツ一九一九年、フランス一九四四年、イギリス一九一八年、アメリカ一九二〇年、ロシア一九一七年、日本一九四五年）である。

右に挙げた女性差別は、ニーチェもこれを踏襲していた。

ニーチェは左翼思想家ルカーチから「『反逆的な』ブルジョワ・インテリゲンチャの模範」（『理性の破壊』上、白水社、一九六八年、二四三頁）と見なされるように、帝国主義のヴィルヘルム体制の家父長的な体制の社会的な要因からくる因習的な女性観に無意識にとらわれていた。ただそれはニーチェと対立する平等主義者で、フランス革命の理論的な指導者であるルソーの女性観と類似するものがあった。両人ともに古代ギリシアの男性中心の共和主義社会（男根社会）を信奉していた。ギリシアの女性たちの生き方は、日蔭の下に生きる植物のように目立たない隠れた存在であった。

ニーチェは初期の草稿に次のように記している。

「ギリシア人の女性は、母として闇のうちで生きねばならなかった、それは政治的な衝動並びにその最高の目的がそのことを要求したからである。女性は狭い生活圏のなかで植物のように生きねばならなかった、こっそり生きよというエピクロス的哲理の象徴として」

（「ギリシアの国家」筑摩版2、二八五－八六頁）

ルソーもまたギリシア女性を描いて、少女の頃は、かの女たちも公衆の前に少年たちにまじって集まり、頭に花を飾って讃歌や舞唱歌を歌い、籠や瓶や捧げものをもって練り歩き、祭りや儀式を行う。この愛すべき光景は、楽しく、節度ある肉体の健康的訓練を提供し、かの女たちに幼いころから優れた身体を養成する方法となっていた。しかるにこの少女たちは結婚すると、もう公衆の前に姿を見せることはない。

「家に閉じこもって、家事と家族の世話にかかりきっていた。これこそ自然と理性が女性に命じている生き方なのだ。だからこそ、そういう母親たちから、この地上でもっとも健全で、もっとも頑丈で、もっともよくできた男たちが生まれたのだ。そして、いくつかの島は、悪評を得たにしても、それでもやっぱり、ローマ人も含めて、世界のすべての国民のなかで、古代ギリシア以上に、女性が貞淑な女性であるとともに愛すべき女性でもあり、美しさと品行の正しさとをあわせもっていた国民の名を挙げることはできない」

（『エミール』下、岩波文庫、二〇一二年、三〇頁）

男性中心のギリシア社会にあって、女性は男性のできそこないであった。

「父親に似ない子供はそれだけで出来損ないである。女の子の出生は程度の軽い出来損ないであり、形成する原理としての父親に力が足りなかったことに由来する……男性にくらべると女性を奇形とみる」

（「アリストテレスの自然哲学」、シュヴェーグラー『西洋哲学史』上、岩波文庫、一九五七年、二一三頁）

古代社会にあっては、女性は公的な生活に一切登場せず家庭内の労働と育児に専念し、学問も芸術も享受せず、隠れて夫に仕え隷従する生活をしていた。人間の平等を主張したルソーも、男女の階級制度を肯定するニーチェもその女性観においては、右に挙げた当時の中産階級の家父長制度の女性観を否定しなかった。明治時代の良妻賢母型の家父長的な女性観と変わらないようなニーチェの女性論で、唯一反対したのは後述する女性の性に対する強い肯定であろう。ルー・ザロメもこれに共鳴したが、当時の良家の子女は性欲を積極的にはもたないという通念が医者のような知識人にすら信じられた時代で、売春婦は色情狂の人たちと思われた。

本書の著者ディースは、第二章にある「女性の本質問題におけるニーチェとルソー」の節で、フェミニズム運動の古典メアリ・ウルストンクラフト『女性の権利の擁護』を引いて両者の女性論を論じる。かの女の非難は、ルソーの女性論批判であるとともに、同時にニーチェのブルジョワ的な要素のある女性論の批判にもなっている。

ウルストンクラフト（1759-97）は一七九七年九月一〇日、産褥熱で三八歳の若さで亡くなったから、一八四四年生まれのニーチェとは会うことはなかった。評判の新刊書には目を通す習慣のあったニーチェが『女性の権利の擁護』を読まなかったのは、不倫の恋、未婚出産、自殺未遂二回、別居婚というかの女の波乱万丈の履歴が、ヴィクトリア時代の偽善的風潮によって死後の評判は悪評をきわめ、出版が停止、十九世紀末まで日の目をみなかったからである。それでニーチェは女性解放運動家ウルストンクラフトを知らない。

ウルストンクラフト『女性の権利の擁護』と、ルソーとニーチェ

かの女は、女性の本質（性格）とされる社会的通説は、父権的な社会の著名人たちによって男性支配の便宜のために作られたものであるという。天使に譬えられる女性の「心の善良さ、憐み、慈愛心を男性より多く持っていると認められている」（『女性の権利の擁護』白井堯子訳、未來社、二〇〇九年、一〇五頁）という常識に乗ぜられて、女たちは慎み深く、優しく、「おとなしく」、そしてあえて「弱々しく」従順で服従的な行動を身に着けてきた、否、身に着けさせられてきたという。その筆頭にルソーが挙げられ、カントが散歩の習慣も忘れるほどに熱中した『エミール』を酷評する。

「女性は、男性よりも肉体の力が劣るということを理由に、弱く受動的であるべきだと論証しようとする。そのことからして、女性は男性を喜ばせ、また男性に従うように作られているのだ、またかの女の主人の意にかなう人になる――女性の生涯の大きな目的なのだ――このことこそが女性の義務なのだ、と結論する」

（『女性の権利の擁護』一五三頁）

「男性は自分の欲望を満たすためにのみ女性に依存している。しかし女性は、その欲望を満たすためだけでなく、必需品をうるためにも男性に依存している。われわれ男性は女性がいなくても生きていけるが、女性はわれわれなしに生きていくことは、もっと難しい」

（同書、一五五頁）

ルソーは女子教育を男性と関連して行うべきであるとして、次のように述べる。

「男性を喜ばせること、その役に立つこと、男性に愛され尊敬されること、男性が幼い時には教育し、大人になった時に世話を焼くこと、男性に助言を与え男性を慰めること、男性の生活を楽で心地良いものにすること、このようなことはどんな場合にも女性の義務であり、女性が小さい時から教えられねばならないことである」

（同書、一五五頁）

ゆえに、

「フランスにおいては……特に少女は、人を喜ばせるように容姿をきれいに見せるように、立ち居振る舞いに気をつけるようにとだけ教育される。そしてかの女たちの精神は、出しゃばってはならぬという世俗的なおよび宗教的な注意にわずらわされて、ほんの子供の頃からすでに腐敗しているのだ。わたしは昔のことについて述べよう。小さな子供でもやらせられるあの信仰告白や、神父たちが子供に尋ねる質問の内容自体が、まさに性によって差別された性格を押しつけるものであった。……社会は、媚と手管を教える学校であった。十歳や十一歳で、しばしばそれよりももっと早くから、少女は媚びることを始め、そして玉の輿に乗るような結婚をしたいと、誰はばからずいうのであった。要するに、かの女たちほとんど生まれ落ちたその瞬間から、教育を与えられる代わりにお世辞をきかされてきた。このことが女性の精神を弱くしてしまった」

（同書、一五八頁）

と、ウルストンクラフトは主張する。

さて著者ディースが、『エミール』の主人公の相手役の女性主人公ソフィーを、かれの助手で慰める人、かれの「ガラガラの玩具」であると言うとき、ツァラトゥストラの声が響いてくるのも自然なことであろう。

「女性は玩具でありなさい。きよらかな美しい玩具でありなさい」

「男性は戦いのために教育されなければならない。そして女性は戦士の慰安のために教育されなければばならない」

「男性の幸福は『われ欲する』である。女性の幸福は『かれが欲する』である」

（ZⅠ「老女と若い女について」）

男性中心の古代ギリシアの共和制社会であるならば、違和感もなく「戦士の慰安」とか「美しい玩具」などとは言い得ても、果たしてニーチェ時代の人々に違和感はなかったのであろうか。いずれにしてもこれは男性のために存在する女性、どう見ても男性が中心で女性はひどい日蔭の存在である。

「まことに、女性は従うことによって、おのれの表面のほかに一つの深みを獲得しなければならぬ。女性の心情は表面であり、荒れ揺らぐ浅い湖沼である。

だが男性の心情は深い。その流れは、地下の見えないところに流れている。女性はその力を感じはする。しかし、理解することができない」

（ZI「老女と若い女について」）

ここにあるのは疑いもなくルソーと同じ男尊女卑の響きであろう。ウルストンクラフトは啓蒙主義の思想洗礼を受けた人らしく男女観の性差なく人間理性の絶対性を信頼し、理性が神の存在に通じているという信仰をもっていた。貧しい家庭に育ったにもかかわらず、独学で知性を磨き、女性解放運動の古典『女性の権利の擁護』の中で、博引傍証を発揮し、ミルトンやルソーを容赦なく弾劾する。女の愛らしさ、表面的な優しさ、美しさを讃えるルソーのような男性著述家の甘言にのせられぬように、と忠告する。「巧妙さと美しさだけを」を武器にかの女たちは、

「結婚計画のためにだけ能力を磨く。その注意を奪っているものは、仕事でも大きな計画でもない。かの女たちは、玉の輿に乗り、一つの快楽から次の快楽へと飛び回ることのできる自由を得るために有利な結婚をしなければならない。そこで、かの女たちの時間は、この目的のために捧げられ、かの女たちの肉体は、しばしば合法的に売春させられる（愛情のない経済的に依存した夫との結婚生活のこと）」

（『女性の権利の擁護』一一七頁）

山のような仕事がある男性にとって、妻とのセックスは骨休めにすぎない。
ニーチェもまた女性をこう酷評する。

「女性の最大の技巧は嘘であり、その最高の関心は単なる外見と美しさである。女性の最大の技巧は嘘をつくことであり、その一番の関心事は見せかけと美である。われわれ男性は白状しよう、女性のこの技巧とこの本能をこそ尊重し、愛するのだ。われわれは苦しい生活をしているので、女性という生き物とつきあうことで気が軽くなるのを喜ぶ。それというのも、かの女らの手振りや、まなざしや、その優しい愚かさに接していると、われわれの真剣さ、深さが、まるで一つの愚鈍そのもののように思えてくるからなのだ。最後にわたしは問うとしよう、――みずからが、女性の頭に深さがあり、女性の心に正しさがあると認めたことがあったろうか？　大体においてこれまで女性という者を最も軽蔑したのは女性自身であった――決してわれわれ男性ではなかった、というのが真実ではないだろうか？」

（JGB [232]）

長い引用になって恐縮であるが、ニーチェが「女の真理」について語ると『善悪の彼岸』[231]で前置きして[239]まで、かれにしては長々と伝統的な女性蔑視論と、いわゆる当時進歩的と評された男性女性解放運動者および解放運動の「新しい（めざめた）女性」たちを酷評する。かれの明快峻烈な女性非難は、期せずして正直にヴィルヘルム時代の因習的な女性観を告白してしまっている。

ウルストンクラフトから見たニーチェの女性観

「女の関心事は見せかけと美である」とニーチェはけなしながらも、正直にコケティッシュな女性の媚態に癒され、心が休まると告白する。かれは知的な女性は嫌いだと言いながら、若くて美人の知的な令嬢たちとの歓談には喜んで相手をしていた。

啓蒙思想とフランス革命を経て、女も男と同じ人間としてその能力、知性、感情、情念も性差の相違からくる当時の男女の差別と区別のあまりに大きな隔たりを前提とした政治や社会の不平等に対して、徐々にではあるが解放運動の女性たちが、それは同じではなかろうかと疑義を呈しはじめた。それをこの時代の「新しい(めざめた)女性」たちが自身によって、おのれみずからの女の本性、能力、感情、感覚、情欲、欲望を語りだしたのである。

十九世紀になっても女が新聞を読み、あまつさえその記事を書くということは、言語道断のことと一般には考えられていた。女流作家や女流評論家という職業はいまだ存在していなかった。女の権利として女性の教育権、財産権、相続権、選挙権の平等を、貴族や裕福なブルジョワ階級の子女たちが求め始めた。しかし、この恵まれた子女たちも男子の高等教育は受けられなかったことは、本書を読めば分かっていただけると思う。
ニーチェは「女の自立」はけしからん、女とは何たるかを男に「啓蒙しようとする」、そんなことをすれば、女の愚劣さをみずからさらけ出すだけだと悪口雑言をいう。

「女のうちには、じつに多くのペダンチックなもの、浅薄なもの、教師ぶったもの、つまらぬ自惚れ、卑しくだらしないもの、いやらしくずうずうしいものがひそんでいる……——こうしたものは、実のところこれまでは、男に対する恐怖によってもっともよく押さえつけられ、抑制されていた。万が一にも『女における永遠に退屈なもの』が——それがうんとあるのだ！——臆面もなくのさばり出るようにでもなったら、それこそ禍なるかなだ！」

（JGB [232]）

そして男の解放運動家の学識ある文化人を評して、

「女性を一般的教養の線まで、それどころか新聞を読んだり、政治談議にふけるほどまでに引き下げようとする。かれらはあちこち女性を自由思想家や文学者にしようとしている」

（JGB [239]）

こうして女性はおのれの能力を、おのれ自身の感情と感覚を、おのれの欲求を自覚して、

「より多くを欲し、要求することを覚え……権利の争奪を、それどころか実に闘争すら好むようになる。ともかくも女は羞恥心を失う……、趣味を失う。女は男を恐れることを忘れる。だが『恐れることを忘れる』女は、もっとも女らしい本能を放棄する……女が臆面もなくのさばり出るようになる。……まさに工業的な精神が軍事的・貴族的精神に対して勝利を占めたところでは、今や女は事務員として経済的および法律的な独立性を得ようとする。こうして事務員としての女というモットーが、形成されつつある現代社会の扉に記されている」

(JGB [239])

女性解放運動の社会現象は、軽工業を中心にした第一次産業革命と重工業を中心にした第二次産業革命を通し、帝国主義という経済段階の革命がもたらした田舎から都会への労働人口の大集団の出現と、フランス革命という社会の大変動の結果から生まれ落ちたものである。

ニーチェが「女事務員」の出現を「現代社会」の象徴のように表現し、

「このようにして女が新しい権利を獲得し、『主人』になろうとする女の『進歩』を旗印にしている間に、恐るべき明瞭さをもって……、『女は退歩している』。フランス革命以来、ヨーロッパにおいては女の影響力は、その権利と要求の増大に比例して減少している。『女性の解放』は、(ただ単に浅薄な頭脳の男たちによってだけではなくて)要求され、促進される限り、もっとも女性的な本能がますます衰弱し鈍麻してきた著しい症候のあらわれである」

（JGB [239]）

とニーチェはマイナスの判定をする。

だがこの判定には、かれの時代錯誤的なギリシア嗜好があって、慎重を要する考察が必要である。かれは古代ギリシア文化のような偉大な文化、豊潤な芸術が栄えるためには、奴隷制度が必要だと考えていた。

「芸術発展のための広くて深い、肥沃な土壌が存在するためには、少数の者に奉仕する途方もない多数の者が、個人的な必要の程度を超えて、生活の艱苦に奴隷的に服していなければならない。今や欲求の新たな世界を生み出しこれを満足させるためには、かれら多数の者の犠牲によって、かれらの大衆労働によって、あの特権階級が生存競争を免除されていなければならない。

したがってわれわれは奴隷制度は文化の本質に属することを残酷なようだが真理として樹立することを承認しなければならない。もちろんこの真理は、生存の絶対的な価値に関し、いささかの疑いも残さないものである。これこそ文化のプロメテウス的な推進者の肝臓を食い荒らす禿鷹である。かろうじて生きている人間たちの悲惨さは、少数のオリュンポスの人間たちに芸術世界の創造を可能にするためには、なおも高められなければならない。ここに、共産主義者や社会主義者、さらにまた『自由主義者』という青白い人種の青ざめたかれらの子孫がつねに芸術にたいして、さらに古典古代にたいして抱いてきたあの憤怒の源がある」

（『ギリシア国家』筑摩版2、二六八頁）

この引用はニーチェの一八七〇～七一年頃の初期の草稿であるけれども、精神崩壊期の近い一八八八年九月頃の『反キリスト者』のなかにも同様の趣旨の文章がある。

「高い文化はピラミッドである。それは広い地盤の上にのみ築かれる、なによりもまず強壮に強健に固められた凡庸さを前提とする」

「高い文化はこの凡庸さを条件としているからである。……今日の賤民のうちでわたしがもっとも憎悪するのはだれか？　労働者の本能を、楽しみを、満足を、その卑小な存在で覆す社会主義者という賤民、チャンダラの使徒――これが労働者を嫉妬させ、労働者に復讐を教える……不正は決して権利の不平等にあるのではなく、権利の『平等』を強調するところにある」

（AC筑摩版14、二六六頁）

こう見てくると、ニーチェの社会思想は、一九世紀の平等や選挙権や労働運動などの革新思想と対決するルカーチの言う「社会主義的ヒューマニズムに敵対する帝国主義的な反動イデオローグ」(モンティナーリ『全集編者の読むニーチェ』拙訳、未知谷、二〇一二年、三八二頁)としてのニーチェであろう。それが良いか悪いかは別として、ニーチェの反平等、階級社会の肯定、女性解放運動への反対の旗幟は鮮明である。

さらにニーチェとルソー両人は女性の宗教に対する姿勢にもきわめて保守的な面が露骨になる。ニーチェに至っては強圧的ですらある。

まずニーチェから、

「――われわれ男性としては、女が啓蒙によって自分の恥さらしを続けることのないように、と願う次第である。その昔教会が『女は教会では黙すべし』と戒告したが、それも女性に対する男性の心づかいであり、いたわりであった。ナポレオンが弁舌を弄しすぎるド・スタール夫人に、『婦人は政治のことは黙っていなさい!』と、言い聞かせたのも、女のためを思えばこそであった。されば『女は女のことには黙っているがよい!』と呼びかける者こそが、まことに女性の味方であるとわたしは思うのだ」(JGB [232])

「女は教会内では黙すべし」あるいは「婦人は政治のことは黙っていなさい!」は、あれほど激烈な反キリスト者であったニーチェが罵った教会そのものが父権社会の巣窟だからだ。

『創世記』のアダムとイヴの物語でもアダムのあばら骨からイヴは創造されたとあるが、時代が下ったローマのパウロの時代に、「コリント人第一の手紙」一一章八－九節において「男が女から出たのではなく、女が男から出たのである、また、男は女のために造られたのではなく、女が男のために造られたのである」とあるとおり、どう弁護しても男性中心であることはまぬがれない。「女は教会内では黙すべし」は一八世紀、一九世紀に教会内で使用されたようである。ニーチェはこのような父権的な戒告を解放運動の女性たちになんの矛盾も感ぜずに、女性蔑視の古臭い文言を引用する。

次にルソーの父権的な宗教姿勢を見てみよう。

「女性の行動は世論にしばられているということ、まさにそのために、女性の信仰は権威にしばられている。娘は母親の宗教を信じなければならないし、妻は夫の宗教を信じなければならない。その宗教が間違っているばあいにも、母親と家族を自然な秩序に従わせる従順さが、過ちを犯した罪を神のもとで、ぬぐいさってくれる。女性は、みずから判定者となる状態におかれていないのだから、父親と夫の決定を教会の決定と同じように受けいれなければならない」

（『エミール』下、六一頁）

ニーチェはともかく、自由と平等を主張したルソーが父権的な女性観を持ち、ウルストンクラフトからは女性観の反動的な保守派の頭目とみなされる。これは『女性の権利の擁護』を通してはじめて知ったことであった。

ニーチェの反女性解放運動については既知のことであったけれども、かれの女性蔑視が、当時よく見られた単純な「女嫌い」という要素を含んでいるだけでなく、もっと底の深い、人間は基本的に平等ではない不平等であるという人間観に由来しているのではないかと思える。著者ディースはそこまでは追及していないが、わたしはそこを少し述べてみたい。

ニーチェの人間の不平等――「距離のパトス」

すでに述べたように、平等化、つまり民主化運動や労働運動や女性解放運動も、人間の同一化、同類化、平均化を招き、人間のあるべき高低をなくして平均的な人間を作り、人間の凡庸化を招くとしてニーチェは反対する。かれは民主的な近代化の動きがこの凡庸化に向かっていると考え、女性の地位の向上、そして男性と同じ権利の要求をそのように理解した、というより誤解したと、わたしには思える。

「距離のパトス」という言葉は、貴族社会において、

「人間と人間との間の位階秩序と価値差別の長い階梯を信じ、なんらかの意味での奴隷制度を必要とする。……こうして双方のあいだで、服従と命令、抑圧と隔離が絶えず行われることから生じるような距離のパトスがなかったならば、あの別のより秘密に満ちたパトスも決して生まれなかったであろう」

（「高貴とはなにか」7, JGB [257]）

これはやや難解な表現である。

貴族とそれに支配され仕える者たち（民衆）が区別される身分社会には「距離」、つまり差別・区別が厳然としてある。しかしこの区別は、支配者側と被支配者の社会階級的な差別や区別を生み出すだけではなく、むしろ貴族階級の各貴族たちの内面の世界に、「あの別のより秘密に満ちたパトス」「新たに距離を拡大しようとするあの熱望」を生みだす。つまりかれらの内面にたえざる「人間の自己克服」を生み出す「力への意志」が発動する。高貴で精神性の高い人間の内部に起こる、自己対立、自己分裂、命令する者と服従する者のおのれの魂の葛藤、「力への意志」の自己生成の活動を生み出す。

「魂そのものの内部に絶えず新たに距離を拡大しようとするあの熱望である。いよいよ高い、いよいよ稀な、いよいよ深遠な、いよいよ広大な、いよいよ包括的な状態を形成しようとする熱望……要するに、これこそは、『人間』という類型を高める熱望、道徳的な常套句を超道徳的な意味で言えば、たえず続けられる『人間の自己克服』の熱望」

（「高貴とはなにか」7, JGB［257］）


この自己生成者の内面の葛藤を、「創造者の道」でツァラトゥストラが美しく歌う。


「きみがきみ自身の炎で、自分を焼きつくそうと思わなければならない。きみがまず灰となるのでなければ、どうしてきみはあたらしくなることができよう！

孤独な者よ、きみは創造者の道を歩み行く。……

孤独な者よ、きみは愛する者の道を歩み行く。きみは自分自身を愛し、それゆえにただ愛する者たちだけが軽蔑するような仕方で、自分を軽蔑するのだ。

愛する者が創造しようと思うのは、かれが軽蔑するからなのだ！　自分を愛する者を、まさしく軽蔑することを余儀なくされなかった者が、愛について何をしろう！

……きみの創造を伴って、きみの孤独な状態へおもむけ、わたしの兄弟よ。自分自身を超えて創造しようと欲し、かくして破滅する者を、わたしは愛する」

（ZⅠ「創造者の道」）


この「破滅する者を愛する」とは、没落を欲する、自己克服を欲する、克服されることを欲する人間で、やがて「超人」を準備する力となる。

ニーチェとメータ・フォン・ザーリス

創造者の孤独な、厳しい「自己克服」の姿は、本書に登場する解放運動の美術や文学の才能ある創造的な若い女性たちの心を奮い立たせたであろう。

女性への罵詈雑言に近い酷評にもかかわらず、それをあえて無視して、ニーチェの滞在先のホテルを訪問する若い女性たちの多数の姿は、「創造者の道」に詩情豊かに歌われている高貴な人の「価値創造者」のありようを見、女ながらも人間としてかくありたいと熱望したであろう。

ニーチェが歌う「価値創造者」の性格は、自己肯定である。「大いなる肉体の理性」（ZⅠ「身体を軽蔑する者たちについて」）そのものの肯定、その「大理性」の力から発動する健康な衝動と本能の自己肯定がある。おのれの肉体のできのよいことの讃美は、この地上のものの肯定と讃美につながる。男女の性差から生じる作られた女の劣等性は存在しないし、根拠のない男の優越性も存在しない。だから「価値創造者」＝「高貴な人間」は生活上の自己実現に積極的で活動的である。自己の充実した力の横溢から自然に流れ出す力・徳、すなわち「贈与する徳」から、他者を援助したり、助けたりするが、それは劣等者の徳である「奴隷道徳」の同情や憐憫のものではない。なんといっても高貴な人間の価値創造は、おのれ自身の「できのよさ」から出発する。「汝なすべし」より位階が高いのは「われ欲す」（英雄）であるが、それよりさらに上位の位階は「われあり」という自己肯定である。おのれの「できのよさ」からくる「われあり」の自己肯定である。

この高貴な人の性格（主人道徳）に魅せられたメータ・フォン・ザーリス゠マルシュリンスは『哲学者と高貴な人』を書いた。むろん哲学者はニーチェで、高貴な人もニーチェである。そのなかで、ニーチェの人格の評価と著作の引用がある。

「ニーチェの本質には、たえず成長があった、それゆえ生成過程、発展、拡大、変遷、移り変わりがある」（『哲学者と高貴な人』八〇－八一頁）

そして、ニーチェからの引用。

「脱皮できない蛇は、破滅する。おのれの見解を変えることを防げられた精神も同様である。かれらは精神であることをやめる」（MR [573]、筑摩版7、四六二頁）

「わたしは百の階段を超えて行かねばならない、上へと行かねばならない、きみたちの叫び声が聞こえる――きみは冷酷だ！　ぼくたちは石でできているとおもうのか？――わたしは百の階段を超えて行かなければならない、——誰も階段でありたくない」
（「たわむれたばかり、意趣ばらし」FW［26］、筑摩版8、三二頁）

ザーリスが右に引いた『曙光』や『喜ばしき知識』のアフォリズムはツァラトゥストラの「創造者の道」を示し、やがてその思想の成長は『善悪の彼岸』の「主人道徳」の性格を示す。ザーリスはスイス有数の血筋の貴族であり、そのことに誇りをもつ。ニーチェ哲学との一致をみるのも当然かもしれない。

かの女は生涯、ニーチェに畏敬の念を失わなかった。最初に知り合ったのは一八八四年七月一四日チューリヒであった。ニーチェは一八四四年一〇月生まれであったから四〇歳、ザーリスは一八五五年生まれだから二九歳で、チューリヒ大学の女子学生であった。

シルス＝マリーアでの第一印象を『哲学者と高貴な人』の中で記している。貴重なので長い引用になる。

「場所に関して、どの人にとっても、最適条件のものがあるにちがいない。ニーチェにとってそれはシルス＝マリーアであった。人間のばあいでも、体験において誰もがその最適条件がある。わたしにとってこの最適条件はニーチェを通して、一つの方向に具体化される。それは極めて重要である。というのもわたしは、さまざまな国民の男女との交際に甘やかされていたからである。ニーチェが自称する（アルキュオネ＝冬至前後の二週間の）平穏は、わたしたちがともにいるときのわたしにとっての平穏であったし、その後のわたしの人生を黄金色に照らす格好の輝きのときであった。
すでにその第一印象はいかなる比較も受け入れないものであった。異種の人、ドイツ人らしからぬ顔は、控えめで、まったくドイツ人教授らしからぬ立ち居振る舞いであった。ある強靭な自負がその姿勢に満ち溢れていた」

（『哲学者と高貴な人』二四頁）

「〔会話の折にふと見せる、ニーチェの〕微笑みが南の国の戸外の長い滞在で日焼けした顔を明るく照らすと、心を打つ無邪気な共感を誘う表情になった。そのまなざしは、ギリシアの神々の立像にみられるような、ほとんど心の内側に向かっているように見えた。またかれがほとんど期待を断念したものを深淵から外へ探り出そうとしているようにも見えた。だがいつもたいそう苦悩した人の目が、なお依然として勝利者のまま、沈鬱に生の深淵を見下ろしている。忘れがたい目は、克服者の自由に輝いてはいても、大地の意味やその美しさが無意味で醜悪に変えられているのを、非難し悲しんでいる」

（同書、二五頁）

一八八六年の夏、一八八七年夏もシルス＝マリーアで再会するが、一八八八年七月の夏はニーチェとザーリスの最後の再会となる。それは一八八九年一月三日にニーチェの精神崩壊が突然に訪れるからである。その最後のシルス゠マリーアでの別れをザーリスは記している。

「わたしの〔シルス゠マリーア〕出立前日の最後の午後にニーチェがやってきた。かなり長く雑談ができた。わたしがどうしても対応しなければならなかった知人の女性訪問が、すぐにかれを追い飛ばしてしまった。それで夕刻に再度ニーチェの訪問があり、今度はうまくいった。

わたしは特別な気持ちがわたしを動かしている、と言っているのではない。そのような推測が、後からようやく記憶のなかへ持ち込まれるのかどうか、わたしにも確かではないからである。ニーチェとは別れるたびにわたしを悲しくさせた。

一つのことをわたしははっきりと承知している、かれが立ち去った後、わたしは窓辺に寄り日暮れていく薄明の中で、かれはいつものように左側に頭を軽く傾け、かれの〔ホテルの〕巣穴に通じる橋を渡っていった」

（同書、七九頁）

このザーリスの描写は、小説を書いたかの女ならではと思う。小説『守護天使』の女性主人公イーザの相手役であるファルコーニアは、ニーチェを模したものだといわれている。ファルコーニアを結婚相手と考えまいと努力するイーザの姿勢は、ザーリスのニーチェへの結婚を超えた愛の思いと重なる、と著者ディースは書いている。もしそうなら、狂気に入る直前のニーチェの後ろ姿を見送るかの女のこの回想描写は、悲しくも美しい。
本書に登場する数十人の解放運動の女性群の中で、ザーリスを選択した理由は、頁数が一番割かれていて、優れてニーチェへの純粋な敬愛の思いが伝わってくると判断したからである。確かにニーチェの女性論の両面価値的な矛盾した判定は読者を悩ませるけれども、だがこの矛盾した両面こそいかにも大系を嫌ったニーチェらしい哲学の特徴である。剛毅で正義感のある女性フェミニストとして、ザーリスはニーチェの矛盾のある女性論をよくこなして、その高貴の哲学を自己のものとし、自己の人格成長の実現を果たした優れた女性である。
最後にニーチェを読む読者にグロイター版ニーチェ全集編纂者、マッツィーノ・モンティナーリの長い引用を参考にしていただこう。

「ニーチェは、読者にとって、他のどの著者以上にも個人的な体験となる。つまりかれは、過激な問題設定へ、かれの思想との積極的な対決へ、われわれ自身の道徳上の偽善の皮を剝ぐことへ、好ましくなってしまった偏見からの離脱へわれわれ読者に挑戦するが、また、断固たる矛盾へも挑戦する。この意味からかれの著作の購読は、解放的な作用を与える。ニーチェの思考の過激性と誠実さは、読者の中の、いわゆるかれの崇拝者としてのおのれを認めない者に適している」

（『全集編者の読むニーチェ』未知谷、二〇一二年、一五頁）

そのよい例としてかつてのバーゼル大学の同僚だった親友の神学者フランツ・オーヴァーベクの言葉を挙げている。

「ニーチェという人は、その側にいると、わたしが一番自由に呼吸できる人だった。それでわたしは、ニーチェを会話に引き込むことによって、人間存在の領域でわたしに許されている最も好都合な方法で、わたしの肺の訓練をした。かれとの友情は、わたしの人生にとってあまりに貴重であったから、なにか死後の狂信のためにその友情を台無しにしないようにという願望を、今も感じている」

（同書、一五頁）

モンティナーリやオーヴァーベクの言葉はそのまま女性解放運動の女性たちの言葉となろう。

＊

終わりに、フェミニズムにまったく門外漢の訳者は本書の解説を書くにあたって、白井堯子氏の翻訳、メアリ・ウルストンクラフト『女性の権利の擁護』（未來社）を参考にした。訳文も流暢で、難渋なところがなく、そのうえ解説の出来栄えが素晴らしく、感銘を受けた。

また巻頭の著者キャロル・ディースの献詩の翻訳に頭を悩ませていたところ、中村邦生氏の素晴らしい訳詩をたまわった。末筆ながら厚く感謝申し上げます。

二〇一五年六月三〇日

眞田収一郎

ムッソリーニ　Mussolini, Benito 271
モーダーゾーン，オト
Modersohn, Otto 188, 190, 193
モーダーゾーン＝ベッカー，パウラ
Modersohn-Becker, Paula
7, 187-98, 205
モッホン　Mochon, Anne 202
モノー　Monod, Gabriel 141

〈ヤ行〉

ヤウレンスキー
Jawlensky, Alexej von 196, 207, 211
ヤンツ　Janz, Curt Paul
40, 63, 65, 77, 78, 137, 161, 174, 184

〈ラ行〉

ラインハルト　Reinhardt, Karl 65
ラガルド　Lagarde, Paul de 7, 182-84
ラカン　Lacan, Jacques 42
ラテック　Latteck, Christine 142
ラングベーン　Langbehn, Julius
7, 183, 184, 190, 197
ランゲ　Lange, Helene
6, 8, 223, 235, 238, 241, 251-56, 258, 261, 262, 264, 274
ラーンシュタイン　Lahnstein, Peter
196
リヴィングストン
Livingstone, Angela 95, 110
リッチュル，ゾフィー
Ritschel, Sophie 4, 62, 64, 73, 129
リッチュル，フリードリヒ
Ritschel, Friedrich 63, 64
リルケ　Rilke, Rener Maria
95, 105, 106, 109, 188, 193
ルソー　Rousseau, Jean-Jacques
6, 124-33
レー　Rée, Paul
69, 80, 97-100, 103-06, 108, 118, 138, 139, 146, 147, 175
レーヴィ　Levy, Oscar
61, 178, 271
レーヴェントロー
Reventlow, Franziska zu
8, 186, 191, 206, 213-19, 221, 228
レーダー＝ヴィーダホルト夫人
Röder-Wiederhold, Frau 154
レッテ　Redtel, Anna 56
レンブラント　Rembrandt 183, 184
ローア　Rohr, Berta 54
ロイター　Reuter, Gabriele
8, 228-33, 247
ロイド　Lloyd, Genevieve 125
ローデ　Rohde, Erwin
54, 55, 73, 104, 184
ローベルガー　Lohberger, Hans 165

ブラッドリー　Bradley, William S. 183
プラトン　Plato　84, 130, 131
ブラン　Brann, Henry Walter　65, 71, 91
ブルクハルト　Burckhardt, Jacob　46, 161
プレッチ　Pletsch, Carl　63
ブレンナー　Brenner, Albert　80
フロイデンベルク　Freudenberg, Ika　197
フロイト，アンナ　Freud, Anna　49, 81, 95, 105, 210
フロイト，ジークムント　Freud, Sigmund　95
ブロックウェイ　Brockway, A. Fenner　270
ブロックハウス　Brockhaus, Ottilie　63
フローベール　Flaubert, Gustave　81
ベーア　Behr, Shulamith　193, 208
ヘイマン　Hayman, Ronald　102
ヘーゲル　Hegel, Georg Wilhelm Friedrich　209
ペータース　Peters, H.F.　34
ヘトガー　Hoetger, Bernhard　191
ヘヒト　Hecht, Maria　193, 194
ペヒト　Pecht, Friedrich　185
ベーベル　Bebel, August　236
ベーラー　Behler, Diana　130
ベルグソン　Bergson, Henri　260
ヘルツェン，アレキサンダー　Herzen, Alexander　141
ヘルツェン，オルガ　Herzen, Olga　54, 141
ヘルツェン，ナターリエ　Herzen, Natalie　54, 141, 142, 164, 171
ベルヌーイ　Bernoulli, Albrecht　65, 68, 70, 71
ボイマー　Bäumer, Gertrud　223, 241, 253, 254
ポーダッハ　Podach, Erich F.　102, 103, 269
ホフマン　Hoffmann, David Marc 268
ボーライ　Bohley, Reiner　39
ホリングデイル　Hollingdale, R.J.　65, 77, 120, 121
ホールデン　Haldane, Robert　46

〈マ行〉

マイアー　Maier, Mathilde　54, 55
マイセル＝ヘス　Meisel-Heß, Grete　220, 221, 256
マイゼンブーク　Meysenbug, Malwida von　7, 30, 53, 64, 80, 97, 129, 140, 141-48, 164, 236, 250
マイヤー　Meyer, Alfred G.　257, 260
マーティン　Martin, Biddy　96, 107
マリオト　Marriot, Emil　201
マルクーゼ　Marcuse, Max　262
マルホルム　Marholm, Laura　8, 109, 151, 156, 221-28, 256
マンデル　Mandel, Siegfried 47, 63, 96
ミュンター　Münter, Gabriele　7, 185, 196, 197, 201-07, 216
ミラー　Miller, Alice　37
ミル　Mill, John Stuart　235

192
ニーチェ，アウグステ
Nietzsche, Augsta
4, 30, 36, 37, 39, 40, 51
ニーチェ，エルトムーテ
Nietzsche, Erdmuthe
30, 32, 33, 34, 36, 40, 58, 129
ニーチェ，カール・ルードヴィヒ
Nietzsche, Carl Ludwig 32, 33, 36
ニーチェ，フランチスカ
Nietzsche, Fraziska
3, 30-52, 72, 150, 162, 231
ニーチェ，ロザーリエ
Nietzsche, Rosalie
4, 30, 37, 39, 40, 51, 87, 88, 117, 238
ノルデ Nolde, Emil 205

〈ハ行〉

ハイマン Heymann, Lida Gustava
5, 200, 215
ハウプトマン Hauptmann, Gerhart
224
バウムガルトナー
Baumgartner, Marie 4, 73-77, 81
パウリ Pauli, Gustav 187
ハケット Hackett, Amy 265
バシュキルツェフ
Bashkirstseff, Marie 192, 228
バッハオーフェン，ヨハン・ヤーコプ
Bachofen, Johann Jakob
46, 64, 215, 236
バッハオーフェン，ルイーゼ
Bachofen, Louise 64
ハール＝コッホ Hahl-Koch, Jelena
207, 209, 210
ハルト Hart, Julius 189, 190, 224
パンヴィッツ Pannwitz, Rudolf 216
ハンソン Hansson, Ola 223, 224
ビスマルク Bismarck, Otto von
142, 183
ヒッペル Hippel, T.G. von 235
ヒトラー Hitler, Adolf
59, 218, 254, 271
ピーパー Pieper, Annemarie
118, 120, 121
ピンダー Pinder, Wilhelm 44
フィン，エミリー Fynn, Emily
154, 178, 179
フィン夫人 Fynn, Mrs E. 154, 178
フェルスター，ベルンハルト
Förster, Bernhard 59, 61, 265
フェルスター＝ニーチェ，エリーザベト
Förster-Nietzsche, Elisabeth
4, 30, 32-34, 36, 37, 42, 44, 47, 52-62, 64, 66, 68, 70, 72-74, 77-79, 100-02, 121, 141, 142, 150, 154, 161-63, 165-41, 175, 178, 180, 204, 231, 254, 265, 267-73
フーフ Huch, Ricarda 8
プファイファー Pfeiffer, Ernst 98
ブライプトロイ Bleibtreu, Carl 221
ブラヴァツキー夫人
Blavatsky, Madame Helene Petrovna
204
ブラウン Braun, Lili
8, 28, 135, 148, 235, 240, 241, 256-61

シュピッテラー　Spitteler, Carl　176
シュミット　Schmidt, Hermann Josef　33, 122
シューラー　Schuler, Alfred　206, 216, 217, 218
シュライヒャー　Schleicher, Berta　153, 160
シュリュプマン　Schlüpmann, Heide　235
シュレヒタ　Schlechta, Karl　62
シュワルツ　Schwartz, Joel　130-31
ショー，シャーロット Shaw, Charlotte　107
ショー，ジョージ・バーナード
Shaw, George Bernard　107, 115, 260
ショーペンハウアー
Schopenhauer, Arthur　46, 73, 94, 128, 175, 178, 183, 226, 227, 249, 273
ジョンスン　Johnson, Richard　230
シーラー　Schürer, Oscar　193
シルンホーファー
Schirnhofer, Resa von　7, 121, 164-72, 177
ジンメル　Simmel, Georg　108
スコット＝ジョーンズ
Scott-Jones, Marilyn　224, 226
ズースマン　Susman, Margarete　202, 203, 205, 206
スースロワ　Suslova, Nadezda　136
ストリンドベリ　Strindberg, August　224, 225, 243, 249
スピノザ　Spinoza, Benedict　166
ソロヴィヨフ　Solowjev, Wladimir　208-10

〈タ行〉

ダーウィン　Darwin, Charles　115, 176, 207, 209
ツィンメルン　Zimmern, Helen　61, 153, 178, 179
ツェトキン　Zetkin, Clara　257
ティーフェンゼー　Tiefense, Isa von　160
ディルタイ　Dilthey, Wilhelm　261
ティレ　Tille, Alexander　262, 272
デューリング　Dühring, Eugen　176, 184
デリダ　Derrida, Jacques　1, 246, 322
テンニース　Tönnies, Ferdinand　104, 108
ドゥルスコヴィッツ
Druskowitz, Helene von　7, 172-80
トマス　Thomas, R. Hinton　122, 243, 244, 246, 247, 251, 253
ドーム　Dohm, Hedwig　8, 110-13, 222, 241-51, 261, 264, 274
トライバー　Treiber, Hubert　69, 98, 108
トランペダッハ Trampedach, Mathilde　55, 56, 80
トルストイ　Tolstoy, Lev Nikolayevich　227

〈ナ行〉

ナポレオン　Napoléon (Bonaparte)

カウアー　Cauer, Minne　240, 261
ガスト　Gast, Peter　49, 124, 165
カンディンスキー　Kandinsky, Wassily
196, 197, 201-04, 207
カント　Kant, Immanuel　124, 127
キム　Kym, Ludwig　138, 161, 162
ギルマン　Gilman, Sander L.　165
キンケル，ゴットフリート
Kinkel, Gottfried　139, 140, 236
キンケル，ヨハンナ　Kinkel, Johanna
147
グエルリエーリ　Guerrieri, Emma 55
クラーゲス　Klages, Ludwig
206, 215, 18
クラフト＝エビング
Krafft-Ebing, Richard von　107
クルーク　Krug, Gustav　44
クルル　Krull, Edith　185
クルンメル　Krummel, Richard Frank
192
クレイグ　Craig, Gordon　134
ケアー　Kjaer, Jørgen　37, 38, 44
ケイ　Key, Ellen
6, 111, 193, 194, 254, 256
ゲイ　Gay, Peter　88, 245
ゲオルゲ　George, Stefan　206, 216
ケーカト　Köckert, Fräulein　54, 56
ケーゲル　Koegel, Fritz　121, 229
ケスラー　Kessler, Harry Graf von　61
ゲーテ　Goeth, J.W.
51, 88, 125, 151, 166, 211
ケーラー　Köhler, Joachim　48, 105
ゲルラッハ　Gerlach, Ludwig von　46
ゴッホ　Goch, Klaus
38, 44, 48, 49, 55, 65, 105

〈サ行〉

ザイドリツ　Seydlitz, Irene von　64
ザッヘル＝マゾッホ
Sacher-Masoch, Leopold von
105-06
ザーリス　Salis, Meta von　7, 62, 89, 121, 138, 144, 145, 148-163, 165, 168, 170, 172, 177, 179, 223, 227
ザロメ（アンドレアス＝ザロメ）
Andreas-Salomé, Lou　51, 52, 56, 59, 64, 72, 80, 87, 92, 94-114, 116, 118-124, 138, 141, 146, 168, 172, 179, 233, 243, 347, 248, 268, 269
サンド　Sand, George　124-42
サント＝ブーヴ
Sainte-Beuve, Charles Augustin 124
シェッフラー　Scheffler, Karl
195, 197, 201
シェリング
Schelling, Friedrich Wilhelm Joseph von　166
シュタイナー　Steiner, Rudolf
203, 229
シュタイン　Stein, Heinrich von
103, 140, 147
シュティルナー　Striner, Max　170
シュテッカー　Stöcker, Helene
235, 241, 258, 261-76
シュトリット　Stritt, Marie
159, 240, 266
シュトンプ　Stump, Doris　149

人名索引

〈ア行〉

アウクスブルク　Augspurg, Anita 5, 200, 215, 240
アシュハイム　Aschheim, Steven 189
アドルノ　Adorno, Theodor 5, 131
アルコフ　Alcoff, Linda 234
アルニム　Arnim, Bettina von 140, 211, 236
ヴァイニンガー　Weininger, Otto 70, 85, 86, 87
ヴァーグナー，コージマ Wagner, Cosima 4, 53, 63-73, 81, 129
ヴァーグナー，ゴットフリート Wagner, Gottfried 66
ヴァーグナー，リヒャルト Wagner, Richard 49, 50, 53, 55, 63-73, 78, 81, 129, 140-42, 144, 147, 148, 178, 183, 208, 215
ヴァン・デ・ヴェルデ Van de Velde, Henry 61, 163
ヴィカト　Wickert, Christl 267
ウィークス　Weeks, Jeffrey 264
ヴィースナー　Wiesner, Michaela 248
ヴェーデキント　Wedekind, Frank 106, 116
ヴェレフキン　Werefkin, Marianne 7, 196, 197, 200, 207-12, 219
ヴォルツオーゲン Wolzogen, Ernst Von 198, 200, 201
ヴォルフスケール　Wolfskehl, Karl 8, 206, 215-18, 236, 263
ウルストンクラフト Wollstonecraft, Mary 124, 125, 130, 131
ウンゲルン＝シュテルンベルク Ungern-Sternberg, Isabella von 114
エヴァンス　Evans, Richard J. 239, 240, 261, 266
エーラー　Oehler, Adalbert 34
エリオット　Eliot, George 38, 124, 175
エリス　Ellis, Havelock 189
エンゲルス　Engels, Friedrich 236
オーヴァーベク，イーダ Overbeck, Ida 64, 98, 99, 101
オーヴァーベク，フランツ Overbeck, Franz 46, 55, 64, 74, 98, 104, 139, 161, 170, 184
オト＝ペータース Otto-Peters, Louise 239

〈カ行〉

キャロル・ディース

Carol Diethe　1924-2013

1943年生まれ。専門はヨーロッパのフェミニズムとニーチェ思想。1973-97年ロンドンのミドルセックス大学で教鞭を執る。1989年『フリードリヒ・ニーチェ協会』共同設立者。著書に『解放に向けて　19世紀のドイツの女性作家たち』『ドイツのフェミニストの創始者の人生と仕事　ルイーゼ・オト＝ペータース1819-1895』『ニーチェ思想の歴史事典』『ニーチェの妹と力への意志　エリーザベト・フェルスター＝ニーチェ伝』『ニーチェ思想のA to Z』など。

眞田収一郎

さなだ・しゅういちろう

昭和15年東京都に生まれる。慶應義塾大学文学部卒（哲学専攻）。主に九州大学と日本大学で教鞭を執る。現在、ニーチェを中心にした翻訳に従事。主な訳書にE.プファイファー編『ニーチェ・レー・ルー　彼等の出会いのドキュメント』、G.スタック『ニーチェ哲学の基礎　ランゲとニーチェ』、M.モンティナーリ『全集編者の読むニーチェ　グロイター版全集編纂の道程』（ともに未知谷）、『ニーチェの手紙』（茂木健一郎編、ちくま学芸文庫）、ヘルマン・マローン『日本と中国』（雄松堂）、アーサーC.ダント『哲学者としてのニーチェ』（風濤社）などがある。

ニーチェと女性たち
鞭を越えて

2015年 8月31日初版第1刷発行

著者　キャロル・ディース
訳・解説　眞田収一郎
発行者　高橋 栄
発行所　風濤社
〒113-0033 東京都文京区本郷3-17-13 本郷タナベビル4F
Tel. 03-3813-3421　Fax. 03-3813-3422
印刷所　中央精版印刷
製本所　難波製本

ISBN978-4-89219-401-6

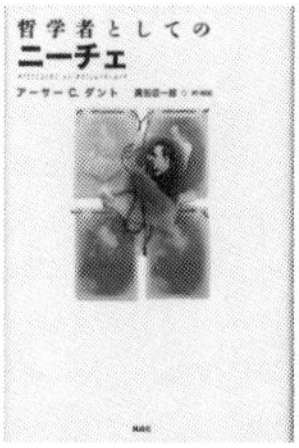

哲学者としてのニーチェ

アーサー C. ダント
眞田収一郎 訳・解説

いまだ誤解されたナチスの御用哲学者のイメージを払拭すべく、分析哲学の立場から「超人」「永劫回帰」「運命愛」「力への意志」を見事に連携させ、ニーチェを哲学者として論じる、1965 年刊行の古典的名著。アメリカにおけるニーチェ研究の基本書。

464 頁　本体 4800 円　ISBN978-4-89219-380-4